文化创新发展实践丛书
刘洪一　主编

# 荔园红旗
### 加强党的全面领导实践探索

戴纪锋　主编

中国社会科学出版社
南开大学出版社

图书在版编目（CIP）数据

荔园红旗：加强党的全面领导实践探索／戴纪锋主编．—天津：南开大学出版社；北京：中国社会科学出版社，2020.12
（文化创新发展实践丛书／刘洪一主编）
ISBN 978-7-310-06086-3

Ⅰ．①荔… Ⅱ．①戴… Ⅲ．①中国共产党—深圳大学—党的领导—研究 Ⅳ．①D267.6

中国版本图书馆 CIP 数据核字（2021）第 005503 号

## 版权所有　侵权必究

荔园红旗
加强党的全面领导实践探索
LI YUAN HONG QI
JIA QIANG DANG DE QUAN MIAN LING DAO SHI JIAN TAN SUO

南开大学出版社
中国社会科学出版社　出版发行

出版人：陈　敬　赵剑英
地址：天津市南开区卫津路94号　邮政编码：300071
营销部电话：(022)23508339　营销部传真：(022)23508542
http://www.nkup.com.cn

北京君升印刷有限公司　全国各地新华书店经销
2020年12月第1版　2020年12月第1次印刷
240×170毫米　16开本　30印张　363千字
定价：118.00元

如遇图书印装质量问题，请与本社营销部联系调换，电话：(022)23508339

# 深圳大学《文化创新发展实践丛书》编委会

主　任：刘洪一

副主任：范志刚

委　员：戴纪峰　陈家喜　袁　磊　程其明
　　　　张革华　汪永成　傅鹤鸣　陈洪静

# 新时代大学文化建设的问题背景与实施路径（代序）

刘洪一

习近平总书记在党的十九大报告中提出，文化自信是一个国家、一个民族发展中更基本、更深沉、更持久的力量。大学文化也是一所大学最本质的标识和最深层的内核。缺乏文化自信的民族难以立足于世界民族之林，缺乏鲜明文化标识的大学也必然难以成为世人尊敬的好大学。在推进新时代中国高等教育的快速发展过程中，必须高度重视大学文化建设。

## 一　新时代要强调大学文化建设

进入新时代以来，伴随"双一流大学"的建设进程，中国高等教育也取得快速进步。不论是高校数量及在校生规模、高校科研人员数量及学术论文发表篇数，还是中国高校的国际排名，都得到显著提升。据统计显示，中国高等教育毛入学率超过世界平均水平，高校毕业生位居世界第一；高校承担国家自然科学基金面上项目接近80%，产生哲学社会科学成果占全国80%以上。

中国已经从高等教育的小国成长为高等教育的大国，也正在向高等教育的强国迈进。然而，在看到这些成绩的同时，我们也必须清醒地认识当前中国高等教育所面临的深层次问题。在有的高校，存在竞技化、功利化、碎片化等现象，教师队伍底线意识缺失。有的高校，在发展中重数量轻质量、重科研轻教学、重规模轻内涵、重智育轻德育、重业务轻党建。

大学文化建设不仅有助于塑造一所大学独特的气质和灵魂，还有助于矫治当前高等教育领域出现的诸多问题。通过大学精神、立德树人、师德师风、学术文化以及政治文化建设等具体文化建设，有助于纠正当前高校发展中的急功近利、追求速度规模忽视质量效益等现象，推动新时代高等教育的健康发展。基于上述认识，深圳大学于2017年9月出台《深圳大学文化创新发展纲要》，提出大学文化建设的"十大工程"，致力于将深圳大学建成文化自信的"排头兵"、文化立校的典范、城市文化的风标和先进文化的策源地，努力打造一所"有灵魂的大学"。深圳大学于2018年7月的第五次党代会又提出"文化引领、创新驱动、内涵发展"发展理念，努力争取在大学文化创新发展方面作出特区高校的探索。

## 二 以大学文化建设为动力 落实立德树人根本任务

习近平总书记指出："要把立德树人的成效作为检验学校一切工作的根本标准，真正做到以文化人、以德育人。"以文化人与以德育人是相互融通和协同互促的关系。通过大学精神的传承和弘扬，大学育人氛围的培育和塑造进而实现以文化人、以文育人的目标任务。

大学文化是一所大学的深层内核，而大学精神又是大学文化的深层内核。大学精神是一所大学经过历史积淀而形成的独特气质，是一所大学的灵魂所在，对于广大师生具有强烈的感召能力和潜移默化的教育效果。深圳大学把凝练和践行大学精神作为立德树人的重要途径。通过开展"深大精神"系列主题辩论赛，让"自立自律自强"的校训精神深入广大师生；将"脚踏实地、自强不息"的办学理念与学院办学育人特色相结合凝练学院精神。通过创设独具特色的典礼制度来更好地传承大学精神，在学校重要活动的仪式和程序体现大学精神内涵，增加活动的庄重感和荣誉感。通过开展践行大学精神的系列活动，组织多层次主题讨论、学科竞赛、文艺展演、学术沙龙、座谈研讨、名师访谈和校史梳理等活动，让深大精神内化于心外化于形，增进师生的归属感和认同感。

构建全方位的育人环境是高校立德树人的重要途径。构建全方位的育人环境需要发挥课堂教学、典型示范、社会实践、志愿服务、社会协同的综合效应，需要将核心价值、思政教学、素质教育有机结合起来。深圳大学实施"荔园树人"工程、"青年马克思主义者"培养工程，开展"我的中国梦——立志修身博学报国"主题教育系列活动、"自立、自律、自强"主题升旗仪式等活动来践行社会主义核心价值观。将思政课教学与校园文化活动、社区建设等校园实践紧密结合，与双休日及暑期社会实践、志愿者服务等社会实践无缝对接，将思政小课堂拓展到社会大课堂。作为"全国深化创新创业教育改革示范高校"，深圳大学将创新创业教育全面纳入人才培养计划，牵头组建"中国地方高校深创联盟"、深港大学生创新创业基地等协同育人平台，常态化开展创新创业主旋律活动，为社会培养创新创业人才。

## 三 以大学文化建设为路径 推进内涵式发展

内涵式发展要求高等教育领域摒弃片面追求速度、规模,乃至急功近利的发展模式,聚焦高等教育立德树人的初心本位。内涵式发展既要求中国高等教育发展理念及时转变,也要求各高校及时调整发展路径模式。推动高校朝向内涵式发展的路径转变,尤其需要突出师德师风、学术文化和高校党建等项工作的建设。

良好的师德师风要求教师具有高尚的情怀、清正的节操、卓越的学识,要关心学生热爱讲台,让讲台成为教师人生出彩的大舞台,也要求引导广大教师以德立身、以德立学、以德施教。深圳大学构建师德师风档案、行师德师风一票否决制;同时,把师德规范要求融入人才引进、课题申报、职称评审、考核晋升等各环节。密切师生关系,通过"书记下午茶"、"校长午餐会"、"每月一席谈"、学生顾问团等制度渠道,不断提升广大同学参与学校民主管理的积极性。升级"聚徒+"教育模式,通过"聚徒+创研"、"聚徒+实践"、"聚徒+创客"和"聚徒+悦读"四大模块,以"师带徒"模式提供师生直接交流的平台,实现学术经验传承。

学术文化的导向决定着学术创新的方向和结果。破除当前高校科研出现的泡沫化、竞技化和功利化取向,需要倡导顶天立地育人的学术文化,即以服务国家战略和社会需求为宗旨,突出源头创新,强化经世致用,注重科学研究与人才培养紧密结合。鼓励原创性研究,摒弃跟班式、无病呻吟式研究;鼓励研以致用,摒弃沽名钓誉式、学术泡沫式研究;鼓励潜心治学,反对急功近利型、唯利是图型研究。深圳大学围绕大数据、光电工程、脑科学等形成重大科研团队,组织协同集成攻关,力求基础原创突破。学校还与八个地方政府建立集约型科技成果孵化平台，将高校科研成果第一时间集中投放到产业发展的最前端，着力发挥对区域产业创新驱动的引擎作用；与腾讯、华为等顶尖企业签订合作协议，开展前沿项目攻关、共建重点实验室，设立研究生校外实践基地等，形成在技术创新、项目开发、人才培养等领域的全方位深度合作。深圳大学提倡将科研成果转化成教学内容，要求所有教授为本科生上课，各级各类实验室都必须向本科教学开放，促进科研与教学的深度融合。

政治文化建设是大学文化建设的重要组成，也是高校内涵式发展的保障。习近平总书记在全国教育大会上指出，"各级各类学校党组织要把抓好学校党建工作作为办学治校的基本功，把党的教育方针全面贯彻到学校工作各方面"。社会主义的办学方向要求高校必须贯彻党委领导下的校长负责制，明确党委管党治党、办学治校主体责任。深圳大学着力加强政治文化建设，以制度建设为中心，健全校党委校行政议事规则，健全学院（部）党政联席会议规则；推动党建工作常态化制度化，认真开展党委常委会、理论中心组学习、基层党组织书记例会、基层党建书记项目、基层党建工作述职评议等各项党建工作。健全学院（部）集体领导、党政分工合作、协调运行的工作机制，强化学院（部）党政领导班子"党政同责"和"一岗双责"意识，把党建工作责任制落实落细。扎实推进"双带头人"培育工程，设立"双带头人"教师党支部书记工作室；做好基层党组织书记党建述职评议考核，开展"书记项目"和党建研究课题，把高校党建工作做实做细。

## 四 突出虚功实做，扎实推进大学文化建设落地生根

大学文化内涵的积淀、传承与创新非一日之功。与高校的科研、教学、招生等工作相比，大学文化建设往往被视为相对软性和虚空的工作。在具体推进大学文化建设过程当中，需要关注具体的策略和路径，否则极易流于形式和口号，难以取得切实的成果。

突出系统设计，把大学文化建设融入办学治校的全过程整体推进。大学文化不等同于大学精神，它有着更为宽泛的内涵，是管党治党、办学治校的顶层设计与宏观规划，应当渗透大学治理的各个层面。深圳大学将大学文化建设作为一条主线，贯穿于大学精神与立德树人、师德师风与学术文化、校友文化与环境文化、社科与艺术、党建工作与思政工作等具体文化建设内容，成为指导各项工作的核心理念。大学文化建设统筹教师与学生、教学与科研、文科与理科，让广大师生和各院系广泛参与到文化建设当中来。

细化项目实施，扎实推进大学文化建设。大学文化建设必须有虚有实，有理念有规划，有措施有结果，需要虚功实做，把"软指标"变成"硬约束"。要善于把大学文化建设通过项目化的方式加以分解实施，要广泛动员机关处室、各个学院和广大师生共同参与，努力营造浓厚的文化建设氛围。自 2017 年 9 月《深圳大学文化创新发展纲要》出台以来，全校各部门、各学院凝心聚力，紧抓落实，协同推进。学校将大学精神、立德树人、师德师风、学术文化、人文社科、艺术体育、校友文化、环境平台、文化传播、政治文化等"十大文化工程"分解为 35 项基本任务、191 项具体任务，落实到全校 50 家文化建设单位。每项工

# 新时代大学文化建设的问题背景与实施路径（代序）

程都沿着"出发点/着眼点—路径/方略—目标/愿景—举措抓手"的逻辑次序演进和实际工作部署，从"虚"（理念）出发，以"实"落地，以项目化管理方式驱动达成任务目标。此外，深圳大学还加强对文化建设项目明确的考核要求和绩效评价，年初签订建设责任书，年中、年末分别进行项目建设评估，将文化建设的战略目标、任务和动力传导到各承建单位；将各单位文化创新绩效评估结果与年终绩效、资源配置和领导班子任职考核挂钩，强化责任意识和执行力，确保文化建设的成果实实在在。

进入新时代，党和国家对高等教育发展提出新的更高要求。作为"特区大学、窗口大学、实验大学"，深圳大学应不负使命，在发展的过程中始终坚持立足特区、放眼全国、面向世界。当前，深圳大学迎来了粤港澳大湾区建设和深圳建设中国特色社会主义先行示范区的历史发展契机，正朝着建设与"双区"相匹配的高水平大学迈进。深圳大学将坚持文化引领、创新驱动、内涵发展，以一流的大学文化引领和贯穿建设人民满意的高水平特区大学建设发展全过程。

深圳大学《文化创新发展实践丛书》是对《深圳大学文化创新发展纲要》实施两年来的成果回顾和理论总结。其中，《荔园记忆：深圳大学建设者访谈录》是对深大建校历史的追根溯源，《荔园红旗：高校党的全面领导实践探索》着眼于高校党建的薪火相传；《以文化人：学生思想政治工作成果集萃》反映立德树人的初心坚守，《荔园师说：研究生导师文化解读》展开师德师风价值对话；《立德树人：德育课情境模拟实验创新研究》是对思政课主渠道的鲜活创新，《双创领航：创新创业教育改革路径探析》是对创新创业教育的崭新探索，《让梦起飞：学生辅导文化剪影》是为青年学子搭建梦想舞台。深圳大学《文化创新发展实践丛书》对落实立德树人、推进内涵发展、巩固党对高校领导等重要问题做了深入调研和理性思考，对于推动新时代大学文化建设、矫治高等教育发展深层问题，具有较强的现实意义和理论价值，希望能为广大读者提供一定的启发和借鉴。

2020 年 6 月

# 序言

刘洪一

## 牢牢把握新时代党的历史使命
## 坚持和加强党对高校的全面领导

党的十九大报告从党和国家事业发展全局出发，提出了新时代党的建设总要求，明确"党是领导一切的"。教育是国之大计、党之大计。习近平总书记在全国教育大会上旗帜鲜明地强调"坚持党对教育事业的全面领导"。这一重要论述，突出强调了加强党的领导对于做好教育工作的极端重要性。作为人才培养、科学研究、社会服务、文化传承创新、国际交流合作的重要阵地，高校是新时代中国特色社会主义事业的重要组成部分。习总书记指出，我们的高校是党领导下的高校，是中国特色社会主义高校。办好我国高等教育，必须坚持党的领导，牢牢掌握党对高校工作的领导权，使高校成为坚持党的领导的坚强阵地。深入贯彻党的十九大报告关于全面从严治党的新思想，坚持和加强党对高校的全面领导，是建设新时代人民满意的高水平特区大学的必然要求和根本保证。

## 一 加强党对高校的政治领导，充分认识坚持和加强党对高校的全面领导的重要性和紧迫性

习近平总书记在党的十九大报告中，明确提出要把党的政治建设纳入党的建设总体布局，并强调"以党的政治建设为统领"，"把党的政治建设摆在首位"，凸显了党的政治建设的极端重要性，其意义重大而深远。深入贯彻十九大精神，加强党对高校的政治领导，必须充分认识坚持和加强党对高校的全面领导的重要性和紧迫性。

第一，坚持和加强党对高校的全面领导是新时代中国特色社会主义高校办学方向的根本保证。我们要办的大学是立足于中国历史、中国国情、中国文化的社会主义大学，这是由我们党的性质和宗旨以及中国的历史和国情决定的。当今世界，任何国家的大学教育都不能离开一定的社会制度而存在。列宁曾经严肃地指出，"所谓教育'不问政治'，教育'不讲政治'，都是资产阶级的伪善说法"。全面正确地贯彻党的教育方针，坚持党的领导在高校中的核心地位，是建设社会主义大学的基本特征。习近平总书记指出，"加强党对高校的领导，加强和改进高校党的建设，是办好中国特色社会主义大学的根本保证"。高校只有始终保证主导权牢牢掌握在高校党委手中，才能履行好高校党委的领导职责，使高校发展同我国发展的现实目标和未来方向紧密联系在一起，坚持为人民服务、为中国共产党治国理政服务，为巩固和发展新时代中国特色社会主义制度服务，为改革开放和社会主义现代化建设服务，切实担负好建设高等教育强国的重任。

第二，坚持和加强党对高校的全面领导是高校落实立德树人根本任务的内在要求。习近平总书记在全国高校思想政治工作会议上强调，办好我国高校，办出世界一流大学，必须牢牢抓住全面提高人才培养能力这个核心点，并以此来带动高校其他工作。因此，高校必须牢牢把握立德树人根本任务，必须坚持党的教育方针不动摇，必须坚持培养中国特色社会主义事业合格建设者和可靠接班人的办学目标不动摇。高校以培养具有鲜明道德意识、健全人格品质、持续学习能力和宽厚专业背景的人才作为首要使命，其中道德意识和人格品质中内在地包含了理想信念和政治原则的要求，这也恰恰是高校加强党建工作的重要内容。高校需要紧紧抓住"为什么抓党建，怎样抓好党建""培养什么样的人、怎样培养人"的根本性问题，着力探索党建工作与人才培养有机融合的方式方法。

第三，坚持和加强党对高校的全面领导是高校顺利推进改革创新的组织保障。党的十九大提出，要加快一流大学和一流学科建设，实现高等教育内涵式发展。推进世界一流大学和一流学科建设是新时代对高等教育提出的新要求，也是提升国家核心竞争力的迫切需要。为什么要推进改革创新，怎样深化改革创新，只有坚持和加强党对高校的全面领导，改革创新才能找准方向和路径。高校党委必须全面统筹高校综合改革，为推动高校内涵式发展提供坚强的保障。一方面，高校党委要确保改革创新的目标与方向不偏差，保证人才培养的核心地位。只有培养出一流人才的高校，才能够成为世界一流大学，高校党委要从政策、制度、机制和资源配置上巩固人才培养的基础和中心地位。另一方面，高校党委要加强制度建设，完善现代大学治理体系。进一步建立健全以章程为统领的现代大学制度体系，为依法治校、科学管理、规范管理奠定制度基础，为高校改革发展提供制度保障。

## 二 加强党对高校的思想领导，发挥党的建设对高校思想政治工作的带动和引领作用

"加强和改进高校思想政治工作，事关办什么样的大学、怎样办大学的根本问题，事关党对高校的领导，事关中国特色社会主义事业后继有人，是一项重大的政治任务和战略工程。"思想政治工作始终是一项极其重要的工作，也是我们党长期保持生机与活力的根本原因。而做好高校思想政治工作的关键在于"党委要保证高校正确办学方向，掌握高校思想政治工作主导权"。思想政治工作具有鲜明的政治属性，其首要功能在于帮助和引领大学生树立正确的政治信仰，养成良好的政治品行，使高校培养出能担当民族复兴大任的时代新人。加强高校思想政治工作，牢牢把握高校意识形态工作领导权，强化思想引领和价值传播，这是高校实现培养中国特色社会主义事业建设者和接班人这个重大任务的关键。实践证明，高校思想政治工作抓住了、抓好了，高等教育和高校各项工作就能沿着正确方向前进，就会取得应有成效；高校思想政治工作放松了、丢弃了，就会迷失方向，就会徒劳无功。

新时代赋予高校思想政治教育的首要使命就是用习近平新时代中国特色社会主义思想武装师生头脑。高校是培养社会主义事业建设者和接班人的重要基地，是引领社会思潮的重要力量，加强高校的思想政治工作，必须坚定政治立场和政治信仰，在思想上、政治上、行动上同以习近平同志为核心的党中央保持高度一致。每一个青年大学生都需要深刻理解习近平新时代中国特色社

会主义思想的指导意义、历史地位、丰富内涵、精神实质和实践要求，需要全面领悟其中蕴含的新理念、新思想、新观点、新论断的价值内涵，领会其所体现出的政治立场、使命意识和担当精神，学会运用马克思主义的观点和方法，不断提升政治觉悟和思想理论水平，真正把习近平新时代中国特色社会主义思想内化于心、外化于行，做到善学善用，真学真用。

当前，国际国内形势变化深刻而复杂，高校历来是意识形态工作的前沿，世界上各种文化和思潮在这里汇聚碰撞。许多大学生受经济全球化、文化思潮多元化等因素的影响，出现思想意志不够坚定，缺乏韧劲等理想信念的危机，这为高校思想政治教育工作者带来巨大挑战。思想政治工作者要强化"政治意识、大局意识、核心意识、看齐意识"，理直气壮地开展马克思主义宣传教育活动，将马克思主义及其中国化的成果系统、全面、生动地向大学生进行普及教育，指引新时代大学生的成长发展。要旗帜鲜明地反对历史虚无主义、新自由主义等错误思潮，敢于回应各种意识形态挑战，为学生树立正确的人生观、世界观和价值观指明正确方向，引导学生向上向善。

## 三 加强党的组织领导，进一步强化党委管党治党、办学治校的主体责任

全面落实党委管党治党的主体责任，首先要坚持和完善党委领导下的校长负责制。要着力构建党委领导、校长负责、学术主导、民主管理、教授治学、依法治校的内部管理机制。注重发挥党委在学校重大决策中的重要作用。定期召开学校党委全委会和常委会，讨论学校办学方针、发展规划、学科建设和政治保障等重大问题。健全和完善二级学院党委会议、党政联席会议、相关

委员会的日常运行和议事决策制度，规范学院党委日常运行。科学的大学治理结构，有利于营造学校民主管理的组织氛围，全校上下、职能部门、院系学部、广大师生凝心聚力，为推进高水平大学建设积极贡献力量。第二要强化党建主业意识，突出党建工作对其他工作的鲜明引领，牢固树立"抓党建是本职、不抓党建是失职"的责任意识。第三要坚持从严治党，加强党的队伍和作风建设。夯实干部队伍建设，增强党性修养，严格遵守党的政治纪律政治规矩，纯洁党员队伍，清理整顿"两面人"现象。坚持党管干部和正确选人用人导向，匡正选人用人风气，突出政治标准。全面从严从实抓好干部监督与管理，强化工作纪律，严格落实领导干部各项管理制度。优化干部履职考核评价体系，提升履职能力。

第二，不断夯实基层党建，增强组织凝聚力。党的十九大报告提出，"党的基层组织是确保党的路线方针政策和决策部署贯彻落实的基础"，强调"以提升组织力为重点，突出政治功能"，这是第一次在党的全国代表大会上明确强调基层党组织的政治功能。基层组织是党的全部工作和战斗力的基础，基层党建抓好了，党组织的政治核心和战斗堡垒作用才能发挥到位。要坚持把党的政治建设落到基层，明确学院（部）领导班子成员党建责任清单，严格执行新形势下党内政治生活若干准则。抓好基层党组织规范化建设，分类制定基层党组织标准化建设的指导意见，创新"三会一课"内涵，加强对党建工作日常督导。抓好基层党组织带头人，选优配强党组织书记，依托党建述职评议和书记项目强化对基层党组织书记的管理、激励和约束。抓好基层党员队伍，严把政治关，注重从高知识群体、学科带头人、学术骨干、青年教师中发展党员。加强学生基层党组织建设，完善工作架构，创新工作机制。探索智慧党建新平台新方式，积极推动基层党建与互联网技术相融合，构建党建大数据，打造党建服务品牌。

## 四　加强党的文化引领，重视高校党组织在推动文化建设之中的核心地位

党的十九大报告中明确指出，"文化是一个国家、一个民族的灵魂。文化兴国运兴，文化强民族强。"在新时代背景下，文化建设是推动高校改革发展的重要力量。高校党建在大学文化建设方面起着不可替代的主导作用，能够确保大学文化建设的正确方向与顺利开展。针对当前高等教育领域存在的观念陈腐、体制僵化、急功近利、情怀弱化、内容方法陈旧以及泡沫化、游戏化等问题，更加需要重视高校党组织在推动文化建设之中的核心地位。2017年9月，深圳大学制定实施《深圳大学文化创新发展纲要》，以实际行动贯彻落实习近平新时代中国特色社会主义思想，展现特区大学高度的文化自信和教育自觉。深圳大学通过重点推进大学精神工程、立德树人工程、师德师风工程、学术文化工程、人文社科工程、艺术体育工程、校友文化工程、环境平台工程、文化传播工程、政治文化工程等十项文化创新发展工程，响亮地提出"建设有灵魂的大学"的目标，将文化引领的办学理念融入办学活动的各个层面。面对国内外教育发展的最新趋势和深圳高等教育版图的迅速变化，我们提出"文化引领、创新驱动和内涵发展"新理念。文化引领要求全面提升大学文化内涵，把深大建设成文化自信的排头兵、文化立校的典范、城市文化的风向标和先进文化的策源地；创新驱动要求在提升教育教学理念、创新人才培养模式、建设新学科体系、强化源头创新、增强服务

国家战略和区域经济社会发展能力、服务粤港澳大湾区建设等方面探索新模式、创造新经验；所谓内涵发展，就是转变发展方式，实现从资本要素驱动到创新驱动、从规模速度扩张到内涵质量发展的转变。我们要强化党委对全校工作的统领核心作用，强化深圳大学在中国高等教育坐标中改革创新探路者的使命定位，以实实在在的创新成果服务国家需要和城市发展。

坚持与加强党对高校的全面领导，既是使命要求，也是发展趋势。对于坚持党对高校工作的领导这个根本问题，任何时候我们都不能含糊和动摇，必须头脑清醒、旗帜鲜明，而且在行动上要高度自觉。中国特色社会主义进入新时代，深圳大学要以高度的政治责任感和使命感，把习近平新时代中国特色社会主义思想贯彻到高校管党治党办学治校各方面，大力推进内涵式发展，深化改革创新，努力建设新时代中国特色社会主义特区大学，培养更多担当民族复兴大任的时代新人。

# 目 录

## 上篇 理论研究与探索

**第一章 党的政治领导** …………………………………… (3)
 坚持和加强党对高校的全面领导 ………………………… (3)
 高校推进全面从严治党的路径研究 ……………………… (48)
 全面从严治党形势下高校党风廉政建设的思考 ………… (70)
 强化高校二级院系党组织政治核心作用研究：路径
  载体探析 ……………………………………………… (92)
 新时期高等师范院校党建工作的高度与品质 ………… (100)
 加强和规范高校党组织党内政治生活研究 …………… (111)

**第二章 党的思想领导** …………………………………… (122)
 基于思政育人视角的研究生党支部建设研究 ………… (122)

# 目 录

立德树人视角下新时代高校思想政治工作基本规律和
　　方式创新……………………………………………（136）
生涯发展教育视域下大学生思想政治工作的内涵与
　　实施策略……………………………………………（152）
特区高校基层党组织落实意识形态工作责任制研究……（165）
构建以学生党建为龙头的特区高校思想政治工作
　　机制…………………………………………………（173）

## 第三章　党的组织领导……………………………………（187）

"互联网＋"时代高校党建信息化建设探索 …………（187）
高校基层党组织组织力提升途径的思考………………（195）
夯实高校基层党建，打造医学特色支部
　　——深圳大学医学部党委落实党建创新发展纪实……（203）
加强和改进高校学院党委工作的思考与探索
　　——以中共深圳大学法学院党委为例………………（218）
提高高校教师党支部组织生活质量的机制研究…………（233）
提升高校基层党支部活力的必要性及可行性调查
　　报告
　　——以深圳大学为例…………………………………（247）
新时期深圳高校毕业生党员组织关系管理困境探析……（275）
新时期高校基层党建信息化工作的探索………………（285）

## 第四章　党的队伍领导……………………………………（300）

职称评聘中师德师风考评机制探析……………………（300）
以基层党建为核心的科研、教学三位一体的青年教师
　　培养模式研究………………………………………（307）

基层党组织党建工作信息化网络化的实践与探索
　　——对于博士后党员的管理 …………………… (316)
高校基层党建工作中的"双带头人"队伍建设探索 … (325)
大学生入党动机研究………………………………… (336)

## 第五章　党的文化引领 ………………………………… (347)

大学是大美之学
　　——论大学文化及文化认同 ………………………… (347)
论传统文化理念在大学生健全人格培育中的融入 ……… (365)
以文化建设推动大学内涵式发展 ………………………… (382)

## 下篇　工作创新实践

完善质量党建"四化标准"全面提升基层党组织
　　组织力 ……………………………………………… (395)
纪律教育活动推动高校廉政文化建设 …………………… (402)
凝聚党心　服务师生
　　——深圳大学党群服务中心建设 ………………… (410)
开展党员志愿服务　提升高校基层活力 ………………… (422)
干部制度建设助力新时代高校党建创新探索 …………… (442)

**参考文献** …………………………………………………… (452)

# 上篇

## 理论研究与探索

# 第一章 党的政治领导

## 坚持和加强党对高校的全面领导

深圳大学课题组

**摘　要**：高校是传播知识的殿堂，培养人才的摇篮，承担着为各条战线输送人才的重任。坚持和加强党对高校的全面领导，是坚持高等教育的社会主义办学方向，使高等教育事业始终沿着正确方向健康发展的根本保证。习近平总书记指出，"我们的高校是党领导下的高校，是中国特色社会主义高校。办好我国高等教育，必须坚持党的领导，牢牢掌握党对高校工作的领导权，使高校成为坚持党的领导的坚强阵地"。党的十九大报告强调"坚持和加强党的全面领导"。从"领导"到"全面领导"，既是理念的升华，又是实践的深化。深刻认识和把握加强党对高校的全面领导的科学内涵和实践要求，是当前高校贯彻落实习近平新时代中国特色社会主义思想、加强和改进高校思想政治工作亟须解决的重大问题。

**关键词**：党对高校的全面领导；基层党组织；制度建设

我国进入中国特色社会主义新时代，在改革开放40周年、粤港澳大湾区建设全面推进的关键时刻，习近平总书记亲临广东视察指导并发表重要讲话，提出了深化改革开放、推动高质量发展、提高发展平衡性和协调性、加强党的领导和党的建设等方面的工作要求。站在新时代的历史起点，总书记对广东提出了"四个走在全国前列"，以新的更大作为开创工作新局面。这意味着高等教育的战略地位更加突出。深圳勇当"四个走在前列"尖兵，率先建设社会主义现代化先行区，对优质高等教育的需要更加迫切。开展对加强党对高校的全面领导的研究，是深圳市建设成为中国特色社会主义示范市的重要保证，对于贯彻落实十九大和全国高校思想政治工作会议精神，开创深圳市高等教育事业发展新局面，具有重大而深远的意义。本研究旨在总结近年来深圳市加强高校党的领导的工作成效，找准面临的主要问题，探索新形势下坚持和加强党对高校的全面领导的新路径。

## 一 深圳坚持和加强党对高校的全面领导的现状与问题

### （一）深圳高校发展迅速，坚持和加强党的全面领导紧迫性增强

国家实施"双一流建设"战略，加大了对高等教育改革发展的支持力度。随着广东省高水平大学建设的持续推进，深圳多所高校的陆续建成和发展壮大，深圳市已经初步形成并且正在继续完善多层次高等教育格局和体系。近年来，深圳将更多的目光投

向高等院校的引入和建设,在较短的时间内走上了高起点筹建高校、引入知名高校办学、合作举办特色学院等多种模式并举的快速发展之路,深圳全市普通高校在校生数从2012年约7.5万增加至2017年的9.67万,其中本科及研究生层次在校生从约4万人增加至约5.5万人。目前已经拥有深圳大学、南方科技大学、香港中文大学(深圳)、深圳北理莫斯科大学等13所高校。根据2016年10月深圳市委、市政府出台的《关于加快高等教育发展的若干意见》,到2020年,预计深圳市高校将达到18所左右,在校生达到20万人,其中全日制在校生15万人,研究生比例进一步提高;到2025年,预计高校达到20所左右,在校生达到25万人,其中全日制在校生20万人,研究生规模约4万人,实现较大规模高校和特色学院建设并举,普通高等教育和职业高等教育同步推进,经过10年左右的努力,建立国际化开放式创新型高等教育体系,建设成为南方重要的高等教育中心,办学形式不断丰富,教育国际交流日益频繁。

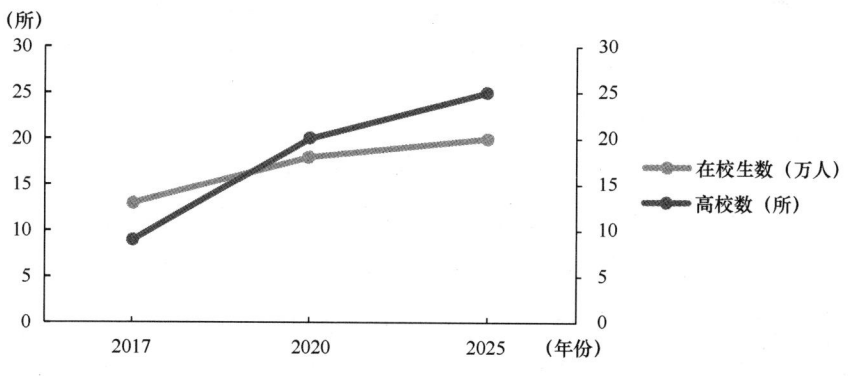

**图1 深圳市高校数和在校生发展趋势**

高等教育事业的持续健康发展,取决于党在高校的领导核心作用的发挥。深圳高校的快速发展迫切需要通过坚持和加强党对高校的全面领导，为高等教育事业发展保驾护航。因此，深圳需要不断深化对坚持和加强党对高校的全面领导的重大意义的认识，按照党的十九大提出的新时代党的建设总要求，全面提升党的建设科学化水平，把党对高校工作的全面领导落到实处。

## （二）深圳高校毗邻港澳，坚持和加强党的全面领导面临新问题

深圳毗邻港澳，处在改革开放和敌对斗争最前沿，处在世界范围内思想文化交流交融交锋的最前沿，国际化程度和互联网普及率较高，人口结构复杂、人口流动性大。近年来世界范围内意识形态领域渗透和反渗透的斗争仍然十分尖锐复杂，深圳作为国际化城市，具有问题先遇、矛盾先发等特点，维护中国文化安全和意识形态安全面临新的挑战，需要不断深化对加强党对高校的全面领导紧迫性和必要性的认识，把党的领导贯穿高校办学治校各方面、全过程。另外，深圳高校港澳台学生相对较多，如深圳大学目前在册港澳台学生共387人，其中香港317人、澳门23人、台湾47人，主要集中在经管类、传播和师范类。港澳台学生思想动态活跃，国外及境外势力的渗透不断，学校在会议论坛、学术讲座、国际合作以及学生社团等方面存在潜在的安全风险。

深圳各高校还招收了一部分民族学生（指少数民族学生），而且深圳市是广东省接收新疆学生最多的城市，也是全国接收新疆学生最多的城市。比如深圳大学民族学生数高达840名（目前在册新疆籍民族学生290人，其中维吾尔族学生224人），深圳职业技术学院民族学生380名（其中新疆籍学生102人），香港中文大学（深圳）民族学生比例达到4.6%。由于一些特殊原

因，新疆籍学生虽然求知欲强，但存在语言不畅、学习困难等现实问题，心理比较脆弱，存在社交障碍、融入校园生活慢等问题，导致一些民族学生思想波动大，容易滋生极端思想。如何更有效地疏导和防范民族学生问题，这非一日之功，任重道远。因此，需要深刻认识我们地处"两个前沿"的复杂形势和面临的新问题，不断增强风险防范能力，严格落实意识形态和政治安全"六项责任制"，进一步加强对报告会、论坛、讲座等管理，加强互联网阵地建设，筑牢意识形态和政治安全的"护城河"和"防火墙"，确保校园安全稳定。

表1　　　　　　近五年深圳大学港澳台学生招生情况

| 序号 | 类别 \ 年份 | 2014 | 2015 | 2016 | 2017 | 2018 |
| --- | --- | --- | --- | --- | --- | --- |
| 1 | 香港免试 | 30 | 30 | 30 | 20 | 20 |
| 2 | 台湾免试 | 5 | 4 | 3 | 6 | 20 |
| 3 | 联招 | 247 | 123 | 83 | 87 | 98 |
| 4 | 澳门保送 | \ | \ | \ | 10 | 8 |

表2　　　　　　深圳市高校民族学生数量统计

| 单位 | 民族学生数（人） | 占学生总数比例（％） |
| --- | --- | --- |
| 深圳大学 | 840 | 2.36 |
| 南方科技大学 | 15 | 0.46 |
| 香港中文大学（深圳） | 89 | 4.60 |
| 深圳职业技术学院 | 380 | 1.60 |
| 深圳信息职业技术学院 | 129 | 0.80 |
| 广东新安职业技术学院 | 12 | 0.28 |
| 深圳广播电视大学 | 0 | 0 |
| 合计 | 1465 | 1.60 |

### (三）中外办学高校增多，坚持和加强党的全面领导面临新挑战

近年来，深圳市中外合作办学高校得到跨越式发展。现有 4 所已招生［香港中文大学（深圳）、深圳北理莫斯科大学、清华大学－伯克利深圳学院、天津大学佐治亚理工深圳学院］，目前还在全力推进 10 所特色学院筹建，到 2020 年将成为中外合作办学集聚区。中外合作办学机构因外籍教师加盟、国外教材引进、国外教育模式借鉴、师生视野特殊等因素，学校在防宗教传播、防西方思潮渗透等方面，较其他高校面临更大的挑战。

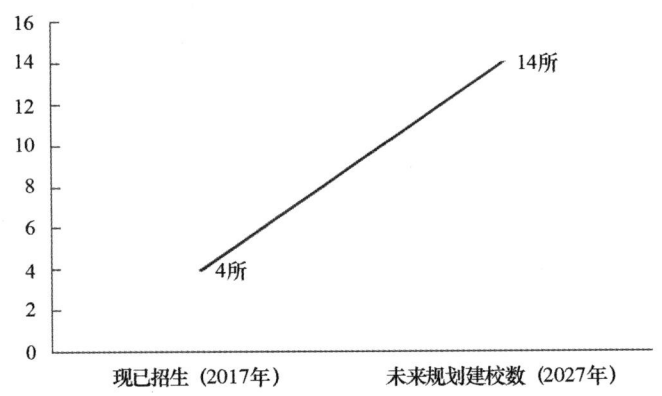

**图 2　深圳市中外合作办学高校发展规划趋势**

深圳市目前举办的中外合作办学机构，主要由外国教育机构与中国教育机构根据 2003 年 9 月 1 日实施的《中华人民共和国中外合作办学条例》合作举办的，两所中外合作办学高校目前已经成立了党委。新的形势下，中外合作办学高校必须承认党组织在学校中的政治核心地位，这不仅仅是宪法、党章等赋予党组织

坚持和加强党对高校的全面领导

的神圣职责，也是中外合作办学高校在发展过程中保证社会主义办学方向，保障学校能够健康、和谐、长远发展的需要。无论什么学校，在坚持正确政治方向、正确育人导向上没有例外，必须旗帜鲜明坚持党对高校工作的领导，确保高校党建和思想政治工作全覆盖。这是对习近平总书记有关"党政军民学，东西南北中，党是领导一切的"这一重要思想的生动体现。

表3　　　　深圳市外籍教师和海归教师数量统计

| 单位 | 外籍教师数量（人） | 占教师总数比例（%） | 海归教师数量（人） | 占教师总数比例（%） |
| --- | --- | --- | --- | --- |
| 深圳大学 | 68 | 3.18 | 723 | 33.79 |
| 南方科技大学 | 62 | 19.81 | 283 | 90.42 |
| 香港中文大学（深圳） | 26 | 21.67 | 120（含港台） | 100 |
| 深圳职业技术学院 | 27 | 1.63 | 153 | 9.24 |
| 深圳信息职业技术学院 | 5 | 0.88 | 52 | 9.11 |
| 广东新安职业技术学院 | 0 | 0 | 12 | 6.74 |
| 深圳广播电视大学 | 0 | 0 | 10 | 3.62 |

另外，随着深圳市高等教育的快速发展，教育国际化规模逐步扩大，深圳市高校引进了越来越多的外籍教师。深圳市外籍教师和海归教师相对较多，比如南方科技大学九成以上的教师是海归，香港中文大学（深圳）外籍教师占比高达21.67%，深圳大学海归教师数量占比高达33.79%。这些外籍教师和海归教师长期受西方意识形态熏陶，难免对国内政治体制存有一些偏见和误解，在课堂教学、讲座论坛和网络言论上存在一定程度上的政治安全风险。因此，在推动深圳市人才培养和师资队伍建设国际化

的同时，需要大力探索如何进一步加强党的领导，把握正确的办学方向，加强教师思想政治工作，提升外籍教师队伍的师德水平。

## 二　深圳坚持和加强党对高校的全面领导的创新做法

### （一）加强党委统一领导，完善党的全面领导的体制机制

深圳市各高校切实贯彻落实习近平总书记在全国高校思想政治工作会议上关于加强高校党委管党治党、办学治校主体责任的要求，坚持党委对学校工作的全面领导和核心地位，坚持和完善党委领导下的校长负责制，推动党建工作不断深入。深圳市教育工委出台从严治党"2+3文件"，制定从严治党责任清单和问责清单，落实抓党建的党委主体责任和党委书记第一责任。市委、市政府出台《关于加强和改进新形势下高校思想政治工作的实施意见》，明确要求向市属民办和中外合作办学高校选派党组织书记和组织员，党组织书记要进入学校决策层和管理层。目前深圳市各高校扎实推进党组织建设，不断健全党组织体系、创新组织工作形式、完善教育管理体系、推进基层组织建设，为学校党组织建设注入了活力，提升了战斗力。截至2018年9月，深圳市高校有党委49个，党总支38个，党支部576个，党员12826名。

深圳大学制定完善党政领导班子议事规则、党委会议议事规则、校长办公会议议事规则、书记专题会议事规则，细化"三重一大"事项集体决策制度，进一步强化学校党委管党治党、办学治校的领导核心作用。学校党委定期召开常委会、党委会、书记

专题会等，加强对学校重大事项决策部署，突出核心作用发挥。

南方科技大学是在新时代建立起来的新大学，学校党委高度重视思想政治工作，成立了思想政治教育工作领导小组，制定了思政工作实施方案，明确了具体责任，形成合力推进思想政治工作。南方科技大学坚持全员全过程全方位育人，把思想教育和价值引领贯穿教育教学全过程和各环节。在深入学习领会十九大精神的基础上，学校将进一步加强政治建设、思想建设、队伍建设、组织建设、制度建设、文化建设、作风建设、纪律建设，以这"八大抓手"开启学校党建新格局，充分发挥党的坚强领导核心作用，争做中国特色社会主义大学范例。南方科技大学现有师生党员990名，已成立党支部36个。

## （二）成立高校思想政治工作研究中心，加强党的全面领导的理论研究

2017年5月，由深圳大学发起，联合全市14所高校在全国率先成立深圳市高校思想政治工作研究中心，成为高校思想政治教育工作研究的重要平台。中心着眼于培养什么样的人、如何培养人以及为谁培养人这个根本问题，整合深圳市和全国的专家学者资源，共同为高校思想政治工作改革创新凝聚思想共识。中心围绕马克思主义重大理论和现实问题，注重理论与实践相结合，不断推进马克思主义中国化、时代化、大众化研究。同时发挥哲学社会科学领域专家的作用，对照中央文件要求分解工作任务，探索新的着力点和突破点，推动思想政治工作的改革创新。党的十九大召开以来，中心努力推动党的十九大精神进学术、进学科、进课程、进培训、进读本的"五进"工作，按照十九大报告提出的新任务和新要求，不断探索思想政治教育工作的新路径、

新方法。中心还通过举办"深圳高校思想政治教育高峰论坛",开设"思想政治教育"MOOC课程群,建立思想政治教育专题数据库,推动思想政治教育师资交流共享。作为一个平台,中心将不断完善协同机制,进一步凝聚和整合全市高校思想政治教学资源,推动全市高校思想政治教育工作的组织协调、研究协同、教学协同和资源协同,落实立德树人的教育根本任务,创新高校思想政治工作理念和方式方法,共同打造深圳高等教育的思想政治教育工作特色品牌。

此外,深圳职业技术学院专门筹建了社会主义先进文化研究与传播中心,致力于成为深圳市乃至国内社会主义先进文化研究的中心,成为总结和传播改革开放以来深圳社会主义文化建设先进经验的重要平台,成为全国职业院校开展社会主义先进文化传播与教育的重要平台。

## (三)打造基层党建特色平台,夯实党的全面领导的组织基础

深圳市各高校党委高举习近平新时代中国特色社会主义思想伟大旗帜,以"两学一做"(学党章党规、学系列讲话,做合格党员)为抓手,坚持党的一切工作下沉到支部的鲜明导向,积极打造基层党建特色平台,发挥基层党组织的政治引领作用。

深圳大学党委在学生事务服务中心的基础上,打造党群服务中心。中心整合全校12个部门业务,为全校师生提供集党员和群众教育、服务、培训为一体的一站式服务,突出党组织在服务群众工作中的作用,从发挥政治引领作用、探索党建育人模式、拓宽沟通渠道等方面着手,打造高校基层党建特色平台。中心通过搭建党员发挥先锋模范作用的平台,党员师生主动亮出身份、

作出服务承诺，在日均服务600人次的中心大厅工作中当先锋、做表率。中心在54大项100多小项业务中开展"党员示范岗"创建活动，激发了党员为师生办好事办实事的积极性和主动性。中心从发展党员的"源头"抓起，注重从大厅服务的百余名学生团队中发现优秀青年，在开展各类业务、技能、领导力培训的同时，积极引导他们向党组织靠拢。中心还搭建领导干部与群众、老师与学生的沟通平台，每年举办"书记下午茶""校长午餐会""校领导每月一席谈""荔事话你知"等系列师生交流活动近二十场，向学生通报学校发展规划、日常建设和校园管理工作最新进展。学校领导、管理部门及时掌握师生需求并积极回应落实，拉近了党员与群众、领导与师生的距离。

深圳市一些高校在按院（系）内教学科研机构设置教师党支部、按年级或院（系）设置学生党支部的基础上，根据实际需要，探索依托重大项目组、课题组和学生公寓、社区、社团组织等建立党组织，形成严密的组织建构，实现党的组织和党的工作全覆盖，做到哪里有群众哪里就有党的工作、哪里有党员哪里就有党组织、哪里有党组织哪里就有健全的组织生活和党组织作用的充分发挥。

南方科技大学创新完善学工、团委、书院"三位一体"的学生思想政治工作特色，将党、团工作紧密融入书院建设和学生管理工作。按照学校党委部署，2016年3月学工书院党总支成立，将支部建在学生工作一线，成立了学生社团联合会党支部、致仁书院党支部、树仁书院党支部、致诚书院党支部、树德书院党支部等5个支部，正在筹建致新书院党支部、树礼书院党支部，明确各书院团总支书记由党支部委员担任，进一步强化党对团的领导。深圳职业技术学院自2013年开始进行书院建设，各大学生组织进驻书院参与书院管理，书院建设引入各类社团，将书院制建设与学生党建、党员教育相结合。书院学生思想教育与宿舍管理结合起来，大学生及其入党积极分子的参与，给书院建设管理打下了扎实基础。

## （四）注重思政教育实践教学，强化党的全面领导的思想认识

深圳大学制定《深圳大学思想政治理论课教学改革整体方案》，推动思政改革创新，在全国首创高校思想政治理论课实验教学方法，开发了18个思想政治理论课实验教学软件。同时，学校积极推动实践教育，建立了一支持续发展的志愿者服务队伍，全校成立志愿者服务队97个，服务项目871个，志愿者19936人，"大学生志愿服务西部计划"工作在全省及全国名列前茅。通过送医下乡、留守儿童现状调研、U站义工、普法宣传等特色主题载体，为学生搭建实践服务平台，激励大学生做到学思践悟、知行合一。近年来，第二课堂在学生思想政治教育中发挥着越来越大的作用，深圳大学围绕创设"四育"载体，打造思想政治教育平台，做好理论教育、形势教育、主题教育、实践教育；营造"四创"氛围，打造学术科技育人平台，鼓励基于创意、勤于创新、勇于创业、乐做创客；坚持"四向"引导，打造文化艺术育人平台，引导向上、向真、向善、向美；建立"四化"机制，打造社会实践育人平台，推进基地化、专业化、社会化、课题化；建设"八类"抓手，以思想引领、组织建设、社会实践、志愿服务、创新创业、见习实习、校园文化建设、搭建沟通平台等八大类工作为抓手，不断深化，做实做好育人工作。

南方科技大学学生工作部会同教学工作部出台并实施了《南

方科技大学思想政治理论课实践教学实施方案（试行）》，将学生各类实践活动与思政理论课实践教学结合起来，结合学生"求新知、喜探索"的实际，组织学生寒暑假社会实践团队围绕"一带一路"国家战略、基层社会治理、支农支教等主题开展社会实践活动，在实践中不断提高思想水平、政治觉悟、报国情怀。

香港中文大学（深圳）根据教育部关于开设思想政治理论课的指示，已严格依照国家对中外合作办学机构的有关规定开设相关课程，其课程注重"体验式教学"，在教学形式上，除教师讲授之外，同时还开展小组讨论、角色扮演、观看纪录片和情景模拟等多种教学方式。如讲述中国的法治专题时，组织监狱参观、法院旁听以及田园考察等活动；在讲述文学艺术鉴赏时，组织学生赴何香凝美术馆参观交流等。同时将"新媒体手段"引入通识教育，组建了微信公众平台，联合校内学生社团，分享、传播在通识教育中的感受与收获。

深圳职业技术学院注重加强专业文化建设，要求广大教师深入挖掘专业课程中的文化要素和人文精神，揭示专业的价值理念，将社会主义核心价值观、工匠精神等教育内容有机地融入各专业、各门课程的教学中。此外还推行"课外交互式自学+课内专题讲授+精品选修课+实践教学"四位一体的思想政治理论课模块化教学法，推出系列讲座"菜单"，思政课教师送课上门，结合学生各类寒暑期社会实践活动的需要，推出内容丰富多彩的"微课"。如2016年暑期，思想政治理论课教学部与学生处、团委联合举办"重走长征路"活动，精心准备了9堂微课，在革命纪念地现场授课，使参加活动的同学受到了生动活泼、印象深刻的爱国主义教育。深职院还高度重视思政课实践教学，组织学生前往莲花山小平铜像广场、南岭村、中英街等爱国主义教育基地参观学习；开展"发现深圳之美"社会调查，让学生在调查中体会深圳城市变化，接受思想政治教育；每年寒暑假共约600支团队、2万余名学生参加社会实践，连续13年赴河源和平县、梅州、甘肃、江西等地开展"启明星支教"活动。

### （五）创新思政教育 UOOC 平台，提供党的全面领导的技术支撑

在移动互联网时代，深圳市高校不断推进思政课教学同信息技术高度融合，增强思想政治理论课程教学的时代感和吸引力，打造具有广大特色的课程体系。2014年5月，深圳大学发起成立"全国地方高校 UOOC 联盟"，截至2018年，加盟高校达105所，遍布全国28个省、自治区、直辖市，62座城市，覆盖师生人数260万。UOOC 联盟整合了全国各类地方高校的优质资源，是规模最大、影响最广的全国地方高校 MOOC 联盟。UOOC 联盟积极创建教学资源共享平台，打造注重中华优秀传统文化、注重提升大学生科学文明素养的通识 MOOC 58门，并开发《毛泽东思想和中国特色社会主义体系概论》《思想道德修养与法律基础》等思想政治教育公共课程及"一带一路""世界政治导论"时事政治类课程，深圳大学聘请香港科技大学丁学良教授开设"一带一路"MOOC，旨在向学生分析国际形势、解读国家政策，以形成正确的世界观、人生观与价值观。

### （六）注重党建标准体系建设，健全党的全面领导的制度体系

根据教育部、广东省委教育工委关于建立党建工作标准化体

系的要求，深圳市各高校开展基层党组织党建工作标准化建设，形成内容全面、制度健全、运转规范、职责明确的党建工作新机制，以标准化建设夯实党建工作根基。第一，扎实推进"两学一做"学习教育常态化制度化，严格落实好"三会一课"、组织生活会和民主生活会、民主评议党员等制度，确保党内政治生活严肃认真、生动活泼地开展，依托党校党群服务中心以及红色资源，开展多形式、分层次、全覆盖的党员教育培训；第二，把制度建设贯穿于基层党组织党建工作标准化建设之中，在认真贯彻落实"三会一课"、组织生活会、谈心谈话、民主评议党员等党的组织生活基本制度的基础上，制定工作机制和议事规则、领导班子成员党建责任清单、党支部工作指引等，确保基层党组织在开展工作时更加有章可依、有规可循；第三，优化基层党组织设置，加大在创新平台、新兴学科交叉团队、重大项目平台、学生社区社团等创新组建党支部的工作力度，加强对教师党支部、学生党支部的分类指导，探索建立支部党建工作标准，从党支部设置、班子队伍建设、党员发展教育、党内组织生活、工作载体建设、工作运行机制、基本工作保障等方面绘就党组织标准化建设组织施工图；第四，规范基层党组织会议和党政联席会议制度，制定党政领导班子党建责任清单，细化责任要求，进一步强化党委（总支）书记履行第一责任人、班子成员履行"一岗双责"；第五，严格党员发展质量关，规范发展程序，认真贯彻落实《中国共产党发展党员工作细则》，完善党员考核评价机制；第六，抓实基层党组织"书记项目"，围绕党建工作突出问题，开展深入基层一线的系列调研活动，打造党建工作优质品牌；第七，建立检查监督工作机制，加强党建检查督导力度，全面开展基层党组织书记党建述职评议考核工作；第八，开展先进基层党委（总支）、"学习型、服务型、创新型"党支部、优秀党员等评选，发挥示范和引领作用。

## 三 深圳坚持和加强党对高校的全面领导的对策建议

坚持和加强党对高校的全面领导，是全方位、全过程、全覆盖的领导，要实现领导内容全覆盖，聚焦根本问题不动摇，贯穿办学治校各方面。旗帜鲜明坚持党对高校的全面领导，要把建设先进政治文化作为办学治校的根本抓手，坚持党的领导，坚持党的教育方针，坚持"四个服务"的发展要求，坚持中国先进政治文化的前进方向，营造风清气正的校园生态，建设中国特色社会主义大学。

坚持和加强党对高校的全面领导，要坚持党要管党、全面从严治党，以党的政治建设为统领，全面推进高校党的政治建设、思想建设、组织建设、作风建设、纪律建设，把制度建设贯穿其中，不断提高高校党的建设质量。坚持和加强党对高校的全面领导，既要抓住领导干部"关键少数"，也要抓好普通党员"基础多数"；不仅要领导好党内系统，还要注重调动党外各类群体的积极性和创造性；在抓好党建工作的同时，还要抓好教学科研等业务工作，切实做到学校事业发展到哪里、党的领导就要跟进到哪里。坚持和加强党对高校的全面领导，既要对本校党的建设全面负责，落实党建工作责任制，承担意识形态工作主体责任、全面从严治党主体责任、党风廉政建设主体责任，还要履行办学治校主体责任，坚持党管干部、党管人才，落实"三重一大"决策制度。对于高校党委来说，要始终在党爱党、在党言党、在党为党,保证高校正确政治方向不动摇,把思想政治工作摆在重要位置,推动形成党委统一领导、各部门各方面齐抓共管的工作格局,提高党建工作针对性和实效性。

## (一) 确立党对高校的全面领导思想

### 1. 旗帜鲜明讲政治,坚持社会主义办学方向

在思想统领上下功夫。坚定社会主义办学方向不动摇,最重要的就是以习近平新时代中国特色社会主义思想统领教育工作。做好新时代教育工作,必须始终坚持以习近平新时代中国特色社会主义思想为统领,将这一思想贯穿教育工作各领域全过程。

在立德树人上下功夫。一是坚持把立德树人作为中心环节,把社会主义核心价值观融入教育全过程。二是深入开展理想信念教育、爱国主义教育、中华优秀传统文化教育和革命传统教育,引导和帮助学生把握好人生方向,扣好人生的第一粒扣子。三是健全立德树人落实机制。通过深化办学体制和运行机制,充分激发教育事业发展生机活力,扭转不科学的教育评价导向,强化全面发展的培养目标。

在意识形态上下功夫。一是全面落实党委意识形态工作责任制,进一步建立健全落实"党委统一领导、党政齐抓共管、职能部门组织协调、相关部门各负其责、二级单位贯彻落实"的意识形态工作机制。二是重点加强对意识形态阵地的管理,切实筑牢意识形态安全防线,坚决不给各种错误思潮和有害言论提供发声场所和舞台。三是加强舆论正面引导,传播正能量,注重传播手段和话语方式创新,不断巩固壮大主流思想舆论。

### 2. 提高政治站位,全体党员干部增强"四个意识"

实行党支部每月思想汇报制度。党支部是党在高校的全部工

作和战斗力的基础，党支部要在所属基层党委（总支）领导下，以提升组织力为重点，突出政治功能，担负好直接教育党员、管理党员、监督党员和组织群众、宣传群众、凝聚群众、服务群众的职责，引导广大党员发挥先锋模范作用。党支部要了解掌握党员的思想状况，经常听取党员和群众的意见和建议，发现问题及时解决，做好经常性的思想政治工作。开展经常性的谈心谈话，每月至少开展一次组织生活，相关情况定期向基层党委（总支）汇报。党支部书记每年对照本支部年度工作安排，向基层党委（总支）述职报告履行支部工作第一责任人责任情况。党支部重要问题及时向基层党委（总支）请示、汇报。

举办高水平思想政治论坛。为深入贯彻落实党的十九大精神，深刻领会习近平新时代中国特色社会主义思想，推进新时代思想政治教育的创新与发展，可依托深圳市高校思想政治工作研究中心或社会主义先进文化研究与传播中心，邀请国内学界有关领导和专家举办高水平思想政治论坛，围绕习近平新时代中国特色社会主义思想教育与传播、十九大以来思想政治教育理论与实践的新发展、高校思想政治理论课建设、新时代思想政治教育的新使命新要求、马克思主义理论学科体系建设、健全高校思想政治工作评价监督机制、推动思想政治工作传统优势与信息技术的融合等紧扣全国高校思想政治工作会议精神的主题开展研讨，把学科优势和理论研究优势转化为人才培养和思想政治教育的优势，发挥智库"咨政、启民、育人"的功能，对高校思想政治工作的重大问题提前研判、前瞻研究，有针对性作出深层次思想理论问题辨析引导，同时防止错误观点和思潮的渗透。

3. 坚持立德树人，引导大学生坚定"四个自信"

抓好课堂育人，推动"思政课程"向"课程思政"转变。

深入实施"高校思政课建设体系创新计划",推进思政课建设的综合改革创新。重点抓思政课教学人才体系建设,建立思政课专职教师任职资格制度,在准入、培训、考核等各环节严抓严管,建设高素质教师队伍。推行思政课特聘教授制度,推动领导干部上讲台讲思政课。重点抓思想政治理论教育课程体系建设,重视发挥所有课堂的育人功能,抓好课堂育人的改革创新,精心打造由思政课、人文素质课、专业课、社会实践等构成的思想政治理论教育课程体系,使各类课程都守好一段渠、种好责任田,与思政课同向同行,形成协同效应。

扎实做好习近平新时代中国特色社会主义思想"三进"工作。为切实推动习近平新时代中国特色社会主义思想进教材、进课堂、进头脑,需要紧扣党的十九大新的形势判断、新的理论概括、新的战略布局,在加强十九大精神有机融入现有思想政治理论课教学体系的基础上,开设"习近平新时代中国特色社会主义思想"课程,为教育系统干部师生准确把握这一思想的丰富内涵、核心要义、时代背景、实践要求、理论特色和重大意义,自觉用这一思想武装头脑、指导实践、推动工作提供重要途径。紧密结合中国特色社会主义建设成功实践,特别是深圳经济特区改革开放与创新发展实践,推进课程创新,积极发挥学科优势和智库作用,争创深圳高校的中国特色社会主义研究和课程建设优势。

4. 严把意识形态阵地管理,夯实党的话语权

一是严把课堂阵地管理。遵循高校教育规律、人才成长规律,严把课堂讲授的规矩,以马克思主义立场、观点与方法为指导,旗帜鲜明地高举习近平新时代中国特色社会主义思想,坚持思想政治理论课重点建设地位,规范哲学社会科学教材选用制

度，充分挖掘和运用各学科蕴含的思想政治教育资源，严格高校课堂教学讲授的底线意识。二是严把文化阵地管理。坚持社会主义核心价值观培育是高校文化育人的重要内核。坚持社会主义办学方向，运用校园文化节、文化大讲堂、文化提升工程等活动，深入推进中华优秀传统文化、革命文化、中国特色社会主义先进文化进校园，弘扬以爱国主义为核心的民族精神和以改革创新为核心的时代精神。严格校园讲座、论坛、报告会审批制度，依法管理境外非政府组织在高校的活动，坚决防止历史虚无主义、拜金主义、享乐主义等思想大行其道，坚持社会主义核心价值体系在校园文化中的主导地位。三是严把新媒体阵地管理。坚持党管媒体——尤其是新媒体的阵地建设是高校意识形态工作的重要内容。一方面，校园媒体必须将正确的政治方向放在首位，严格执行党的政治纪律和宣传纪律，大力宣传习近平新时代中国特色社会主义思想。充分发挥新媒体的舆论强势，运用灵活多样，贴近学生实际、贴近学生生活的具有思想性、艺术性、时代性和感召力的话语传播主流意识形态。另一方面，从技术层面建立有效的网络舆情监管制度，提升"把关人"效应，建立多元主体、层级化、立体式的监管机制，建立教育引导与校纪校规、法律规范相结合的监管制度体系，营造风清气正的网络空间。

5. 加强教师思想政治工作，提高教师思想政治素质

一是严把选人权。严把高校思想政治工作队伍、党政工作队伍建设，坚持党管干部，把握选人坚持"四个意识"原则；严把高校专业师资队伍建设，坚持党管人才，把握选人坚持"四有"好老师标准。二是严把用人权。加强师德师风建设，用习近平新时代中国特色社会主义思想武装头脑，把握"新时代、新任务、新使命"，坚持教书和育人相统一，坚持言传和身教相统一，坚

持潜心问道和关注社会相统一，坚持学术自由和学术规范相统一，引导广大教师增强严谨治学、教书育人的责任感和使命感。完善考评机制，严格实施师德"一票否决"制；贯彻落实《高等学校预防与处理学术不端行为办法》，抵制和反对学术不正之风；将思想政治表现作为教师考核、晋升、奖励的首要条件。努力创造公平、公开、公正且有利于优秀人才脱颖而出的用人机制，引导优秀人才为新时代中国特色社会主义伟大事业建功立业。三是严把监督执纪权。加强监督执纪，健全工作机制，必须严明政治纪律和政治规矩，把守纪律、讲规矩摆在更加重要的位置，做到政治过硬、业务过硬、纪律过硬、作风过硬，通过岗前培训、廉政谈话等，切实筑牢防腐拒变的思想防线，增强遵纪守法的思想自觉和行动自觉；健全内控制度，坚持信息公开、完善信息化平台，补好制度缺口，优化工作流程，加强权力制衡和权力监督；增强廉政风险防控意识，加强廉政风险点预防和控制制度，坚持动态排查，合理划定风险等级，科学制定以岗位为点、程序为线、制度为面的防控举措；运用好执纪监督"四种形态"，严格执行请示报告制度、廉政述职制度等。

## （二）完善党对高校的全面领导体制

### 1. 完善党委领导下的校长负责制

坚持和加强党对高校的全面领导，与党委领导下的校长负责制并不矛盾，是坚持和完善党委领导下的校长负责制的应有之义。

坚持和完善党委领导下的校长负责制，首先要坚持高校党委的领导核心地位不动摇。高校要准确把握职责定位，坚持管方向、管全局、管干部、管人才和党要管党，认真履行党章等规定的各项职责，加强党的建设和思想政治工作，尊重和支持校长独立负责地开展工作，力戒包揽行政事务。校长在党委领导下，依法行使职权，积极主动地做好教学、科研和行政管理工作。其次，认真贯彻执行民主集中制。健全和完善党委会议、党委扩大会议、校长办公会议等议事规则和会议制度，特别是要对党政决策会议的职能定位、参加对象、决议范围、议事程序、决议执行和督促检查等进行明确界定，形成系统、规范、操作性强的决策制度体系。健全党委统一领导、党政分工合作、协调运行的工作机制，特别是要处理好党委书记和校长的关系。党委书记和校长要按照社会主义政治家、教育家的要求，带头讲党性、讲团结，相互尊重、相互支持，建立党政定期沟通机制，党政会议议题的确定要进行会前沟通，集体决定重大事项前要进行酝酿沟通。注重发扬民主，充分听取和尊重班子成员的意见，支持他们的工作。再次，加强高校领导班子队伍建设。近年来，深圳市以高校党委换届为契机，对工作不强不力的领导班子进行了调整，对人员不齐不全的班子及时补充，特别注重对书记校长人选的补充调整，使高校领导班子状况得到了明显改善。下一步还要继续加强高校领导班子思想建设、能力建设和作风建设，特别是教育引导高校领导班子成员发挥表率作用，巩固党的群众路线教育实践活动成果，狠抓作风建设不放松，加强高校党委党风廉政建设责任制考核，认真做好高校领导班子和领导干部述职述廉工作，为全市高等教育营造风清气正的发展环境。最后，坚持依法治校、构建高校现代治理体系。扎实推进依法治教、依法治校，推进高校章程制定工作。通过高校章程的制定，有力地保障党委领导下的校长负责制在高校的贯彻落实，将党的领导贯穿于高校治理结构的各个层面。进一步加强高校学术组织建设，积极探索教授治学、师生员工参与民主管理和监督的有效途径，发挥学术、教学、人事、计财等教授委员会以及教代会、学代会的决策咨询功能。

2. 实行书记第一责任人制度

严格按照党的十九大关于党建工作的要求，狠抓党建工作的各个环节，完善细化管理制度，切实在思想上组织上政治上把管党治党责任落到实处。制定完善《党政领导班子工作规则》等规章制度，完善党委工作议事规则、党委会议、校长办公会议、书记专题会制度，制定实施学院（部）党政联席会议议事规则，制定领导班子成员党建责任清单和党建工作要点，强化校院两级党委书记履行党建工作第一责任人职责，亲自抓谋划、抓推动、抓落实，强化党建主业意识。确立党建述职制度，以基层党委（总支）党建述职评议考核为抓手，督促基层党委（总支）履职尽责，认认真真地种好自己的党建工作"责任田"。

3. 建立领导班子成员"一岗双责"制

高校全面从严治党主体责任的落实，党委班子要履行"一岗双责"，结合业务分工抓党的建设和思想政治工作，实行制度监督与实施问责制，督促分管部门主要负责人履行"党政同责、一岗双责"和落实党内监督各项制度，切实做到"把责任扛在肩上、把纪律挺在前面、把任务落在实处"，全面提升学校党的建设的整体水平。同时完善监督约束机制，构建严密有效的监督体系，督促引导领导人员充分认识"有权必有责、有责要担当、失责必追究"，认真履职尽责，依法依规办事，保证清正廉洁。在考核评价上，对领导班子和领导人员的考核实行平时考核、年度考核和任期考核，考核评价以任期目标为依据，以日常管理为基础，注重工作实绩和社会效益，注意与高等学校目标管理和绩效管理、教育教学评估等工作相衔接；强调坚持党建工作、意识形态工作与业务工作同步考核，把思想政治工作纳入党建工作和意识形态工作责任制进行重点考核，实行党建述职评议考核制度等，进一步确保党建与思想政治工作落到实处，避免重业务、轻党建的错误倾向。班子成员根据分工，每年至少听取一次分管部门或单位工作情况汇报，在年度总结报告中必须述职述廉。学校党委通过党委理论中心组、常委会专题学习、民主生活会等多种方式，要求班子成员严格遵守政治纪律、工作纪律、财经纪律、组织人事纪律和生活纪律，坚决克服组织涣散、纪律松弛现象，自觉给师生员工作出表率。

4. 进一步加强党对民办高校的领导

党委在民办高校中需发挥政治核心作用。党委作为执政党在民办高校的派出机构，必须发挥政治核心作用。具体来说，一是思想引领。坚持以习近平新时代中国特色社会主义思想为指导，带领广大党员和师生员工学习中央相关文件精神和方针政策，确保党的意志和上级党委要求在民办高校中充分体现。二是政治保障。通过引导和监督学校遵守法律法规等，确保民办高校是党领导下的高校，是中国特色社会主义的高校。三是组织建设。坚持"三会一课"制度，推进党的基层组织设置和活动方式创新，扩大基层党组织覆盖面，着力解决新时代党委在民办高校基层党组织弱化、虚化和边缘化问题。四是联系群众。民办高校党委既要在大是大非面前坚持原则，保持政治定力，又要在具体工作中密切联系师生，帮助排忧解难。

党委在民办高校中应发挥监督引导作用。新时代民办高校党委监督的对象包括学校、学校的决策机构和校长等，民办高校党委的监督一般应通过事前的政策宣传、事中的决策参与和事后的反馈督促等三个组成部分来体现，其中参与决策是当前民办高校党委发挥监督引导作用最为关键环节。党委在民办高校中还要发挥报告桥梁作用，表现为校党委向上一级党委或领导机构，定期反映和报告民办高校在发展过程中存在的问题和遇到的困难，使学校能在法律政策允许的范围内得到上级党组织或政府有关职能部门支持和帮助。

完善党委、董事会、校长"三驾马车"同向发力运行模式。在宏观上，首先要落实好"三方进入，交叉任职"管理机制。其次，建立起多样式便捷化常态性三方协商沟通机制。最后，形成分工明确责任分担的运行机制。通过制度，使三方密切协调、互相配合、同心同向、共谋发展。形成党委在民办高校党建工作中全覆盖全辐射全发力格局。一要抓好党组织和党的工作全覆盖。做到哪里有群众哪里就有党的工作、哪里有党员哪里就有党组织、哪里有党组织哪里就有健全的组织生活和党组织作用的充分发挥。二要实现思想政治教育和工作影响全辐射。把习近平总书记在全国高校思想政治工作会议上强调的"坚持不懈传播马克思主义科学理论、坚持不懈培养和弘扬社会主义核心价值观、坚持不懈促进高校和谐稳定和坚持不懈培育优良校风和学风"等要求，贯彻到学校每一个角落，落实到学校每一项工作中。三要推动全校师生党员和党组织全发力。通过创新活动方式和工作形式，发挥党员先锋模范和党组织引领作用，实现不管在宿舍和课堂，还是在校园和校外，都有民办高校党员和党组织身影，从而提高民办高校党委的影响力和向心力。

5. 加强党对中外合作办学高校的领导

注重顶层设计，积极推进党的组织和工作全覆盖，配齐配强党建工作队伍，工会、共青团和学生会组织健全，思想政治辅导员队伍充实。根据中外合作办学高校办学规模和党员人数变化及时调整优化党组织设置，真正发挥党组织在推动工作中的政治核心和战斗堡垒作用。坚持全面从严治党，突出政治功能，不断提升中外合作办学党建工作科学化水平，担负起办学治校、立德树人的主体责任。认真制定党政要点，分解意识形态建设、基层党组织建设、党风廉政建设以及人才培养、科学研究等各项工作，具体到各工作岗位，细化到负责人。将政治素质强、思想觉悟高、业务能力精、群众基础好的干部选派到中外合作机构的领导岗位上。根据中外合作办学党组织、党员的不同情况，分层分类地细化党组织设置，以最活跃的细胞激发组织活力。在教工党支部，党委积极推进在学科团队、创新平台、重大项目组、重点实验室、工作室等最活跃细胞上设置党支部。扎实推进"两学一做"学习教育，增强学习实效，凝心聚力来推动学校的改革发展。

### （三）优化党对高校的全面领导机制

1. 完善高校纪检工作双重领导机制

党委纪委要认真履行监督责任。首先要协助党委建立健全落实党风廉政建设责任制的领导体制和工作机制，加强统筹协调，督促检查相关部门落实惩治和预防腐败工作任务。其次要抓重大问题研究，促风险防控。凡涉及"三重一大"事项均上会研究，明确可能的风险和问题，严格按照决策程序研究决定。再次要抓宣传教育，促遵规守纪。坚持预防为先、关口前移，以各级领导干部的廉洁从政教育为重点，将重点教育与整体教育相结合，将集中教育与日常教育相结合，通过选择不同的教育内容和形式，分层次、多形式对党员干部开展廉政教育，增强教育的针对性和有效性。复次要抓制度完善，促源头反腐。要坚持依法治校，强化对权力运行的制约和监督，完善现代大学制度体系框架，形成用制度管权、管事、管人的长效机制。最后要抓检查考核，促责任追究。以贯彻落实党风廉政建设责任制为主要抓手，认真开展监督检查工作，强化各级领导班子、领导干部的党风廉政建设的责任意识，有效防控招生录取、基建维修、招标采购、科研经费、校办企业等领域和环节的廉政风险。

2. 优化高校思想政治教育长效机制

建立思想政治理论课特聘教授资源库，提高教学质量。成立思政课程建设研究机构，加强学术交流，鼓励教师积极参与各种学术交流会、学术研讨会、学会年会，以此拓展教师的视野，了解最新的教育理念、教学模式、管理方法，提升教师的教学水平，提高思想政治理论课的吸引力，强化教师的科研意识，明确研究方向，提升科研素养。建立高校思政教育网络课堂共享机制，成立思想政治理论课程建设协同创新、优秀传统文化传承研究等实践研究机构，开展课程建设、教学研究和学术交流。运用深圳大学组建全国地方高校 UOOC 联盟的有利条件，丰富优秀思想政治课程资源，鼓励深圳市高校使用 UOOC 联盟优秀思想政治课程，实行学分互认，发挥优秀成果辐射示范作用，完善优质课程资源共享机制。各高校要建立思想政治理论课特聘教授资源库，鼓励有较高理论素养和丰富实践经验的党政干部、社科理论界研究人员等参与思想政治理论课教学。倡导以问题为导向的专题教学，开展集体备课和名师引领，增强教学的时代感和吸引力。优化高校思政工作者培训机制，围绕高校思想政治工作队伍不同工作领域、工作环节、工作阶段的实际需求，建立完善队伍培训核心课程体系，优化培训师资库建设，着力提升培训培养的专业化科学化水平。每年定期组织思政工作者进行集中培训，不定期开展思政工作能力提升专题培训或线上学习，选派思政骨干力量参与省委教工委、市委组织部集中轮训等，帮助思政工作者切实在学懂弄通做实上下功夫，学深学透。坚持知行合一、学做结合，继续推进"两学一做"学习教育常态化制度化，认真做好"不忘初心、牢记使命"主题教育，增强思政工作者贯彻落实党的教育方针的自觉性和坚定性，全面落实立德树人。同时巩固基层长期学习、集中学习、系列学习、持续学习的新机制，保障基层党组织理论学习有效化、常态化、制度化。建立健全有分有合、相互促进的多层次学习机制，形成纵向示范、横向互动、层层带动的运行机制，严格定期检查监督机制、培训交流机制以及评比表彰激励机制等。

3. 进一步加大高层次人才党员发展力度

贯彻中共中央办公厅印发的《关于进一步加强党委联系服务专家工作的意见》文件精神，校党委领导带头联系一批高层次人才，院（部）基层党组织领导联系服务一批本院高层次人才，做到政治上充分信任、思想上主动引导、工作上创造条件、生活上关心照顾，引导广大人才与党同心同德。校党委领导可通过座谈会、个别访谈、咨询服务等形式联系服务高层次人才，听取意见建议，研究解决问题。建立与高层次人才日常沟通联系"直通车"制度，联系服务对象可通过线上线下互动交流方式，主动向相关领导反映情况、提出意见和建议。做好高层次人才和青年教师的思想政治工作，坚持问题导向，着力解决发展高层次人才的重点难点问题，夯实高层次人才的思想政治基础。支持专家干事创业，把搭建事业平台、充分发挥作用作为联系服务的重点。加强高层次人才的爱国主义教育与政策宣传，通过青年教师联谊会、青年科技工作者联谊会等途径深化中青年专家、博士及博士

坚持和加强党对高校的全面领导

后的思想联系、情感交流，激发爱国报国情怀和文化认同。每年定期组织高层次人才认真学习党的理论和路线方针政策，加强中国特色社会主义理论体系教育培训，引导高层次人才始终坚持中国共产党领导，坚定中国特色社会主义道路自信、理论自信、制度自信和文化自信，促使高层次人才牢固树立"四个意识"（政治意识、大局意识、核心意识和看齐意识）。

## （四）健全党对高校的全面领导制度

### 1. 完善高校党代会制度

第一，实行高校党代表大会代表任期制。党代表要逐步培养和强化自身的主体意识、代表意识和参与意识，从而及时加强自身修炼，不断提高自身的履职能力，尽一切可能为高校党内民主建设履行应尽的义务，主动履行好自己党代表的权力。第二，提高党代表的代表性和思想能力素质。优化高校党代表的结构，扩大一线教师代表比例和学生比例，增强代表广泛性，限制和减少领导干部兼任党代表。第三，扩大党代表对提名推荐候选人的参与，改进候选人提名方式，以满足党代表对党内选举的知情权、参与权。第四，坚持党代表大会年会制，同时注意密切党代表同基层群众的联系。第五，在党代表权力职责明确的基础上，正确协调处理好党代会与教代会和学代会之间的关系。科学划定不同代表之间的权利界限和职责范围，尊重高校的学术自由，保障党对于高校的管理。第六，建立并完善对党代表的监督和测评机制，通过定期考核及时掌握党代表履职情况，对于出现失职渎职行为的党代表及时进行培训、教育，甚至罢免。

### 2. 严格高校发展党员制度

按照"控制总量、优化结构、提高质量、发挥作用"的方针，认真落实《中国共产党发展党员工作细则》各项要求，严格执行"三投票五公示一答辩"。按照基层党委（总支）分配的年度党员发展指标，制订年度发展计划。开展深入细致的思想政治工作，引导师生积极向党组织靠拢，保证党员发展有质有量，实现党员队伍的高素质高标准。坚持入党自愿原则和个别吸收原则，坚持成熟一个发展一个。严格执行发展党员程序，梳理细化发展党员工作流程，对发展党员的五个阶段二十五个步骤详细列出所需材料和相关工作要求，指导基层党组织规范做好发展党员每个步骤。严格按照党章规定的党员标准来发展党员，始终把政治标准放在首位，严把党员队伍"入口关"。把教育培养作为发展党员工作的重要手段来抓，根据入党积极分子、发展对象、预备党员的阶段特点，以增强党性、提高素质为重点，组织开展相应的专题学习，通过党校培训、社会实践、志愿服务等方式，加强培养教育和考察，变"自然成熟"为"培养成熟"。

3. 规范并优化高校党员组织生活制度

建立高校"三会一课"季度汇报制度和年度考核制度。严肃党内组织生活，要深入推进"两学一做"学习教育常态化制度化，深刻认识落实"三会一课"制度的重要意义，严格按期组织安排"三会一课"，强化"三会一课"的政治功能，突出政治学习和教育、突出党性锻炼、突出一定的仪式感、突出理论联系实际，学以致用、知行合一，做合格党员。为切实提高高校"三会一课"的质量，监督"三会一课"工作落到实处，需要建立"三会一课"季度汇报制度和年度考核制度，用制度来保证党组织的"三会一课"工作是不虚、不空、不走过场的。强化对"三会一课"制度落实情况的考核问责，对落实"三会一课"制度不力的基层党组织负责人进行约谈、诫勉谈话，对无正当理由不参加"三会一课"的党员进行谈话提醒、批评教育，拒不改正的按规定作出组织处置。在支部书记述职评议考核工作中，把"三会一课"制度落实情况作为一项重要内容，把落实"三会一课"制度纳入各级党委（党组）履行全面从严治党主体责任的考评体系，研究具体措施，层层传导压力，下大力气推动"三会一课"制度在基层党组织落实落地。

4. 实行外籍教师一对一思想交流制度

完善外籍教师准入条件和相关资质要求，加强与国家安全、外事管理等相关部门沟通与合作，掌握外籍教师政治倾向。建立和完善外籍教师联系人制度，采用"一对一"的结对联系模式，配备一位政治、业务较强的中方教师作为外籍教师的合作教师，引导和帮助外籍教师更好地了解中国国情、深圳市情。严格规定外籍教师遵守国家法律法规、教育方针政策及有关规定，不得在教学场所和其他公共场合，以任何形式宣传宗教、发展教徒，不得以调查或其他形式进行有煽动内容或危害我国安全内容的活动。

5. 建立党员联系留学生制度

深圳市高校每年都有一定数量的大学生到国外留学、交换学习，针对海外留学生地域分布广、时间周期不一、人群规模大小不等、文化思潮多样的特点，建立党员联系留学生制度是加强留学生党建工作的一条重要途径。学生党员充分发挥先锋模范作用，以身作则，做好海外党员教育管理服务，增强党组织在学生中的影响力和吸引力，有效抵制境外思想意识对学生可能造成的不良影响，真正实现流动党员"人行千里有党管、出国留学不脱党"。加强学生出国前思想教育、留学中监测改进、归国后跟踪教育等的过程管理，不断提高海外留学生意识形态领域教育管理的科学化水平。在学生出国前，加强对出国学生党员和学生干部的先进性教育，增加学生对国际局势和国际政治环境复杂性的了解，明确提出境外学习期间各方面的要求，提高学生对提高专业水平与服务国家相统一的认识。加强境外学生归国后跟踪教育，通过组织专人谈话、提交思想汇报、开展留学汇报等多种做法，全面掌握学生在国外的生活、学习、工作情况和思想动态，并积极发挥他们"传、帮、带"的作用，指导低年级学生做好出国前学习、生活和思想等各方面的准备。

## （五）丰富党对高校的全面领导方式

### 1. 注重思政教育理论与实践相结合方法

创新思想政治教育方式方法，注重理论与实践相结合，既搞好课堂教育，又注重引导大学生深入社会、了解社会、服务社会。充分发挥课堂教育教学的主导作用和思想政治理论课的主渠道作用，理直气壮地讲授马克思主义。全面加强思想政治理论课的学科建设、课程建设、教材建设和教师队伍建设，切实改革教学内容、改进教学方法、改善教学手段，增强思想政治理论课的吸引力和感染力。发挥各门课程的育人功能，深入发掘其思想政治教育资源，把思想政治教育融入大学生学习的各个环节。引导大学生深入开展社会实践活动，结合"我的中国梦——立志·修身·博学·报国"主题教育系列活动和大学生暑期社会实践等，引导大学生走入社会这个思想政治教育的大课堂，探索建立与专业学习、服务社会、勤工助学、择业就业、创新创业相结合的社会实践新机制，到基层去，到群众中去，在自觉广泛的社会实践中熏陶思想感情、充实精神生活、提高道德境界、增长知识才干。发挥深圳和周边区域的中国近现代史、党史、经济特区改革发展史、社会主义先进文化、高新产业等资源优势，组织学生到基地开展学习体验、调查研究、社会服务等活动，增强对中国特色社会主义的思想认同、理论认同、情感认同，增进理论自信、道路自信、制度自信和文化自信。

2. 建立党的全面领导考核标准体系

加强党对高校的全面领导，必须"虚"功"实"做，把"软指标"变为"硬约束"。建立党对高校的全面领导考核标准体系，是推进党的全面领导工作的应有之义。考核是工作导向，通过考核，可以解决现实中存在的"不重视、不在乎""没抓手、没办法""乱开花、花乱开"等问题，可以进一步明确目标和任务，总结成功的实践经验，及时发现问题和不足，促进高校党的领导工作科学化水平不断提高。

研究出台《坚持和加强党对高校的全面领导标准体系》或《党对高校的全面领导考核指导意见》等规定性文件，解决顶层设计的根本问题，并鼓励各高校主动实践积极探索，制定基层考核办法，创新实践经验。党的全面领导考核标准体系要注重全面考核和重点考核相结合。加强党对高校的全面领导涉及面很广，涉及的工作事项很多，考核工作既要管全面，更要抓重点。一是把握高校办学方向，包括中央及部委有关重要文件的学习和贯彻落实情况，习近平总书记等国家领导人批示讲话精神的落实，每年党委中心组学习情况，高校坚持正确的办学方向和发展道路情况，思想政治研究工作开展情况等。二是党委发挥领导核心作用，包括党委会重大问题决策，建立党组织对重大问题决策的程序和规则情况，坚持党管干部、党管人才原则落实情况等。三是落实党管干部原则，包括抓好选用干部、管理干部、考核干部情况,制定干部选拔任用办法,制定党委会选任干部决策机制情况,对干部实行任期制和聘期制等情况。四是思想政治教育工作,包括领导班子思想建设、干部思想建设、教职工和大学生思想政治教育情况,教师思想动态掌握情况等。五是党风廉政建设,包括落实"两个责任"、反腐倡廉工作纳入高校总体工作情况,党风廉政责任制建立和执行情况,"三重一大"制度落实情况,廉洁文化推进情况等。六是维护稳定工作,包括维护学校稳定工作制度以及预案制定执行情况,维稳预警和风险评估机制建立情况,防范和处理邪教工作情况,群体性突发事件防控情况等。

3. 搭建党委书记与基层党员交流平台

通过讲党课、专题座谈会、"书记沙龙"、谈心谈话等形式,搭建领导干部与先进典型及基层党员的互动交流平台,当面听取汇报和基层党员的意见建议,了解"两学一做"学习教育开展情况以及党的建设、业务工作、队伍建设等方面工作,现场指导,解疑释惑,提出要求。建立日常沟通机制,领导班子成员把对基层党组织的指导纳入日常工作安排,加强对基层党支部的了解,同时根据实际,定期或不定期深入现场检查全面从严治党要求的落实情况。党委书记与基层党员的交流平台既是书记们交流工作、分享经验、研讨问题的有效平台、也是党委职能部门了解动态、沟通信息、获得建议、服务基层的重要渠道。在建立面对面交流平台的基础上,探索建立微信公众号、网站、校报、简报等多种形式的线上与线下相结合的交流平台,介绍党委工作以及各基层单位党建工作经验和成就等。

4. 加强"智慧党建"建设,提升党建信息化水平

针对信息化社会、互联网时代对党建工作的新要求,加强

"智慧党建"建设，将党的建设与大数据、云计算等新一代信息技术"融合共生"，构建"互联网+党建"新模式，形成规范、开放、整合、高效、互动的党群工作体系，提升党建科学化水平和服务群众水平。构建"书记信箱"，通过后台数据统计、分析归类、整合评估，前台实时推送、追踪转办、限时回复等功能，为党组织科学化决策、智慧化服务提供直观的数据支持。创新党群联系服务体系，包括建立党员志愿队服务，实时报名、智能管理；打造党员网络服务超市，提供党员志愿微服务，党员可以发布个人的微服务项目，群众可以在网上提出微心愿，由系统进行智能推送和匹配对接。实现在线发展党员，入党申请人网上提交申请，全程分阶段接受党组织教育管理；在线"一站式"接转组织关系；在线过组织生活，因客观实际情况无法参加组织生活的党员可以线上参与学习讨论；在线学习教育，提供各类在线视频学习和在线考试功能；在线缴党费，可通过微信支付、QQ 钱包等在线缴纳党费；在线积分，党组织和党员线下活动、线上积分，定期生成党务工作报告。党组织活动在线申请审批，活动全过程跟踪、定时提醒、限时反馈。建设党建大数据，整合分析系统的全部数据，自动生成可视化报告，为各级党组织科学决策、预警管理提供参考和依据。将"智慧党建"和"两学一做"融合在一起，微信服务号定期推送中央、省市有关党建新闻和党建动态，提供党员开展学习教育的资料。

5. 积极推进高校党建质量全面创优全面提升

根据《中共教育部党组关于高校党组织"对标争先"建设计划的实施意见》（教党〔2018〕25 号）文件精神，以政治建设为统领，以质量攻坚为动力，以提升组织力为重点，以推动事业发展为落脚点，严格对标看齐，勇于改革创新，努力争创先进。深入开展高校"双带头人"教师党支部书记工作室建设工作，以高校教师党支部为依托，完善建设标准，强化教育培育，深化改革创新，严格监督问责，积极探索形成符合高校实际、兼顾学科专业特点、可示范可推广的"双带头人"教师党支部书记培育工作体制机制。深入实施"基层党建质量提升攻坚行动"、"百个研究生样板党支部"和"百名研究生党员标兵"创建工作活动，构建制度保障，强化党建长效机制，采取多种形式创新和优化党支部设置，创新党支部活动形式，挖掘、推广党支部的先锋模范、先进经验、典型案例，交流展示，以评促建、以评促改。

## （六）提升党对高校的全面领导能力

### 1. 坚持党委政治领导力

不断增强高校党委政治领导力，要求党员领导干部作为党组织的重要成员应在政治领导力提升上有所作为，增强党的创造力、凝聚力和战斗力，增强党对各种政治现象的正向影响力。首先要强化"四种意识"，维护党的团结统一。每个党员特别是党员领导干部要在政治立场、政治方向、政治原则、政治道路上同党中央保持高度一致，严明党的政治纪律和政治规矩，维护党的团结统一，坚决杜绝个人主义、分散主义和小团体主义。这是确保政治领导力的基础。其次要努力提升政治站位，增强战略思维。高举习近平新时代中国特色社会主义思想伟大旗帜，深刻理解中国特色高等教育的办学方向和定位，坚持立德树人，区分主要矛盾与次要矛盾，小道理服从于大道理，增强战略思维和政治思维，并"内化于心，外化于行"地贯彻和落实。再次要提升政治能力，推动事业科学发展。加强和改进党对高校的领导，贯彻落实好《中国共产党普通高等学校基层组织工作条例》，贯彻好党委领导下的校长负责制，进一步健全部门议事决策制度，善于把政治资源、政治优势转化为行政行为和改革发展成果，推动学校的科学发展。最后要强化基层党组织建设，着力解决一些基层党组织弱化、虚化、边缘化问题。注重提高组织生活的质量，发扬民主，使组织生活成为党员特别是年轻党员成长的重要载体。要加强党内激励关怀帮扶，增强党组织的凝聚力和向心力。

2. 坚持党的思想引领力

思想建设是党的基础性建设。增强党的思想引领力，是建设马克思主义学习型政党的首要任务和必然要求。各高校党委和基层党组织要把学习习近平新时代中国特色社会主义思想作为理论武装的重中之重，推进"两学一做"学习教育常态化制度化，坚决破除一切不合时宜的思想观念，着力解决师生党员存在的思想不纯等问题。学校党委领导班子作为"关键少数"，要当好"领头雁"，发挥"头雁效应"，以上率下，努力做学习践行习近平新时代中国特色社会主义思想的表率，自觉在思想上政治上行动上同以习近平同志为核心的党中央保持高度一致，大力弘扬马克思主义学风，在真学真懂真信真用上下功夫。积极摸索新时代增强党的思想引领力的工作规律，高度重视传播手段建设和创新，运用师生喜闻乐见的传播方法吸引人，运用更加贴近、更有温度的思想表达打动人，努力增强宣传工作的实效性、时代性，推动习近平新时代中国特色社会主义思想深入人心。

3. 提高党组织群众组织力

党组织只有树牢宗旨意识，扎根于群众之中，才能获得强大的凝聚力和旺盛的组织力。一要密切联系群众。引导基层党组织和党员站稳群众立场，多为师生办实事、解难事、做好事，不断让师生有更多的获得感、幸福感和安全感，把党支部建成党员之家、教师之家，形成师生有困难找支部、有问题找党员的常态化帮扶机制。二要做好思想政治工作。开展经常性的政治学习和党性教育，着力解决一些党员理想信念模糊动摇、党的意识淡化、宗旨观念淡薄、精神不振、消极懈怠等问题，联系学生思想实际，有针对性地回答一些学生感到困惑的综合性、深层次理论认识问题，把思想政治工作做到师生心坎上，帮助他们在思想上解惑、在精神上解忧、在文化上解渴、在心理上解压。三要持之以恒正风肃纪，抓好作风建设。完善机关工作人员满意度测评和年度绩效评价，加强督导和结果运用，严格干部个人事项申报的核查处理，从严从实抓好干部队伍与机关作风建设。深入整治不正之风和腐败问题，着力解决不作为、乱作为、损害师生利益等问题，各党支部要定期分析党员的思想作风状况，严肃开展批评和自我批评，营造良好的政治生态和机关作风。

4. 发挥党的社会号召力

各党组织主动帮助解决党员个人的实际问题，增强组织的情感认同，科学运用好政治优势，与学术资源、行政资源等联动，形成工作合力，拓展党员个人发展平台。把对各部门单位实际工作的推动作为评价党建工作效果来衡量，避免"两张皮"，以实实在在的工作业绩赢得广大党员群众的认可。注重党员队伍人文关怀和心理疏导，坚持以人为本的高校基层党建理念，全心全意地为师生服务。比如青年教师遇到成长的迷茫、科研的瓶颈时，党支部组织传帮带活动，给予关心和帮助。注重拓宽党员参与党内事务的渠道，畅通党员反映合理诉求的通道，主动经常听取基层党员的意见建议。落实各级党员干部联系师生制度，各级干部带头深入基层开展调查研究,及时解决基层组织和党员群众的实际问题困难。充分发挥工青妇等群团组织作用,健全高校关心下一代工作委员会,增强思想政治工作多方合力。

## 附表

### 坚持和加强党对高校的全面领导指标体系

| 一级指标 | 二级指标 | 三级指标 |
| --- | --- | --- |
| 全面确立党对高校的全面领导思想 | 旗帜鲜明讲政治，坚持社会主义办学方向 | 坚持不懈贯彻党的路线方针政策 |
| | | 年年把握高校党委落实管党治党的主体责任 |
| | | 把握从严治党与依法治校的有机结合 |
| | 提高政治站位，全体党员干部增强"四个意识" | 实行党支部每月思想汇报制度 |
| | | 举办高水平思想政治论坛 |
| | 坚持立德树人，引导大学生坚定"四个自信" | 推动"思政课程"与"课程思政"协同育人 |
| | | 扎实做好习近平新时代中国特色社会主义思想"三进"工作 |
| | 严把意识形态阵地管理，夯实党的话语权 | 严把课堂阵地管理 |
| | | 严把文化阵地管理 |
| | | 严把新媒体阵地管理 |
| | 加强教师思想政治工作，提高教师思想政治素质 | 严把选人权，坚持"四有"好老师标准 |
| | | 严把用人权，加强师德师风建设 |
| | | 严把监督执纪权，筑牢防腐拒变的思想防线 |

续表

| 一级指标 | 二级指标 | 三级指标 |
| --- | --- | --- |
| 完善党对高校的全面领导体制 | 完善党委领导下的校长负责制 | 坚持高校党委的领导核心地位不动摇 |
| | | 认真贯彻执行民主集中制 |
| | | 加强高校领导班子队伍建设 |
| | | 坚持依法治校，构建高校现代治理体系 |
| | | 完善党委工作议事规则 |
| | 实行书记第一责任人制度 | 实施学院（部）党政联席会议议事规则 |
| | | 制定领导班子成员党建责任清单 |
| | | 确立党建述职制度 |
| | 建立领导班子成员"一岗双责"制 | 督促分管部门主要负责人履行"党政同责、一岗双责" |
| | | 完善监督约束机制，构建严密有效的监督体系 |
| | | 对领导班子实行平时考核、年度考核和任期考核 |
| | | 强调坚持党建工作与业务工作同步考核 |
| | 进一步加强党对民办高校的领导 | 党委在民办高校中需发挥政治核心作用 |
| | | 党委在民办高校中应发挥监督引导作用 |
| | | 党委在民办高校中要发挥报告桥梁作用 |

续表

| 一级指标 | 二级指标 | 三级指标 |
|---|---|---|
| 优化党对高校的全面领导机制 | 加强党对中外合作办学高校的领导 | 完善党委、董事会、校长"三马驾车"同向发力运行模式 |
| | | 形成党委在民办高校党建工作中全覆盖全辐射全发力格局 |
| | | 严制度抓落实，突出政治核心作用 |
| | | 积极推进党的组织和工作全覆盖，发挥战斗堡垒作用 |
| | | 扎实推进学习教育，凝心聚力促发展 |
| | | 配齐配强党建工作队伍，夯实组织建设工作合力 |
| | 完善高校纪检工作双重领导机制 | 建立健全落实党风廉政建设责任制的领导体制和工作机制 |
| | | 抓重大问题研究，促遵规守纪 |
| | | 抓宣传教育，促规现守纪 |
| | | 要抓制度完善，促源头反腐 |
| | | 抓检查考核，促责任追究 |
| | 优化高校思想政治教育长效机制 | 成立思政课程建设研究机构，加强学术交流 |
| | | 建立思政教育优质网络课程共享平台 |
| | | 建立思想政治理论课特聘教授资源库，提高教学质量 |
| | | 优化思政工作者学习培训模式 |

续表

| 一级指标 | 二级指标 | 三级指标 |
| --- | --- | --- |
| 健全党对高校的全面领导制度 | 完善高层次人才党员发展机制 | 建立党委联系服务高层次人才制度 |
| | | 加强对高层次人才的教育引导 |
| | | 充分发挥高层次人才决策咨询作用 |
| | | 提升高层次人才服务保障水平 |
| | 完善高校党代会制度 | 实行高校党代表大会代表任期制 |
| | | 提高党代表的代表性和思想能力素质 |
| | | 扩大党代表对提名推荐候选人的参与度 |
| | | 坚持党代表大会年会制 |
| | | 协调处理好党代表会与教代会和学代会之间的关系 |
| | | 建立并完善党代表提案的监督和测评机制 |
| | 严格高校发展党员制度 | 严格执行发展党员程序，执行"三投票五公示一答辩" |
| | | 制定年度发展计划 |
| | | 严把党员队伍"入口关" |
| | 规范并优化高校党员组织生活制度 | 建立高校"三会一课"季度汇报制度和年度考核制度 |
| | | 强化对"三会一课"制度落实情况的考核问责 |

续表

| 一级指标 | 二级指标 | 三级指标 |
|---|---|---|
| 丰富党对高校的全面领导方式 | 实行外籍教师一对一思想交流制度 | 把"三会一课"落实情况作为支部书记述职评议考核内容 |
| | | 完善外籍教师准入条件和相关资质要求 |
| | | 建立和完善外籍教师联系人制度 |
| | | 严格规定外籍教师遵守国家和学校相关规定 |
| | 建立党员联系留学生制度 | 学生党员做好海外党员教育管理服务工作 |
| | | 加强学生出国前思想教育、留学中监测改进、归国后跟踪教育等 |
| | 注重思政教育理论与实践相结合方法 | 发挥思政理论课的主渠道作用 |
| | | 发挥五门课程的育人功能 |
| | 搭建党委书记与基层党员交流平台 | 建立与专业学习、服务社会、勤工助学、择业就业、创新创业相结合的互动交流平台 |
| | | 搭建领导干部与先进典型及基层党员的互动交流平台 |
| | | 建立日常沟通机制，领导班子把对基层党组织的指导纳入工作安排 |
| | 加强"智慧党建"建设，提升党建信息化水平 | 建立微信公众号、网站、校报、简报等多种形式的线上与线下相结合党教育管理方式 |
| | | 创新党群联系服务方式 |
| | | 创新党群舆情直通方式 |

续表

| 一级指标 | 二级指标 | 三级指标 |
| --- | --- | --- |
| 提升党对高校的全面领导能力 | 坚持党委政治领导力 | 创新党群交流互动方式 |
| | | 强化"四种意识",维护党的团结统一 |
| | | 提升政治站位,增强战略思维 |
| | | 提升政治能力,推动事业科学发展 |
| | | 强化基层党组织建设 |
| | 坚持党的思想引领力 | 推进"两学一做"学习教育常态化制度化 |
| | | 党委领导班子发挥好"头雁效应" |
| | | 发挥新媒体做好思想宣传工作 |
| | 提高党组织群众组织力 | 站稳群众立场,形成常态化帮扶机制 |
| | | 做好思想政治工作,帮助党员思想解惑、精神解忧 |
| | | 正风肃纪,抓好作风建设 |
| | 发挥党的社会号召力 | 注重党员队伍人文关怀和心理疏导 |
| | | 将工作业绩纳入党建评价系统 |
| | | 拓宽党员参与党内事务的渠道 |

# 高校推进全面从严治党的路径研究

范志刚[*]

**摘 要**：坚持党的领导是思想政治工作的核心和灵魂，在推动全面从严治党中，深圳特区高校以思想政治工作为落脚点、着力点和切入点，推动全面从严治党不断深入。本文基于对深圳特区部分高校的实证调查，总结、归纳、提炼特区高校推行全面从严治党的主要探索、存在不足以及深化路径。

**关键词**：从严治党；思想政治教育；特区高校；具体路径

党的十八大以来，以习近平同志为核心的党中央始终把从严治党作为治国理政的重要战略紧抓不放。在"四个全面"战略布局中，全面从严治党是全面建成小康社会、全面深化改革、全面依法治国的根本保障。以习近平同志为总书记的党中央对新形势下全面从严治党作出了重要部署，为高校党建工作提出了新要

---

[*] 深圳大学。

求，也为加强和改进高校党建工作提供科学指导与实施路径。

育才造土，为国之本。高校作为思想政治教育的前沿阵地，肩负着人才培养、科学研究、文化传承创新等重要任务，担任着为社会主义现代化培养合格社会主义建设者和接班人的重要使命。立德树人，以德为先。在中国特色社会主义新时代，高校不仅仅要抓好知识技能教育，更要抓好青年一代的思想道德教育，推动青年一代"扣好人生第一粒扣子"。高校全面从严治党，为高校思想政治教育的核心内容，做好高校全面从严治党，抓住了高校思想政治教育的灵魂，是解决高校"为谁培养人、培养什么样的人、怎样培养人"等问题的根本举措，这不仅关乎新时代青年一代的发展，关乎学校的办学方向，更关乎国家未来发展道路。

## 一 新时代中央关于高校全面从严治党的精神要旨

"治国犹如栽树，本根不摇则枝叶茂荣"，党的建设是国家建设的本根。党的十九大报告提出了新时代党的建设总目标，并指出"把党的政治建设摆在首位"，开创了全面从严治党新局面。高校作为培养青年一代的前沿阵地，为国家全面从严治党的基础性一环，只有推进全面从严治党，才能充分保证党对高校工作的领导权，把握高校思想政治工作主导权，使得高校始终成为培养社会主义事业建设者和接班人的坚强阵地。

高校推进全面从严治党，要高度重视理论武装，从根本上加强思想政治教育，将思想政治教育放在全面从严治党战略布局中考虑。十八大以来，中共中央关于推进全面从严治党的一系列重要论述，明确了从严治党的重要意义与坚定决心。与此同时，在高校教育上，中共中央、国务院印发了系列文件对高校思想政治工作提出新要求，进行新部署。

## （一）提升战略高度，把全面从严治党作为"四个全面"的有机组成部分

2012年11月15日，习近平总书记在党的十八大中外记者见面会上指出："打铁还需自身硬。我们的责任，就是同全党同志一道，坚持党要管党、从严治党，切实解决自身存在的突出问题，切实改进工作作风，密切联系群众，使我们党始终成为中国特色社会主义事业的坚强领导核心。"①

2013年6月，习近平总书记在全国组织工作会议上强调，"党要管党，才能管好党；从严治党，才能治好党。"② 习近平总书记告诫全党，如果党内纪律松弛、组织涣散，人民群众反映强烈的党内突出问题得不到及时有效解决，那么我们党迟早会出大问题。

2014年10月8日，习近平《在党的群众路线教育实践活动总结大会上的讲话》中第一次提出"推进全面从严治党"，并且阐述了全面从严治党的八个基本要求：落实从严治党责任、坚持思想建党和制度治党紧密结合、严肃党内政治生活、坚持从严管理干部、持续深入改进作风、严明党的纪律、发挥人民监督作用、深入把握从严治党规律。③ 2014年12月13日至14日，习近

---

① 《习近平在中央政治局常委中外记者见面会上的讲话》，中国日报网，2012年11月16日，http：//language. chinadaily. com. cn/news/2012 - 11/16/content_ 15936733_ 2. htm。

② 《习近平出席全国组织工作会议并发表重要讲话》，中国政府网，2013年6月29日，http：//www. gov. cn/ldhd/2013 - 06/29/content_ 2437094. htm。

③ 《习近平在党的群众路线教育实践活动总结大会上的讲话》，新华网，2014年10月8日，http：//www. xinhuanet. com/politics/2014 - 10/08/c_ 1112740663_ 3. htm。

平在江苏调研期间提出了"四个全面"治国理政战略，明确地把"全面从严治党"作为"四个全面"战略之一，奠定了全面从严治党在"四个全面"战略中的地位和作用。①

2016年1月12日，习近平总书记在十八届中央纪委六次全会上强调："全面从严治党永远在路上。各级党组织要担负起全面从严治党主体责任。"②该论述明确了全面从严治党的重要意义、坚定决心、基本要求，是对十八大以来全面从严治党系列新理念新思想新举措的丰富发展，为从严管党治党、深入推进党风廉政建设和反腐败斗争指明了方向。

## （二）突出纪律建设、制度建设、思想建设、政治建设，把全面从严治党不断推向深入

2015年3月，习近平总书记在参加十二届全国人大三次会议上海代表团审议时强调，"从严治党，关键是要抓住领导干部这个'关键少数'，从严管好各级领导干部。从严管理干部，要坚持思想建党和制度治党紧密结合，既从思想教育上严起来，又从制度上严起来。"③ 2015年10月，在十八届中央政治局常委会第一百一十九次会议审议中国共产党廉政准则、党纪处分条例修订稿时，习近平总书记进一步强调，"加强纪律建设是全面从严治党的治本之策"，并要求"扎紧党规党纪的笼子，把党的纪律刻

---

① 《习总书记首谈"四个全面"意味着什么》，新华网，2014年12月16日，http://www.xinhuanet.com/politics/2014-12/16/c_1113661816.htm。

② 《中国共产党第十八届中央纪律检查委员会第六次全体会议公报》，新华网，2016年1月14日，http://www.xinhuanet.com/politics/2016-01/14/c_1117780466.htm。

③ 《习近平参加十二届全国人大三次会议上海代表团审议》，央广网，2015年3月5日，http://military.cnr.cn/kx/20150305/t20150305_517898242.html。

印在全体党员特别是党员领导干部的心上"。①

2016年10月24日，在党的十八届六中全会召开期间，习近平总书记进一步对全面从严治党作出了新的部署。此次会议提出以党的建设制度改革为重点，加强党的制度建设。会上修改制定了《关于新形势下党内政治生活的若干准则》《中国共产党党内监督条例》，从党内政治生活着手，着力提高党的领导水平，增强拒腐防变和抵御风险的能力，开创了全面从严治党的新局面。②

2017年10月18日，在中国共产党第十九次全国代表大会上，习近平总书记作报告从把党的政治建设摆在首位、用新时代中国特色社会主义思想武装全党、建设高素质专业化干部队伍、加强基层党组织建设、持之以恒正风肃纪、夺取反腐败斗争压倒性胜利、健全党和国家监督体系、全面增强执政本领等八个方面入手，对新时代下全面从严治党提出了新要求，部署了新任务。③

2018年1月11日，习近平总书记在中共第十九届中央纪律检查委员会第二次全体会议上发表重要讲话，强调在中国特色社会主义新时代，完成伟大事业必须靠党的领导，党一定要有新气象新作为。深入推进全面从严治党，要全面贯彻党的十九大精神，以新时代中国特色社会主义思想为指导，增强"四个意识"，坚定"四个自信"，紧紧围绕坚持和加强党的全面领导，紧紧围绕党中央权威和集中统一领导，全面推进党的政治建设、思想建设、组织建设、作风建设、纪律建设，把制度建设贯穿其中，深

---

① 习近平：十八届中央政治局常委会第一百一十九次会议，2015年10月。
② 《中共十八届六中全会在京举行》，人民网，2016年10月28日，http://cpc.people.com.cn/n1/2016/1028/c64094-28814467.html。
③ 《习近平强调，坚定不移全面从严治党，不断提高党的执政能力和领导水平》，中国政府网，2017年10月18日，http://www.gov.cn/zhuanti/2017-10/18/content_5232669.htm。

入推进反腐败斗争,在坚持中深化、在深化中发展,实现党内政治生态根本好转,不断增强党的创造力、凝聚力、战斗力,为决胜全面建成小康社会、全面建设社会主义现代化国家提供坚强保证。①

**(三)改进高校思政工作,是全面从严治党背景下高校党建工作的新要求**

中央对于高校思想政治工作始终进行不间断的顶层设计。党的十八大以来,全面从严治党逐步走向深入,高校基层党建工作步入正轨,在高校推进从严治党的重要性日益凸显。加强高校思想政治工作,推进全面从严治党,将高校从严治党工作制度化、规范化、常态化提上日程。深入学习贯彻习近平同志关于新形势下高校思想政治教育的重要精神,是做好高校思想政治工作的基本前提和重要保障。

2014年12月28日在第二十三次全国高等学校党的建设工作会议上,习近平总书记指出,办好中国特色社会主义大学,要坚持立德树人,把培育和践行社会主义核心价值观融入教书育人全过程;强化思想引领,牢牢把握高校意识形态工作领导权;坚持和完善党委领导下的校长负责制,不断改革和完善高校体制机制;全面推进党的建设各项工作,有效发挥基层党组织战斗堡垒作用和共产党员先锋模范作用。各级党委和宣传思想部门、组织部门、教育部门要加强对高校党的建设工作的领导和指导,坚持党的教育方针,坚持社会主义办学方向,加强和改进思想政治工

---

① 《中国共产党第十九届中央纪律检查委员会第二次全体会议公报》,中国政府网,2018年1月13日,http://www.gov.cn/xinwen/2018-01/13/content_5256322.htm。

作,切实把党要管党、从严治党落到实处。①

2016年12月7日至8日,习近平总书记在全国高校思想政治工作会议发表讲话,此篇重要讲话是加强和改进新形势下高校思想政治工作、办好中国特色社会主义高校的纲领性文献。讲话中对加强和改进新形势下高校思想政治工作作出了全方位部署,并系统地回答了"办什么样的大学、怎样办大学及培养什么样的人、怎样培养人和为谁培养人"这些根本问题。习近平总书记指出,我们的高校是党领导下的高校,是中国特色社会主义高校。办好我们的高校,必须坚持以马克思主义为指导,全面贯彻党的教育方针;办好我国高等教育,必须坚持党的领导,牢牢掌握党对高校工作的领导权,使高校成为坚持党的领导的坚强阵地;党委要保证高校正确办学方向,掌握高校思想政治工作主导权,保证高校始终成为培养社会主义事业建设者和接班人的坚强阵地;高校党委对学校工作实行全面领导,承担管党治党、办学治校主体责任,把方向、管大局、做决策、保落实;要做好在高校教师和学生中发展党员工作,加强党员队伍教育管理,是每个师生党员都做到在党爱党、在党言党、在党为党。②

2018年5月2日,习近平总书记在北大师生座谈会上提及高校需抓住培养社会主义建设者和接班人这个根本才能办好、才能办出中国特色世界一流大学;需做好三项基础性工作:一是坚持办学正确政治方向,将立德树人的成效作为检验学校一切工作的根本标准;二是建设高素质教师队伍,建设政治素质过硬、业务

---

① 《第二十三次全国高等学校党的建设工作会议在京召开》,中国社会科学网,2014年12月30日,http://orig.cssn.cn/dzyx/dzyx_jlyhz/201412/t20141230_1461366.shtml。
② 《习近平:把思想政治工作贯穿教育教学全过程》,新华网,2016年12月8日,http://www.xinhuanet.com//politics/2016-12/08/c_1120082577.htm。

能力精湛、育人水平高超的高素质教师队伍是高校建设的基础性工作;三是形成高水平人才培养体系。人才培养体系设计学科体系、教学体系、教材体系、管理体系,而贯穿其中的是思想政治工作体系。加强党的领导和党的建设,加强思想政治工作体系建设,是形成高水平人才培养体系的重要内容。要坚持党对高校的领导,坚持社会主义办学方向,把我们的特色和优势有效转化为培养社会主义建设者和接班人的能力。①

**(四)做好高校意识形态工作,是全面从严治党背景下高校党建工作的新内容**

2013年8月19日,习近平总书记出席全国宣传思想工作会议并发表重要讲话。他强调,要把意识形态工作领导权和话语权牢牢掌握在手中,不断巩固马克思主义在意识形态领域的指导地位,巩固全党全国人民团结奋斗的共同思想基础。其中,特别点出高校要把马克思主义作为必修课,使高校成为马克思主义学习、研究、宣传的重要阵地。②

2015年1月19日,中共中央办公厅、国务院办公厅印发《关于进一步加强和改进新形势下高校宣传思想工作的意见》指出,意识形态工作是党和国家的一项极端重要工作,高校作为意识形态工作的前沿阵地,肩负着学习研究宣传马克思主义,培育和弘扬社会主义核心价值观,为实现中华民族伟大复兴的中国梦提供人才保障和智力支持的重要任务。

---

① 《习近平:在北京大学师生座谈会上的讲话》,中国政府网,2018年5月2日,http://www.gov.cn/gongbao/content/2018/content_5294413.htm。

② 《全国宣传思想工作会议在京召开》,中国文明网,2013年8月20日,http://www.wenming.cn/xj_pd/ssrd/201308/t20130820_1422721.shtml。

2018年5月4日，在纪念马克思诞辰200周年大会上，习近平总书记强调，学习马克思就要学习和实践马克思主义关于马克思主义政党建设的思想。我们要统揽伟大斗争、伟大工程、伟大事业、伟大梦想，增强政治意识、大局意识、核心意识、看齐意识，持之以恒推进全面从严治党，坚持把党的政治建设摆在首位，永远保持共产党人的政治本色。①

## 二 加强高校思想政治教育，推动全面从严治党的特区高校经验

在全面从严治党中，思想政治教育工作具有基础性地位，全面从严治党必须以坚定理想信念作为首要任务，而思想政治工作的本质在于以理想信念为核心的立德树人、铸魂育人。

在《关于加强和改进新形势下高校思想政治工作的意见》中指出，加强和改进高校思想政治工作，事关办什么样的大学、怎么样办大学的根本问题，事关党对高校的领导。在全面从严治党中，思想政治教育具有基础性的地位，起到了"补足精神之钙"的作用。中共教育部党组《高校思想政治工作质量提升工程实施纲要》中指出，以立德树人为根本，以理想信念教育为核心，以社会主义核心价值观为引领，以全面提高人才培养能力为杆件，强化基础、突出重点、建立规范、落实责任，一体化构建内容完善、标准健全、运行科学、保障有力、成效显著的高校思想政治工作质量体系，形成全员全过程全方位育人格局，切实提高工作

---

① 《习近平：在纪念马克思诞辰200周年大会上的讲话》，新华网，2018年5月4日，http://www.xinhuanet.com/politics/2018-05/04/c_1122783997.htm。

亲和力和针对性。

加强和改进高校思想政治教育工作，要坚定不移地贯彻落实党的教育方针，吸收党的理论成果，在实践中不断走出一条具有特区特色的高校思想政治工作之路，开创特区高校从严治党的具体路径。近年来，深圳高校做到思想政治工作在探索中注重理论与实践结合，着手打造特区高校思想政治工作，积累了以推进从严治党为核心的思想政治教育的工作经验。

### （一）制定纲领性文件，思想政治建设与文化育人齐并进

纲领性文件能为高校发展指明方向，更为其提供前行的轨道。深圳大学于2017年9月颁布了《深圳大学文化创新发展纲要》，纲要坚守"立德树人"的根本使命，围绕着"培养什么样的人、如何培养人、为谁培养人"的核心使命，融通了管党治党、立德树人、文化传承创新等各项中央部署，立身特区大学实践，带领高校文化建设朝着内涵式发展，细化十大工程任务，落实牵头单位、配合单位，层层压实责任。其中，在政治文化工程中提出着力塑造先锋堡垒，其核心任务为：加强基层党组织建设，成立党委教师工作部，制定并实施教师、研究生和本科生的党建工作分类指导意见；推动党建工作常态化制度化，认真开展党委常委会、理论中心组学习、基层党组织书记例会等各项党建工作；严肃党内组织生活，认真开展基层党组织"三会一课"和基层党建工作。

南方科技大学于2017年12月通过《南方科技大学思想文化建设五年行动纲要（2018—2022）》，促使高校思想与文化相辅相成、协同并进。深圳职业技术学院研究出台《中共深圳职业技术学院委员会加强和改进新形势下学校思想政治工作的实施方案》，

提出理想信念铸魂、课程思政改革、师德师风塑心等八大工程。落实《文化育人实施纲要》，深化文化育人改革，把高校思想政治教育融入文化育人中，真正做到以文化人以文育人。

### （二）创新教学体系，发挥育人主渠道作用

随着互联网时代的信息发展，各种"碎片化"信息的涌动，有害信息充斥网络，也挑战着党对高校思想政治的领导权。"莲发藕生，必定有根"，高校思想政治工作的主渠道为教学课堂。高校思想政治工作应回归课堂，抓住课堂这个主渠道，在创新方式方法中提高，提升思想政治教育亲和力和针对性。《高校思想政治工作质量提升工程实施纲要》提出高校思想政治工作中"十大"育人体系，排其首位的为"课程育人质量提升体系"，指出大力推动以"课程思政"为目标的课堂教学改革，优化课程设置，修订专业教材，完善教学设计，加强教学管理，梳理各门专业课程所蕴含的思想政治教育元素和所承载的思想政治教育功能，融入课堂教学各环节，实现思想政治教育与知识体系教育的有机统一。

课程教学相较其他教学方式更具基础性和系统性。回归三尺讲堂，不是让课堂成为"一言堂"，也绝非单向填鸭式传播，而是通过课程体系的改革，促使学生参与到思想政治课堂中来，培养其学习的积极性与主动性，使得高校思想政治教育工作开展更具"地气"与"底气"。

1. 破解"孤岛"困境，思想政治教育与通识教育、专业教育相融合

针对思想政治教育与通识教育、专业教育往往"两张皮"，深圳高校创新教学体系，实现"思政课程"向"课程思政"转

型，做到各学科守好一段渠，种好责任田，与思想政治课同行，形成协同效应。

深圳大学把思想政治理论课建设和改革作为主要抓手，制定《深圳大学思想政治理论课教学改革整体方案》作为行动纲要；设立马克思主义理论与思想政治教育科研和教学专项46项，着力开展思想理论课程研究。

深圳信息职业技术学院将高校所有课程都涵盖思想政治教育元素和内涵，推动单一课堂育人向全课程育人转型；树立课程育人思维，将思想政治理论课、哲学社会科学类课程、专业教育课统筹协调起来，形成协同育人效应；建立综合素养教育中心，每学期选取一门哲学社会科学课程开展试点，使所有哲学社会课程赋予思想政治内容与价值；挖掘专业教育的育人隐形资源，构建专业课德育"课程群"。

2. 创新课程教育方式，充分发挥课堂教学在思政教育的主导作用

习近平总书记提出，做好高校思想政治工作要因时而化、因时而进、因势而新。对此，深圳高校在课堂培养这个基础性阵地上，积极探索。深圳大学牵头成立深圳市高校思想政治教育工作研究中心，整合全市14所高校思想政治工作研究资源，开设了"思想政治教育"MOOC课程群。南方科技大学成立思想政治教育研究中心，对现有的思想政治理论课程进行整合，创新思想政治课教育模式，打通教学第一课堂、实践第二课堂和网络第三课程。深圳北理莫斯科大学强化思想政治理论课程建设为载体，积极创新教育方式、及时更新教学内容，探索出了专题化教学法、对分课堂教学法、项目实践教学等多种方式相结合的思政课教学方式。在找准学生思想的共鸣点与需求点，提升思想政治教育亲

和力和针对性。深圳职业技术学院成立了宣讲团，专门开发《学习新思想开启新征程》等 19 门菜单式课程，供全校各学院自选学习。

## （三）加强思想政治教育队伍建设，打通高校思想政治工作的"最先一公里"

立德，首先是立师德。树人，首先要树人师。做好高校思想政治工作，首先要打通高校教师思想政治工作这"最先一公里"。教师的信念是教育的灯塔，更是决定了高校教育为了谁、培养什么样的人及如何培养人的问题。

深圳大学学校高度重视思想教学和工作队伍建设，现有专职思想政治工作人员和党务工作人员 448 名，占全校师生人数的 1.25%，其中马克思主义学院专任教师 44 人；积极探索思想政治理论课教师的职称评审体系改革，专门出台《深圳大学辅导员岗位管理办法（暂行）》，对辅导员的岗位配备、职级待遇、转岗程序、岗位津贴等进行明确规范，让辅导员工作有条件、干事有平台、待遇有保障、发展有空间；开展教师队伍思想政治状况滚动调查工作，对教师队伍进行了解与分析，更具有针对性开展教师培训工作。

深圳职业技术学院从加强马克思主义理论教学教师队伍建设、推动思想政治工作和党务工作专业化职业化建设、健全思想政治工作和党务工作队伍评聘奖惩机制等 4 个方面着手加强教师队伍建设。

清华大学深圳研究生院 2017 年全面实施"领雁计划"，通过集中培训和红色实践等活动，全面提升学生党支部书记开展学生党建工作和思想政治工作的理论水平、业务能力和综合素质，从而增强骨干队伍的凝聚力与战斗力。

暨南大学深圳旅游学院提出发挥哲学社科师资与思政干部的力量。严格教师准入制度，将师德摆在教师评聘考核的首位，在教师资格认定、职称评定、岗位聘用、评优奖励等环节实行师德"一票否决"制度；学院党务干部、学生辅导员、班主任是思想政治工作的主要承担者、发动者、组织者和实施者。

广东新安职业技术学院形成了由院系领导、思政教师、辅导员、班主任和任课教师"五位一体"齐抓共管的思想政治教育工作；坚持把好教师的入口关、培训关、考核关。将教师的思想政治表现纳入指标体系中，成立师德建设委员会。同时积极开展"讲师德树标杆"师德主题教育活动，在活动中培养教师。

## （四）加强党的建设，牢牢把握党对高校思想政治工作的主导权

党的领导是确保中国特色社会主义大学属性的本质要求，习近平总书记在全国高校思想政治工作会议上强调："办好我国高等教育，必须坚持党的领导，牢牢掌握党对高校工作的领导权，使高校成为坚持党的领导的坚强阵地。"只有牢牢掌握党对高校工作的领导权，才有可能不断的为社会为国家输送合格的社会主义事业建设者和接班人。

为做好党对高校的领导工作，我市高校从成立思想政治教育工作领导小组、强化党组织建设、加强网络新媒体管理与舆论把控等方面着手，牢牢把握党对高校思想政治工作的领导。

1. 成立思想政治工作领导小组。

南方科技大学于2017年3月，召开第一次党代会，选举产

生第一届党委和纪委，协同一致抓好党的建设和思想政治工作，保证正确办学方向和思想政治工作主导权。完善思想政治教育工作领导小组工作机制，充分发挥统筹协调功能。深圳大学于2017年7月成立全省思政工作会议精神工作领导小组，对领导小组人员从加强领导班子建设、加强思政教育、加强活动阵地建设、加强教师队伍建设、推进思政课题研究等五个方面进行具体任务分工。哈尔滨工业大学（深圳）成立了深圳校区思想政治工作领导小组，统筹领导社会主义核心价值观培育践行、宣传思想工作、意识形态工作、师生思想政治工作等，深入推进"两学一做"学习教育常态化制度化。

2. 强化党组织建设。

深圳大学健全基层党建相关决策制度、加强培训、以检促建、强化管理、细化服务等措施推动党建工作制度化、规范化、专业化、常态化、信息化、平台化建设；认真做好发展党员工作，强化党员队伍建设，提高基层党组织活力。清华大学研究生院开拓思路，深化党建队伍培训、党员学习修养、党员纪律规范等，扎实推进党建核心工作。暨南大学深圳旅游学院加强党组织自身建设，成立了档位教师工作部，统筹教师思想教育、师德师风建设和管理服务。学院根据党总支的安排，根据不同对象不同情况针对性开展各项党务和思想政治服务。

3. 加强网络舆情管控。

深圳大学成立"深圳大学新媒体联盟"，把网络空间打造成思政工作的重要平台。学校出台《深圳大学网络管理办法》《深圳大学新媒体管理办法》等规章制度，并设立专门网络安全员，第一时间发现、处理有害信息，严防别有用心人员在网上制造谣言、恶意炒作，凝聚发展正能量。广东新安职业技术学院开通学校官方微博和学生处、团委微信公众号平台和党员微信群,积极占领新媒体阵地,出台新媒体管理制度,加强了课堂、论坛等管理,健全网络预警和防控机制,形成健康向上的主流舆论。

## (五)利用新媒体创新宣传方式,抢占高校舆论阵地

习近平总书记在全国高校思想政治教育工作会议上指出:"要运用新媒体新技术使工作活起来,推动思想政治工作传统优势同信息技术高度融合,增强时代感和吸引力。"《中共中央宣传部、中共教育部党组关于加强和改进高校宣传思想工作队伍建设的意见》中指出,坚持党管宣传、强化责任的工作原则,加强党对高校思想政治教育工作的领导,认真履行管宣传、管意识形态的重要责任;改进加强网宣能力,着力提升网络运用能力、增强网络舆情引导能力、网络评论能力、网络信心安全管理能力。

深圳市高校研究和把握新媒体的特点,进一步创新工作理念,利用好、发挥好新媒体的优势,使高校思想政治工作活起来,使党管宣传与管理落到实处。

1. 创新工作理念。

深圳市高校改变以往传统的单向灌输式的思想政治教育模式,尊重学生的主体意识,突出强调受教育者的主体地位。增强交流互动,运动新媒体信息传播的即时性和互动性,建立教师与学生的良性互动。

2. 创新工作内容。

深圳市高校思想政治教育工作寓教于乐,在内容保持权威性的同时,提供更多符合学生生活学习需求的内容,真正地引导学

生、党员干部，切实加强自身修养，在潜移默化，日用而不知达到教育效果。

3. 创新工作载体。

新媒体融合了报纸、广播、电视、杂志等多种媒体的内容和形式于一身，信息传播方式多样，大大提高了传播的效率。我市高校充分把握新媒体的发展趋势，创设思想政治教育情景，丰富思想政治教育形式，营造思想政治教育氛围，增强思想政治教育的吸引力和感染力。

深圳大学出台的《深圳大学文化创新发展纲要》中体现了高校利用新媒体优势，整合网络资源，加强网络舆论引导，抢占高校舆论高地。文件中指出：制定实施《深圳大学媒体形象提升计划》，统筹规划校园宣传平台；整合校友媒体渠道，推动校园媒体融合发展；打造深圳大学网络矩阵形象；畅通学校新闻传播渠道；建立新闻发言人制度，重点策划专题重大新闻和系列报道。深圳职业技术学院扎实推进十九大精神"进教材、进课堂、进网络、进社团、进师生头脑"的"五进"工作，形成及时高效、覆盖面广、效果扩大化的宣传局势。暨南大学深圳旅游学院抓好网络空间阵地，学院建设有"党员之家"微信群、深旅党建公众号以及学院党建网站；开展微联系、微学习、微活动、微典型建设活动，将新媒体与党的建设融合起来，利用新媒体即时性、多元性与互动性让党建工作活起来。

## 三　当前高校推行全面从严治党的现实问题

习近平总书记指出，面对世情、国情、党情的深刻变化，精神懈怠危险、能力不足危险、脱离群众危险、消极腐败危险更加尖锐地摆在全党面前。高校是意识形态的前沿阵地，高校党建工作也面临着多方面的严峻挑战。

目前高校存在着领导弱化、党的建设缺失、全面从严治党不力、党委主体责任落实不到位、高校纪委作用发挥不足等问题，明显缺失主要有以下三个方面。

### （一）认识不高，全面从严治党缺乏内在动力

部分基层党组织书记对党建第一责任人的认识不到位，抓本部门的党建工作仍有待进一步加强，落实全面从严治党的主动性和自觉性还不强。一些基层党组织一定程度上存在"重教研轻党建"的倾向，距离新形势下对高校党建工作的要求还有一定差距。

### （二）党组织未实现全覆盖，组织生活形同虚设

党的基层组织是党的全部工作和战斗力的基础。没有党组织，党的组织生活、党的活动失去依托，无从抓起。党内组织生活缺少创新意识和手段，形式化情况严重，吸引力和凝聚力不够。

### （三）党建工作未能紧贴学校建设发展实际

高校推进全面从严治党，要求紧紧围绕着"立德树人"的根本任务，与学校人才培养、学科建设、教育教学等方方面面建设相联系，真正将全面从严治党融入学校建设。

## 四 深入推进高校全面从严治党的具体路径和实施机制

全面从严治党,要求高校进一步增强党建工作的创造性,求真务实,与时俱进,根据高校自身特点,结合教学实际,围绕着"立德树人"的根本任务,不断探索有利于促进党建发展的新对策与新路径,深入推进特区高校从严治党向纵深发展。目前,高校从严治党的顶层设计已经完成,在具体的工作层面,应由上至下从高校党委至基层党支部建立"高校党委、院系党组织、基层党支部"三级联动机制;从内到外压实政治责任,构建有效的党内监督与社会监督体系,强化监督。

### (一)建立"高校党委、院系党组织、基层党支部"三级联动机制

1. 完善党委领导下的校长负责制

党政军民学,东西南北中,党是领导一切的。构建高校党委主体责任是高校全面推行从严治党的关键。明确责任、落实责任、追究责任对全面从严治党至关重要。

高校党委领导下的校长负责制是中国特色社会主义大学制度的核心内容,是高校加强党的领导的根本性制度,是推进全面从严治党的关键。落实好党委领导下的校长负责制是牢牢掌握党对高校领导权的体制机制保证。

高校党委对学校工作实行全面领导,承担管党治党、办学治校主体责任,严格执行和维护针织纪律和政治规矩,落实党建工作责任制,把方向、管大局、作决策、保落实,切实发挥领导核

心作用。党委书记主持党委全面工作，对党委工作负主要责任，校长和其他行政班级成员要自觉接受党委领导，贯彻执行党委决定。在党委责任构建下，要贯彻民主集中制，议大事、谋大事、重大发展规划和重要事项决策等由党委集体研究决定，形成党委统一领导、党政分工合作、协调运行的工作机制。

深圳大学着力加强党委的领导核心作用，制定完善党政领导班子议事规则、党委会议议事规则、校长办公会议议事规则、书记专题会议事规则，细化"三重一大"事项集体决策制度，进一步强化学校党委管党治党、办学治校的领导核心作用。学校党委定期召开常委会、党委会、书记专题会等，加强对学校重大事项决策部署，突出核心作用发挥。

2. 强化院系党的领导

院系是高校二级办学主体，是人才培养、科学研究、社会服务、文化传承创新和国际交流合作的直接组织者，是当的教育方针直接贯彻执行者。强化院系党的领导，突出发挥其核心作用，是高校党建工作的重要任务，也是党对高校工作领导权的重点工作，有利于高校党建工作层层压实，避免党的政策在贯彻执行过程中出现"过程衰退"。

做好院系党建工作，应从以下三个方面落实。一是加强领导班子建设。在选任院系党委领导班子的过程中，因选聘政治性强、业务能力强、觉悟能力高的人员担任相关负责人。二是明确院系党委的主要职责。建立责任划分机制，坚持科学统筹，合理划分；建立责任界定机制，界定不同主体从严治党的责任；梳理责任清单，细化各责任人的责任。三是完善党政联席会议制度，提升领导班子整体功能和议事决策水平，通过院系联席会议讨论和决定单位重要事项。

### 3. 推进基层党组织建设工作

加强基层党建工作，发挥基层党组织战斗堡垒作用。基层党组织是党的生命力、凝聚力的源泉，加强高校党组织的建设，要创新体制机制，改进工作方式。加强基层党组织建设，要把握好以下三个问题：一是做好党支部设置，健全高校基层党组织，让党员有归属感，加强党组织凝聚力。二是优选支部书记，实施教师党支部"双带头人"培育工程，定期开展党支部书记轮训，提高理论水平与业务能力。三是规范党内政治生活，创新方式方法，增强党的组织生活活力。

### 4. 激发增强党员干部的模范带头作用

习近平总书记强调："一个有希望的民族不能没有英雄，一个有前途的国家不能没有先锋"，其鼓舞人民群众，尤其是党员干部见贤思齐、争做时代的先锋。牢牢掌握党对高校工作的领导权，就必须发挥好党员干部的先锋模范作用。

激发增强党员干部的先锋模范作用，要做好以下四个方面。一是坚定理想信念，通过广泛持久推进"两学一做"学习常态化，是党内政治生活规范化，坚持不懈抓好理论武装，增强广大党员的先锋队意识。二是加强党性锻炼。教育广大党员坚持用更高标准、更严要求，增强政治意识、大局意识、核心意识、看齐意识，严肃党内政治纪律。三是抓好思想政治工作队伍建设。要抓好教育培训，强化实践锻炼，健全激励机制，推动专业化、职业化建设，整体推进高校思政工作队伍建设。

## （二）压实政治责任，构建有效的党内监督与社会监督体系

高校思想政治工作是党的政治方向和社会主义意识形态在高

校教育中的体现，"立德树人"的根本任务决定了高校思想政治工作的责任定位。高校应站在全面从严治党的高度确认高校思想政治工作的政治责任，落实责任制，压实责任。

1. 加强党内监督

加强思想政治工作监督必须依靠党内监督来实现。通过加强党内监督，确保党在意识形态领域的领导权，能够为思想政治工作监督提供指导，创造良好的政治生态环境。思想政治工作的党内监督要形成党委统一领导、各部门齐抓共管的局面。

2. 加强社会监督

社会监督力量主要包括：人大、政协、社会个人、组织、团体、新闻媒体以及舆论等。让社会各种社会资源积极地参与到全面从严治党的全过程，建构全面从严治党社会监督的体制机制，才能对高校党的建设与发展起到有效促进作用，进而提高高校全面从严治党科学化水平。

治校如治国，只有加强党对高校工作的领导，牢牢掌握党对高校工作的领导权，站在从严治党的高度开展各项思想政治教育工作，才能促使高校思政教育朝着正确的方向发展。高校党的建设作为事关社会主义办学方向、事关全面贯彻当的教育方针、事关中国特务社会主义后继有人的战略工程。正犹如习近平总书记在十九届中央纪委二次全会上强调的，重整行装再出发，以永远在路上的执着把全面从严治党引向深入。高校推进全面从严治党，永远在路上。

# 全面从严治党形势下高校党风廉政建设的思考

卢成燕*

**摘　要**：全面从严治党是当前党风廉政建设的大形势，高校要围绕全面从严治党的核心要义，维护严明的纪律、维护优良的作风、维护刚性的制度，抓好主体责任、廉政教育、日常监督、重点防控、信访举报和执纪问责这六大重点，做好制度建设、机制建设、平台建设、队伍建设和文化建设这五大建设。

**关键词**：全面从严治党　高校　党风廉政建设

党风廉政建设是一项厚植党的执政根基的工程。探究党风廉政建设，需从其语义出发综合分析。《党章》的总纲指出："党坚持标本兼治、综合治理、惩防并举、注重预防的方针，建立健全惩治和预防腐败体系，坚持不懈地反对腐败，加强党风建设和廉政建设"。在现代汉语中，党风指政党的作风。廉政指使政治廉洁，既包括对组织要求的廉洁政治、廉洁执政，也包括对人要

---

* 深圳大学。

求的不徇私、不贪污的廉洁从政要求。"党风建设与廉政建设有区别,但又是交织在一起的。执政党,许多党员担任国家公职和领导职务,党风必然要表现在从政行为上,所以党风建设是廉政建设的基础和保证。"① 正因为两者之间的这种"交织"关系,党风建设和廉政建设被概括为党风廉政建设。

党的十八大以来,以习近平同志为核心的党中央把党风廉政建设作为全面从严治党的重要内容,提出关于改进工作作风密切联系群众的规定,开展党的群众路线教育实践活动,把巡视作为党内监督战略性制度安排,一刻不停歇地推进党风廉政建设和反腐败工作。党的十九大报告对过去五年的工作进行了总结,提出"当前,反腐败斗争形势依然严峻复杂,巩固压倒性态势、夺取压倒性胜利的决心必须坚如磐石"。习近平总书记在十九大报告中强调,要坚定不移全面从严治党,不断提高党的执政能力和领导水平。党的十九大精神、习近平新时代中国特色社会主义思想以及习近平总书记的系列讲话为新形势下深入推进党风廉政建设和反腐败斗争提供了思想武器和行动指南。

## 一 高校党风廉政建设的新形势

全面从严治党是对党的建设经验的深刻总结,是对社会主义执政党建设基本规律的深入探索。这样的总结和探索对于高校落实"党风廉政建设和反腐败斗争是我们必须抓好的重大政治任务"具有重要指导意义,是高校推进党风廉政建设面临的新形

---

① 姜作培、曹佳鸣、张宝林主编:《基本理论专题教程》,人民出版社1999年版,第320页。

势，也是对高校党风廉政建设的总体要求。

## （一）全面从严治党的核心要义及着力点

"全面""从严"是习近平结合新时期党的建设的形势与要求提出的治党理念，它的核心要义解决的是"怎样建设党"的问题。"全面，就是要把从严治党要求全面落实和充分体现在党的建设各领域和全过程；从严，就是在管党治党中坚持'严字当头'的价值取向。全面从严治党的目的，就是为了确保党始终是坚持和发展中国特色社会主义事业的坚强领导核心。"[①]

习近平总书记全面从严治党重要思想，鲜明提出了马克思主义是立党立国的根本、人民立场是中国共产党的根本政治立场、先进性和纯洁性是党的本质属性、确保党始终成为中国特色社会主义事业坚强领导核心是党的建设根本目标等涉及党的性质、宗旨、指导思想、建设目标的重大问题，继续深刻回答了"建设什么样的党"的重大理论问题，全面深化了马克思主义的党建理论学说[②]。

党的十八大以来，围绕着全面从严治党的总体要求，党中央在坚定理想信念、加强和规范党内政治生活、坚决维护党中央权威、严明党的纪律和规矩、打造高素质干部队伍、持之以恒抓作风建设、把反腐败斗争引向深入、切实加强党内监督、落实全面从严治党责任要求等方面作出了一系列重大部署，形成了一系列新思想新观点新论断。党的十九大报告提出了习近平新时代中国

---

[①] 戴立兴：《"全面从严"思想的核心要义——学习习近平总书记系列重要讲话体会之九十六》，《前线》2015 年 9 月 17 日。

[②] 王伟光：《全面从严治党的强大思想武器与行动指南——深入学习领会习近平总书记全面从严治党重要思想》，《理论参考》2018 年 2 月 15 日。

特色社会主义思想，对党的十八大以来的党建理论进行了总结，进一步明确了党的建设的总体布局，强调"全面推进党的政治建设、思想建设、组织建设、作风建设、纪律建设，把制度建设贯穿其中，深入推进反腐败斗争"。同时，进一步提出要以党的政治建设为统领，把纪律建设作为从严治党的治本之策。应该说，这几个方面的建设就是目前全面从严治党新形势下的具体着力点。要切实把握这些着力点，将全面从严治党的具体要求落到实处。

## （二）全面从严治党要求将党风廉政建设贯穿到党的各项建设之中

党的十八大以来，习近平总书记从全面从严治党的高度，对党风廉政建设提出了指导和要求。党的十九大报告对新时代的党建进行系统分析，围绕着"坚定不移全面从严治党，不断提高党的执政能力和领导水平"的总体目标，以党的政治建设为统领，以坚定理想信念宗旨为根基，以调动全党积极性、主动性、创造性为着力点，对政治建设、思想建设、组织建设、作风建设、纪律建设、制度建设提出了新的要求，党风廉政建设的精神和内核都体现在这些建设之中。

1. 政治建设

党的政治建设是党的根本性建设，决定党的建设方向和效果。在全面从严治党形势下，要把政治建设摆在首位。加强党的政治建设，首要任务是保证全党服从中央、坚持党中央权威和集中统一领导。在政治立场和政治纪律上必须坚决维护以习近平同志为核心的党中央权威和集中统一领导。在政治生态和政治生活上，广大党员、干部要尊崇党章，严格执行新形势下党内政治生活若干准则,营造风清气正的良好政治生态。在政治领导和组织原则上,要完善和落实民主集中制的各项制度,坚持民主基础上的集中和集中指导下的民主相结合,既充分发扬民主,又善于集中统一。在政治文化和政治品格上,广大党员、干部要弘扬忠诚老实、公道正派、实事求是、清正廉洁等价值观。

2. 思想建设

思想建设是党的基础性建设。习近平总书记指出:"现实生活中,一些党员、干部出这样那样的问题,说到底是信仰迷茫、精神迷失"[①]。正因如此,在推进党风廉政建设的战略部署中,把思想教育摆在更加突出的位置。一是将坚定理想信念与坚定共产主义统一起来,补足精神信仰的"钙";二是强调"底线"意识,提出要严守做人做事用权的底线,树立正确的价值观;三是从全局出发,提出干部清正、政府清廉、政治清明的"三清"要求。这些论述实际上构成了廉政思想的基本脉络。2015年中共中央在对《中国共产党党员领导干部廉洁从政若干准则》修订的基础上出台《中国共产党廉洁自律准则》,将廉政的要求进行升华和提炼,并延伸至全体党员,是规范全党廉洁自律的重要基础性准则,对于推进高校开展廉政思想教育具有重要意义。

3. 组织建设

党的干部是党和国家的中坚力量。党的基层组织是确保党的路线方针政策和决策部署贯彻落实的基础。要坚持正确选人用人导向,突出政治标准,提拔重用干部时要把好其牢固树立"四个

---

① 中共中央纪律检查委员会、中共中央文献研究室编:《习近平关于党风廉政建设和反腐败斗争论述摘编》,中央文献出版社、中国方正出版社2015年版,第137页。

意识"和"四个自信"、坚决做到"两个维护"、全面贯彻执行党的理论和路线方针政策的情况。要以提升组织力为重点，突出政治功能，发挥基层组织的堡垒作用，引导广大党员发挥先锋作用。要扩大党内基层民主，畅通党员参与党内事务、监督党的组织和干部、向上级党组织提出意见和建议的渠道。

4. 作风建设

加强作风建设，必须紧紧围绕保持党同人民群众的血肉联系，增强群众观念和群众感情，不断厚植党执政的群众基础。2012年12月4日中共中央政治局召开会议，审议通过了中央政治局关于改进工作作风、密切联系群众的八项规定，从而发出全面从严治党的首个信号。随后，我党深入开展党的群众路线教育实践活动，继续把作风建设作为活动的一项重点工作。此后，八项规定、作风建设更是作为巡视巡察的重要检查内容。2015年教育部出台落实中央八项规定实施办法。党的十九大后，中央出台了八项规定实施细则，各地各部门也制定了实施办法或方案。可见，八项规定和作风建设作为党风廉政建设的切入口，正在逐步常态化和制度化。

5. 纪律建设

十九大把纪律建设纳入党的建设总体布局，从党章的修改再到《中国共产党纪律处分条例》再次修订，都体现了党的纪律建设是当前全面从严治党的首项任务。而党的纪律涉及多个方面，包括政治纪律、组织纪律、廉洁纪律、群众纪律、工作纪律、生活纪律这六大纪律。政治纪律是其他纪律的重要基础。要把纪律严起来，首要的就是严明政治纪律。"遵守党的政治纪律，最核心的，就是坚持党的领导，坚持党的基本理论、基本路线、基本纲领、基本经验、基本要求，同党中央保持高度一致，自觉维护中央权威"①。

6. 制度建设

制度建设是把权力关进笼子的一个重要举措。党的十九大将制度建设贯穿在其他建设之中。但是制度建设并不仅仅意味着要建章立制，而且要突出对制度的监督执行。把制度建设贯穿于党的政治建设之中，就要严肃党内政治生活，严格执行党内政治制度，同时建立健全民主集中制原则的议事规则。要把制度建设贯穿于党的思想建设之中，就要加强对党规党纪的学习，同时建立理论学习的日常化、常态化、制度化。要把制度建设贯穿于党的组织建设之中，就要落实有关"三会一课"制度，同时创新党的基层活动方式。要把制度建设贯穿于党的作风建设之中，就要做好作风建设实施细则的制定，同时建立落实制度的监督措施。要把制度建设贯穿于党的纪律建设之中，就要以党章为根本遵循，切实维护六大纪律，同时引导党员要以纪律为标准严格要求自己。

## （三）全面从严治党对纪检监察工作提出了新的理念和工作思路

纪检监察工作是党风廉政建设的重心所在，对于推进全面从严治党向纵深发展十分关键。在全面从严治党的形势下，纪检监察工作只有顺应新的理念和工作思路，转变履职方法方式，才能使党风廉政建设的各项要求落到实处。

1. 明确责任分工

构建责任体系是推进党风廉政建设的一个重要机制。"落实

---

① 中共中央纪律检查委员会、中共中央文献研究室编：《习近平关于党风廉政建设和反腐败斗争论述摘编》，中央文献出版社、中国方正出版社2015年版，第31页。

党风廉政建设责任制，党委负主体责任，纪委负监督责任，制定实施切实可行的责任追究制度"。"两个责任"的提出对党风廉政建设的深入推进具有重要的意义，它将责任进行了分工，并提出了建立相应的制度。这就意味着在开展党风廉政建设时须厘清责任、担起责任，不仅要求纪委切实加强监督执纪问责，而且要求党委认真履职尽责，要通过建立相关的机制，如签字背书制度、责任考核机制，实现权责的统一，将党风廉政建设作为党委的工作真正落实下去。

2. 明确监督主业

"转职能、转方式、转作风"（以下简称"三转"）是中央纪委结合党风廉政建设新形势，以党章党规党纪为依据，对纪检监察工作提出的新要求和新举措，有利于提高履职的科学性和有效性。"三转"的实质就是要求各级纪检监察机关聚焦党风廉政建设和反腐败斗争中心任务，明确职责任务，突出主业主责，真正把发力点聚焦到监督执纪问责上来。2016年10月27日中国共产党第十八届中央委员会第六次全体会议通过新修订的《中国共产党党内监督条例》。该条例规定，党的各级纪律检查委员会是党内监督的专责机关，履行监督执纪问责职责。新修订的《党章》更是明确了"党的各级纪律检查委员会是党内监督专责机关"，同时，对这个聚焦的"责"指出了明确的任务，即"维护党的章程和其他党内法规，检查党的路线、方针、政策和决议的执行情况，协助党的委员会推进全面从严治党、加强党风建设和组织协调反腐败工作"。

3. 明确工作理念

"四种形态"是纪检监察工作新的工作理念。最开始是王岐山同志在福建调研并主持召开座谈会，听取党员和群众代表对修订廉政准则和党纪处分条例的意见建议时提出的,包括党内关系要正常化,批评和自我批评要经常开展,让咬耳扯袖、红脸出汗成为常态;党纪轻处分和组织处理要成为大多数;对严重违纪的重处分、作出重大职务调整应当是少数;严重违纪涉嫌违法立案审查的只能是极少数。这个表述在《中国共产党党内监督条例》中进行了一定的调整。该条例第七条规定,党内监督必须把纪律挺在前面,运用监督执纪"四种形态",经常开展批评和自我批评、约谈函询,让"红红脸、出出汗"成为常态;党纪轻处分、组织调整成为违纪处理的大多数;党纪重处分、重大职务调整的成为少数;严重违纪涉嫌违法立案审查的成为极少数。即第一种形态:经常开展批评和自我批评、约谈函询,让"红红脸、出出汗"成为常态;第二种形态:党纪轻处分、组织调整成为违纪处理的大多数;第三种形态:党纪重处分、重大职务调整的成为少数;第四种形态:严重违纪涉嫌违法立案审查的成为极少数。"四种形态"注重抓早抓小、注重坚持日常,将监督放在事前,以批评教育为重点强化常态规诫,以纪律处分为保障强化惩戒震慑,以明晰责任为抓手强化贯彻落实,有力提高监督执纪的效率。

4. 明确严格问责

有权必有责,失职要问责。2016年6月28日,中共中央政治局召开会议,审议通过《中国共产党问责条例》。《中国共产党问责条例》就是为了推进全面从严治党、解决没有人负责的问题而制定的。该条例面向各级党组织和各级领导干部,明确规定对执行党的路线方针政策不力、管党治党主体责任缺失、监督责任缺位、给党的事业造成严重损害、"四风"和腐败问题多发频发、选人用人失察、任用干部连续出现问题、巡视整改不落实等问题进行追责,以问责倒逼责任落实,推动管党治党从宽松软走向严紧硬。《中国共产党问责条例》的出台不仅使问责有据可依,而且是实现党的历史使命的重要保障,是推进全面从严治党的实践要求,是解决管党治党突出问题的现实需要①。

## 二 高校党风廉政建设的现状与问题

高校是立德树人和科学研究的高地。正因如此,社会公众对高校的廉政廉洁期待较高,将高校喻为"象牙塔"和"净土"。而高校的党风廉政建设也一直是上级部门和有关各方关注的重要工作。无论是思想教育、制度建设,还是监督规范、执纪问责,高校党风廉政建设的每一项工作推进,都凝结着各个方面对高校人才培养、服务社会、净化风气的希望。

### (一)高校党风廉政建设的基本情况

高校肩负立德树人根本任务,深入推进党风廉政建设对于营造风清气正育人环境,办好中国特色社会主义大学有着特殊而重要的意义。高校在开展党风廉政建设时既要落实上级的有关要求,同时要结合高校自身的优势和特点,探索党风廉政建设的思路、方法和措施。以深圳大学为例,在党风廉政建设中,主要突出责任构建、廉洁教育、制度建设、监督管理、执纪问责等几个方面,努力形成不敢腐、不能腐、不想腐的制度和机制。

1. 构建党风廉政建设责任体系

学校按照党风廉政建设责任制的总体要求,认真落实"两个

---

① 李健:《最新党纪党规一本通》,人民出版社2016年版,第261页。

责任",明确领导班子在党风廉政建设中的任务与分工。同时,将党风廉政建设责任制分解落实到基层党委(总支),建立校院两级责任体系。通过签订党风廉政建设责任书、年度述职述廉、民主生活会、组织开展专项工作等形式,加强责任考核、保证责任落实。

2. 抓好廉洁教育,筑牢廉洁自律的防线

学校充分利用大学知识高地的有利条件,在开展"两学一做"学习教育和纪律教育学习月活动中,不断创新廉政廉洁教育的新形式、新载体、新做法,通过反腐倡廉专题报告会、举办廉政论坛、专题讲座等形式,引导领导干部和党员同志们在学思践悟中,提高认知能力,筑牢信仰之基。在年度的纪律教育学习月活动期间,学校举办廉政动漫作品和公益广告比赛、廉政知识竞赛等活动,提高党员干部的廉洁意识,增强拒腐防变的能力,推进廉洁文化进校园,营造风清气正的育人环境。

3. 加强制度建设,完善运行机制

坚持民主集中制,对事关学校改革发展稳定及教学、科研、行政管理中的重大事项和基本管理制度,班子集体深入研究、科学决策。对领导集体决策重大问题议事规则、科研经费使用以及预防惩治学术腐败制度,纪委从监督、执纪、问责的角度提意见建议,加强制度建设,完善运行机制。

4. 加强对人财物的监督管理

深化党务公开、校务公开,加强廉政风险防控机制建设,努力从源头上防治腐败。严把招生录取、基建项目、物资采购、财务管理、科研经费、校办企业、学术诚信、人事管理等"监督关口",结合信息平台建设,建立干部选拔任用、招生录取、教育经费管理、学校资产校办企业、招标采购、基建工程等大数据,通过梳理数据,促使制度完善和流程规范,切实加强对权力运行的制约和监督。

5. 强化执纪问责,运用好"四种形态"

学校纪委把纪律挺在前面,将信访举报作为执纪审查的重要端口,对信访举报依照有关程序规定进行登记备案、初步核实,必要时进行立案审查。同时,对来信来访中反映的一些苗头性、倾向性的问题进行谈话提醒,轻微的违纪问题进行告诫、责令整改。

## (二) 高校党风廉政建设的主要问题

党的十八大以后,党中央在党风廉政建设中坚持问题导向,探索党风廉政建设的着力点和风险点。作为"政治体检"的巡视巡察工作为查找问题提供了可供分析的数据。2013年5月,中央启动了十八大以来的首轮巡视,中国人民大学党委作为唯一一家高校巡视对象接受中央的巡视。与此同时,各个省、自治区、直辖市党委也按照相应的要求和标准,对省属高校党委开展巡视。2017年6月,中央对清华、北大等29所中管高校开展专项巡视。通过对这些高校党委巡视结果反馈的分析,可以发现高校党风廉政建设还存在以下一些问题。①

1. 思想认识方面的问题

思想认识是抓好党风廉政建设的第一步,也是关键的一步。一般来讲,由于高校特有的育人职能以及人才输送的特点,公众容易产生对高校"廉政""廉洁""腐败"上的理解偏差。如有

---

① 卜万红:《高校推进全面从严治党的基本形势与主要任务——基于对262份高校党委巡视结果反馈文本的分析》,《广州大学学报》(社会科学版) 2017年第10期。

的干部会认为担任学校的领导干部并非"官",并不需要以"廉政"要求自己;有的党员会认为做好自己的本职工作便是"廉洁"的基础,为人师表的表率足以覆盖"廉洁"的要求;有的公众甚至会认为学校并无存在利益输送的环境,"腐败"不易产生。其实这些认识都是未能认清当前党风廉政建设和反腐败的新形势所造成的。

2. 制度建设方面的问题

制度建设是将党风廉政建设的成果巩固和发展下来的有效方式。制度的问题首先表现在有无的问题上,有无制度关系到高校的业务工作和党风廉政建设是否有据可依;其次是制度是否科学管用、行之有效,如果制度不切合实际,执行不下去,那么再好看的制度也发挥不了作用;最后是表现在制度是否贯彻落实方面,制度建设并非建设制度,并不是制定好制度便完成任务,关键是要落实下去,发挥制度的刚性约束作用。但是目前从教育领域暴露的有关廉政廉洁问题来看,在制度建设方面还存在不少问题,这些问题必然影响高校党风廉政建设的成效。

3. 重点领域监督方面的问题

高校党风廉政建设的风险点和重点领域主要集中在招生录取、基建项目、物资采购、财务管理、科研经费、校办企业、学术诚信、人事管理这几个方面。这几个方面往往是改革最多的领域,因此监督在匹配改革上仍需加强。以科研经费为例,科研是学校除教学以外的一项重要工作,科研的发展与经济的发展密切相关。近几年随着经济的不断发展,科研经费不断增长。这种增长不仅表现在金额上,而且体现在门类上,这就使科研经费具有来源渠道的多元化、支出的复杂化、管理方式的多样化等特点,对科研经费监管提出了新的挑战和更高的要求。传统的监督模式跟不上监督管理的需要，特别是对关键岗位和关键环节的监督在精细度上存在一定的差距，往往难以真正监督到位。

4. 执纪问责方面的问题

一方面表现在监督执纪的力度有待加强。作为学校监督防线的守门员，纪检部门以廉政宣传教育、日常监督和案件查办为主要工作抓手。但是由于案件来源单一、执纪审查手段缺失，学校执纪审查的难度很大，有的是依托上级纪委以及巡视巡察才能发现和处理问题，学校纪检监察部门未能有效发挥监督执纪的作用。另一方面表现在追责、问责的力度不够，监督执纪的威慑力不够明显。大学作为知识的高地，提倡师者以德育人，学生以诚待人。所以在有些轻微问题的追责、问责上，学校以宽宥的态度希望给予相关人员改正的机会。这些人员如果及时反省作出相应的检讨改进，可以避免继续犯错误。但这却可能削弱问责的威慑力，使得追责、问责的刚性不强。究其原因，在于对追责、问责的作用认识不到位，对于责任的界定比较模糊，以致使宽宥留有空间。

5. 纪检监察队伍方面的问题

从总体来看，高校纪检监察队伍建设比较薄弱。一方面，有的高校没有根据上级有关要求和学校纪检监察工作需要，配齐配强纪检工作人员，监督执纪问责工作难以全面有效开展起来，往往疲于应付，工作浮在面上，深入不下去。另一方面，纪检监察人员的素质参差不齐，许多人员在政治理论、思想认识和工作业务水平上还不达到纪检监察工作的要求，学习培训不够，不具备处理比较复杂问题的能力，工作效率低下、执行力较差，影响了纪检监察工作的质量，导致纪检监察机关没能有效发挥纪律保证作用。

## 三 深入推进高校党风廉政建设的工作思路

在全面从严治党的新形势下，要从全面从严治党的核心要义出发，按照党风廉政建设的总体部署推进高校党风廉政建设的有关工作。

### （一）明确目标任务

新时期高校的党风廉政建设要以党的十九大精神和习近平新时代中国特色社会主义思想为指导，立足学校教书育人、科学研究的特点，在总体目标任务上要突出对纪律、作风、制度的维护。

1. 维护严明的纪律

全面从严治党在党风廉政建设上首先表现为纪律建设，"从严"首先就是纪律要严。《中国共产党纪律处分条例》把党章关于纪律的要求具化为政治、组织、廉洁、群众、工作和生活六大方面，为全面从严治党和依纪依规治党提供了明确的依据。这六大纪律中，政治纪律是最重要、最根本、最关键的纪律，是维护党的团结统一的根本保证。党的十八大以来，习近平总书记多次强调要严守政治纪律和政治规矩，营造风清气正的政治生态。党的十九大把严明政治纪律和政治规矩作为党的政治建设的重要内容，要求全党切实遵守落实。增强"四个意识"、坚定"四个自信"，坚决做到"两个维护"。要严肃党内政治生活，及时制止和纠正苗头性问题；要发展积极健康的党内政治文化，弘扬对党忠诚价值观；要提高广大干部思想境界和政治觉悟，增强政治警觉性和政治鉴别力；要确保纪律的刚性约束，将全面从严治党的各项决策部署落到实处。

2. 维护优良的作风

党的作风是党的形象，是党的先进性和纯洁性的重要标志。高校的作风应该是多方面多维度的，主要包括：领导干部的作风、机关工作作风、教学人员的师德师风、科研人员的学术道德作风等。加强高校的作风建设，要突出领导干部作风和机关管理作风的建设。要严格贯彻落实中央八项规定精神，持之以恒纠正"四风"。要根据不同对象的特点有针对性地开展监督工作，运用多种形式打好预防针，营造风清气正的育人环境。要坚持不懈狠抓师德师风和学术风气，加大宣传教育，引导广大教师坚持教书和育人相统一，坚持言传和身教相统一，坚持潜心问道和关注社会相统一，坚持学术自由和学术规范相统一。要强化职业操守教育，做好学校教职员工的职业价值标准和行为准则教育。要坚守探索真理、传播知识、培育人才、服务社会的大学宗旨，维护学术尊严和校园和谐。要对照教育部关于高校教师师德禁行行为的"红七条"，制定学校师德师风的建设方案，加强师德师风建设。

3. 维护刚性的制度

坚持标本兼治、综合治理、惩防并举、注重预防的方针，是党风廉政建设和反腐败工作的总体原则。标本兼治的核心是将权力关进制度的笼子里。因此，要推动高校党风廉政建设，必须着力构建决策科学、执行坚决、制约有序、监督有力的制度体系，使制度真正有效落实。要根据反腐倡廉的新形势、新政策、新发展，及时健全完善制度体系。要严格落实领导干部述职述廉、群众评议、重大事项报告制度，贯彻落实"三重一大"议事规则，切实实行民主集中制原则；要加大党务公开、校务（院务）公开力度，让权力真正在阳光下运行；要加强对权力集中、资金使用密集部门的制度建设，通过设定审批权限、规范运行程序，公开运行流程，确保其权力行使不越位、不缺位，要加强制度执行，强化执纪问责，形成有力的震慑，着力构建不敢腐、不能腐、不想腐的工作机制。

### （二）明确工作重点

确定了目标任务，便要通过具体的工作来推进建设。结合近年来高校党风廉政建设的经验总结，高校在推进党风廉政建设中要利用高校知识高地的有利条件，创新党风廉政建设的形式，抓好以下六个方面的工作。

1. 主体责任

高校要坚持守土有责、守土尽责的原则，构建落实党风廉政建设的责任体系。要厘清权力、责任、担当之间的关系，明确校党委领导班子、党委书记、校长以及班子其他成员在党风廉政建设中的任务与分工，并且层层落实，将"责任制"分解到各个管理部门和教学教辅单位，将党风廉政建设落实到方方面面，落实到各个环节。同时要建立责任的考核机制，以签订党风廉政建设责任书、年度述职述廉、民主生活会、组织开展专项工作等形式，加强责任考核、保证责任落实。

2. 廉政教育

高校党风廉政建设要突出领导干部和重要岗位工作人员的廉洁教育。利用纪律教育学习月活动等形式，通过反腐倡廉专题报告会、举办廉政论坛、专题讲座等形式，提高教职工的廉政意识、廉洁意识。对在重要部门、关键岗位工作的人员，除开展有针对性的日常教育活动外，还要实施形式多样的谈心谈话，提醒告诫他们注意遵循工作程序，遵守工作纪律，提高廉政廉洁的自觉性。要充分利用反面教材作用，加大警示教育力度，引导党员、干部认识到廉政要求是高压线，廉政廉洁意识不强，就是给自己埋下"定时炸弹"，要自觉践行忠诚干净担当要求，筑牢廉政廉洁的思想防线。要建设运用信息化廉政教育平台，提高廉政教育的针对性和有效性。

3. 日常监督

习近平总书记指出："强化党内监督，重在日常、贵在有恒"。党的十九大报告进一步强调，要"加强对党员领导干部的日常管理监督"。日常监督要将监督与日常工作相结合，实现监督的制度化、常态化、民主化和长效化。一是要狠抓政策落地，重点监督各项制度的贯彻落实情况，关注制度建立全过程，及时发现学校各项制度在执行中的问题，实现日常监督的制度化；二是要突出专项监督，根据工作需要，做好专项性检查，加强明察暗访，遇到问题及时指导，督促整改，实现日常监督的常态化；三是要注重全域监督，做好事前事中事后全域性把关，抓好信访举报问题处置工作，做好廉政审核把关，建立健全特邀监督员制度，充分发挥民主、群众监督作用，实现日常监督的民主化；四是要开展谈心谈话，积极宣传党的政策纪律，针对苗头性问题，及时咬耳扯袖、红脸出汗，针对查摆的问题，提出切实可行的监察建议，实现日常监督的长效化。

4. 重点防控

事实证明，腐败问题易在"管人、管财、管物"等权力比较集中的领域滋生。从学校实际来看，加强廉政风险防控，要突出对招生录取、基建项目、物资采购、财务管理、科研经费、校办企业、学术诚信、人事管理等重要关口的监督。重点是在这些领域建章立制、抓好执行、防范风险。要查漏补缺，加强重要领域重要环节的制度规范。要利用审计手段、内部管理等方式加强制度的执行，强化对重点领域、重要岗位、重大事项的监督，促进权力运行程序化、标准化、公开化。要用好信息平台等科技手段，抓好廉政信息的收集汇总、比对分析和自动预警，严密防范重点领域的廉政风险。要发挥查办案件的治本功能，针对案件暴露出来的问题，深入分析成因，推动制度建设，深化标本兼治。

5. 信访举报

信访举报工作是党风廉政建设的一项重要抓手，对于掌握腐败信息，预防和防止腐败具有重要意义。要明确信访举报工作职能定位，改进信访举报处理方式，宣传举报知识和方法，引导群众有效举报。加强信访举报信息化平台建设，提高信访举报的便捷性和规范性。认真处理群众来信来访，耐心听取群众意见，对群众反映的问题认真梳理，及时解决，要做到"件件有着落、事事有回应"。严格执行《中国共产党纪律检查机关监督执纪工作规则（试行）》有关初核、立案等审查工作请示报批制度，依规依纪、安全有效开展问题核查处理。扎实开展理论探讨和调查研究，完善信访举报受理和办理制度，健全内部工作规程，提高制度化规范化水平。

6. 执纪问责

要充分科学运用监督执纪"四种形态"。"四种形态"是监督执纪问责的新思路，是党的十八大以来全面从严治党的实践、理论和制度创新，是一个科学严密、辩证统一的监督执纪体系。运用"四种形态"既是责任担当，也是科学方法，既是理念创新、也是实践过程。要进一步强化对党员干部的日常教育监督，对苗头性、倾向性问题及时约谈函询、谈话提醒、批评教育，小过即问，防微杜渐；要抓牢实践"四种形态"的关键环节，从严肃党内政治生活开始，督促各级党组织把党的领导体现到日常管理监督中，用好批评和自我批评武器，维护良好的政治生态；要把握好"树木"与"森林"的辩证关系，加大对严重违纪违法问题的查处力度，特别是对于党的十八大以后顶风作案、屡教不改的，要严肃处理，坚决移送，决不姑息，形成不敢腐的震慑；要强化对执行党的路线方针政策不力、管党治党主体责任缺失、监督责任缺位、给党的事业造成严重损害、"四风"和腐败问题多发频发、选人用人失察等问题的问责；要建立健全容错纠错机制，鼓励广大领导干部、师生员工大胆干事创业，树立新时代建功立业的思想意识，积极奋发有为。

### （三）加强基础建设

抓好党风廉政建设，必须做好基础性、保障性工作，使党风廉政建设的开展更为科学、规范、有效。

#### 1. 制度建设

制度不仅是维护的目标，也是长期建设的目标。全面从严治党对管党治党提出了一系列的新思路新要求，而其中制度建设可以说是基础性和根本性的。要根据全面从严治党的总体要求，全面梳理和完善高校工作中重点领域的管理制度，形成完整、科学、有效的制度体系，从制度上严密防控廉政廉洁风险。制度虽然健全了，但是"一分部署还要九分落实"，要狠抓制度执行，扎牢制度篱笆，真正让铁规发力、让禁令生威。为此，必须根据上级的有关制度规定，结合高校工作的具体实际，建立健全纪检监察工作制度，完善监督、执纪、问责工作规程，提高纪检监察工作的制度化规范化水平，加强执纪问责的力度，通过执纪问责之威慑性推动高校各项制度得到切实贯彻执行。

2. 机制建设

面对全面从严治党的新形势新要求，深入开展高校党风廉政建设，必须在体制机制上进行创新。科学研究是高校的重要任务，高校具有创新的环境、土壤和力量。在工作体制和机制的探索和实践上，高校是大有可为的。一方面，要发挥高校政治法律专业等专业人才集中的特点，发挥专业优势，强化党风廉政建设研究，为体制机制建设提供理论研究和智力支撑。另一方面，要在教授治校、民主管理、群众监督等方面大胆探索，创新工作机制，充分发挥教职员工、学生的积极性，引导他们参与到人事、财务、学生事务、学术道德、师德师风等的监督管理中去，提高管理的公开性、透明性、民主性和有效性，通过科学工作机制创新，将党风廉政建设融入高校的日常管理工作中。

3. 平台建设

近年来，随着网络等新媒体技术的发展，信息化技术在党风廉政建设中的监督作用日益明显。党的十九大报告明确提出，要"善于结合实际创造性推动工作，善于运用互联网技术和信息化手段开展工作"。创新工作平台，充分运用信息技术开展监督是新形势下党风廉政建设工作的基本要求。信息化平台的建设不仅实现数据及时采集和分析，而且推进流程和制度的完善，对于高校党风廉政建设可以发挥重要作用。要通过新媒体开展在线廉政教育，适时提供学习教育资料，增强教育实效；通过开设网上信访举报端口，开展适时在线监督，大力提高监督的便捷性和有效性。

4. 队伍建设

高校纪检监察队伍的建设是一项长期性基础性的工作。要根据上级有关规定和学校党风廉政建设与反腐败工作的需要，配齐配强纪检监察工作队伍，形成校院统一、层次分明、责任明确、专兼结合的工作队伍体系。要加强纪检监察人员的政治思想教育，提高队伍的政治素质，牢固树立执纪者必先守纪、监督者必受监督的意识，带头遵守政治纪律、政治规矩和其他各项纪律，坚决贯彻执行中央八项规定精神。要加强党规党纪、法律法规业务知识的学习培训，深入学习运用新形势下党风廉政建设工作的新理念、新思路和新方法。要强化纪检监察人员的责任意识，严格要求、严格监督、严格管理，深化"转职能、转方式、转作风"，认真履行监督执纪问责职责，用铁的纪律打造一支忠诚、干净、担当的干部队伍。

5. 文化建设

党的十九大报告明确指出，"文化是一个国家、一个民族的灵魂"。"文化自信是一个国家、一个民族发展中更基本、更深沉、更持久的力量"。廉洁文化是高校文化的重要组成部分，廉洁校园文化建设，是高校文化建设的一个重要的、基础的系统工程。要以党的十九大精神和习近平新时代中国特色社会主义思想为指导，将廉政廉洁思想观念融入文化建设中。要充分利用大学知识高地的有利条件，广泛开展廉洁文化活动，加强广大师生员工的理想信念教育，筑牢信仰之基，持之以恒强化廉政观念和意识，形成不想腐的行动自觉，使廉洁文化融入学校主流文化的血液之中。

# 强化高校二级院系党组织政治核心作用研究：路径载体探析

戴纪锋　王朝洁　蒋　大　彭　娟*

**摘　要**：高校二级院系党组织指高校党委在二级院系设立的党委和党总支，是党在高校的基层组织和本单位的政治核心，承担着加强党的建设和思想政治工作、立德树人、为院系改革发展提供政治保障和思想动力的重要职责。本文从当前高校二级院系党组织发挥政治核心作用的现状分析入手，阐述了当前面临的新形势和新要求，并对如何强化政治核心作用的路径载体进行了探析。

**关键词**：高校二级院系党组织；政治核心；路径载体

高校二级院系党组织指高校党委在二级院系设立的党委和党总支，是党在高校的基层组织和本单位的政治核心，承担着加强

---

\* 深圳大学组织部。

党的建设和思想政治工作、立德树人、为院系改革发展提供政治保障和思想动力的重要职责。二级院系党组织的政治核心作用能否得以真正发挥,事关高校的人才培养能否沿着社会主义方向前行。因此,如何强化二级院系党组织政治核心作用,是落实全面从严治党要求的必然选择,是当前高校党建的一个现实需求和重要课题。

## 一 当前高校二级院系党组织发挥政治核心作用的现状分析

从当前高校二级院系党组织在实际工作中发挥政治核心作用的现状来看,总体上高校二级院系党组织在带领基层组织,加强和改进高校党的领导方面,取得了明显效果,发挥了重要作用。但是也应该看到在认识、实践的过程以及作用发挥上还存在一系列的问题。这些问题主要表现在以下三个方面。

一是认识上,存在重科研教学轻党建和思想政治工作的偏差。在对二级院系党组织的调研和检查中,发现一些二级院系组织对发挥政治核心作用的认识不到位,还没有认识到二级院系党组织政治核心作用在高校各项工作中的重要作用。有的二级院系党组织认为高校主要是从事科学研究和教学的单位,只要能出科研和教学成果,在党建和思想政治工作方面可以稍微放松一点。有的二级院系党组织认为其党建工作的重要内容就是将党的方针、政策传达下去就可以了,因而往往出现以会议贯彻会议、以文件传达文件的情况。

二是实践上,存在高校中心工作和党建工作"两张皮"的现象。由于高校党建工作和业务工作的内容不同、特点不一样、考评体系不同等客观原因以及认为党建是"虚"的，业务是"实"的，从而重业务、轻党建等主观原因，导致一些二级院系党组织存在中心工作和党建工作"两张皮"的现象。布置党建工作时不注意围绕中心，服务大局，与业务工作相辅相成；布置业务工作时没有将党的路线、方针、政策很好地贯彻进去，融会其中，仅仅就业务而谈业务。这样就容易导致在实际工作过程中缺少一定的政治理论指导，容易偏离正确的方向。

三是成效上，存在一些高校基层党组织工作薄弱，平时感觉不到存在、关键时刻顶不上去的情况。由于重业务轻党建等认识偏差以及中心工作与党建工作不能紧密结合，存在"两张皮"现象等原因，导致一些二级院系党组织工作薄弱，出现了党建主业意识不浓，党建主体责任落实不严，该把关的没有很好把关，该抓的工作没有抓到位，民主集中制落实不到位，政治核心作用发挥不明显等情况。这些情况的发生，降低了二级院系党组织在党员群众和师生心目中的地位，影响了党对高校的全面领导，有的甚至还造成了业务工作的"塌陷"。

## 二　高校二级院系党组织发挥政治核心作用面临的新形势和新要求

党的十八大以来全面从严治党的新形势对高校二级院系党组织政治核心作用的发挥提出了新要求。党的十八大对加强党的建设提出了把握"一条主线"、做到"两个坚持"、建设"三型政党"、增强"四自能力"、加强"五项建设"的全新要求。新要求既是党对新形势下执政党建设规律的最新认识，也是新形势下党加强执政能力建设的行动指南。在第二十三次全国高等学校党的建设工作会议上,习近平总书记指出:"加强党对高校的领导,加强和改进高校党的建设,是办好中国特色社会主义大学的根本保证。"他同时强调"办好中国特色社会主义大学,要坚持立德树人,把培育和践行社会主义核心价值观融入教书育人全过程"。因此,作为培养中国特色社会主义事业建设者和接班人的高校,党建工作必须紧紧围绕党的建设目标和高校育人要求开展,二级院系党组织的政治核心作用必须得到充分的发挥。

全国高校思想政治工作会议对强化高校院(系)党的领导提出了新要求。在2016年12月召开的全国高校思想政治工作会议上,习近平总书记强调指出,办好我国高等教育,必须坚持党的领导,牢牢掌握党对高校工作的领导权,使高校成为坚持党的领导的坚强阵地。高校党委对学校工作实行全面领导,承担管党治党、办学治校主体责任,把方向、管大局、作决策、保落实。要加强高校党的基层组织建设,创新体制机制,改进工作方式,提高党的基层组织做思想政治工作能力。2017年2月中共中央和国务院下发的《关于加强和改进新形势下高校思想政治工作的意见》要求:要强化院(系)党的领导,发挥二级院系党组织的政治核心作用,履行政治责任,保证监督党的路线方针政策及上级党组织决定的贯彻执行。要认真执行民主集中制原则,通过院(系)党政联席会议讨论和决定本单位重要事项,健全院(系)集体领导、党政分工合作、协调运行的工作机制,提升班子整体功能和议事决策水平。

## 三 高校二级院系党组织强化政治核心作用的路径载体

当前高校二级院系党组织的现状以及全面从严治党的新形势对高校党建工作提出的新要求，决定了高校二级院系党组织必须进一步创新路径载体，强化政治核心作用的发挥。

一是抓组织保障，进一步加强二级院系党组织的领导班子建设。我们党历来重视基层党组织的领导班子建设，一个好的集体需要一个好的领导班子。只有将二级院系党组织的领导班子建设好，才能够带领基层的党组织在党的方针、政策的指引下开展好党的各项工作。因此，加强二级院系党组织领导班子建设，要按照政治强、业务好、在师生中有威望的要求，选准配强二级院系党组织书记和院长，选准配强其他班子成员。要推行党政领导班子成员交叉任职，党员院长一般应同时任党委（党总支）副书记或委员，党员副院长一般应进入党委（党总支）领导班子。要重视二级院系党组织的按期换届工作，每届任期满后要及时组织换届，保持领导班子建设的延续性。

二是抓制度保障，健全完善二级院系党组织工作规章制度。我们党历来重视把制度建设与思想建设、组织建设、作风建设、能力建设一起作为党的建设的核心内容，同时还特别强调要把制度建设贯穿党的各项建设之中，并高度重视发挥制度对保持党的先进性的保障作用。高校二级院系党组织各项工作的开展离不开严明的制度做保障，如果日常工作过程中缺少了政治制度和严明的纪律，就容易导致各项工作处于一种没有约束的状态，从而不利于各项工作的有力开展。因此，二级院系党组织要根据新形势的要求建立诸如基层党委（党总支）书记例会制度、党政联席会议事规则、领导班子成员党建责任清单等规章制度，进一步健全完善院（系）集体领导、党政分工合作、协调运行的工作机制，提升班子集体功能和议事决策水平，强化二级院系党组织政治核心作用的发挥。

三是抓队伍保障，配齐配强二级院系党组织党务工作人员。高校基层党组织工作薄弱的一个重要原因是因为基层党务工作者兼职现象比较普遍，专职党务工作队伍建设不足。二级院系党组织的党务工作人员往往是身兼数职，由于人的时间和精力毕竟有限，很难做到同时兼顾，最终导致很多党务工作落实不到位，党建工作成效不明显。因此，强化二级院系党组织政治核心作用的发挥，需要配齐配强专职党务工作队伍。通过每个二级院系党组织根据党员人数设置1—2名专职组织员，从优秀研究生、本科生中招募党务学生助理，从离退休党员干部、教师中聘请党性强、有能力、有经验的老党员担任特邀组织员等途径形成并保持一支以专职为骨干，专兼结合，稳定高效的基层党务工作队伍。要通过培训、指导、考核等多种方式加强对基层党务工作队伍的教育培养，增强其党务工作专业化能力和水平，促进基层党建水平整体提高。

四是抓基础保障，建强筑牢院（系）基层党支部战斗堡垒。高校基层党支部是党在高等院校的最基层组织，是党在高校执政的组织基础。全国高校思想政治工作会议要求，要健全高校基层党组织，发挥好战斗堡垒作用。因此，要优化党支部设置，在按院（系）内教学科研机构设置教师党支部、按年级或院（系）设置学生党支部的基础上，根据实际需要，探索依托重大项目组、课题组和学生公寓、社区、社团组织等建立党组织。要选优配强教师、学生党支部书记,实施教师党支部书记"双带头人"(党建带头人、学术带头人)培育工程,注重从优秀辅导员和学生党员中选拔学生支部书记。要定期开展党支部书记培训,增强党支部书记开展党务工作的能力水平。要严格落实"三会一课"等制度,增强党内政治生活的政治性、时代性、原则性、战斗性。要深入推进"两学一做"学习教育制度化常态化工作,增强全体党员的"四个意识"。要坚持重心下沉、资源下沉,提高基层党建工作经费的拨付额度,加强基层党建的经费保障和投入,党支部工作开展提供支持、创造条件。

五是抓文化保障,努力营造重视党建、抓实党建的浓厚氛围。在全国高校思想政治工作会议上,习近平总书记强调,要更加注重以文化人以文育人,广泛开展文明校园创建,开展形式多样、健康向上、格调高雅的校园文化活动,广泛开展各类社会实践。因此,努力建设适合高校特点的校园政治文化,是二级院系党组织发挥政治核心作用的重要抓手。对于高校二级院系党组织来讲,精心营造校园政治文化是将马克思主义的理论政策渗透到当前大学生思想内心深处的最有效、最直接的方式。在全体师生中营造一个重视党建、抓实党建的浓厚氛围,能让党的各项工作落实到位,也自然有助于二级院系党组织政治核心作用的发挥。要打造好重视党建的教师队伍,把思想政治工作贯穿教育教学全过程,通过教师的言行影响带动学生,实现全程育人、全方位育人。要抓好学生的志愿者文化建设,通过丰富多彩的志愿者活动和社会实践,促使学生用实际行动践行社会主义核心价值观。

六是抓督促检查,进一步增强二级院系党组织党建主业意识。做好任何一项工作,都必须要明确责任,落实责任。强化二级院系党组织的政治核心作用，学校党委层面要加强领导，发挥督导作用，通过动力传送、压力传递，增强二级院系党组织的党建主业意识，促使其更好履行党建主体责任。要通过抓基层党建"书记项目"的落实增强二级院系党组织书记主动谋党建的主业意识。要通过基层党建年度述职的落实健全基层党委（党总支）书记考核制度，促使二级院系党组织书记更好地履行党建主体责任。要通过平时的督促检查，促使二级院系党组织积极推进各项党建工作落实到位，进展有序。

# 新时期高等师范院校党建工作的高度与品质

姚正武　郑玉平[*]

**摘　要**：新的世情、国情、党情，对党建工作提出了新的挑战和要求。中国共产党成立以来90多年的实践经验告诉我们，无论面对怎样的形势和挑战，党的建设始终是我们克敌制胜的一大法宝。深刻认识高等师范院校党建工作的意义和价值，实现立德树人根本任务，凸显师范教育的教育母机作用，发挥党员先锋模范作用，需深入贯彻习近平新时代中国特色社会主义思想，加强顶层设计，加强干部队伍建设，强化思想文化引领，坚持党建工作高度与品质的辩证统一。

**关键词**：党建工作；高等师范院校；高度；品质

习近平总书记在2017年7月26日的省部级主要领导干部专题研讨班上发表重要讲话强调："谋划和推进党和国家各项工作，必须深入分析和准确判断当前世情国情党情。"新时期高等师范

---

[*] 深圳大学师范学院。

院校党建工作亦是如此。

"世界正处于大发展大变革大调整时期,和平与发展仍然是时代主题。世界多极化、经济全球化、社会信息化、文化多样化深入发展,全球治理体系和国际秩序变革加速推进,各国相互联系和依存日益加深,国际力量对比更趋平衡,和平发展大势不可逆转。同时,世界面临的不稳定性不确定性突出,世界经济增长动能不足,贫富分化日益严重,地区热点问题此起彼伏,恐怖主义、网络安全、重大传染性疾病、气候变化等非传统安全威胁持续蔓延,人类面临许多共同挑战。"① 面对世界经济的复杂形势和全球性问题,任何国家都不可能独善其身,国际社会日益成为一个你中有我、我中有你的命运共同体。近代中国人民始终面临着两大历史任务:一是求得民族独立和人民解放;二是实现国家的繁荣富强和人民的共同富裕。经过一代又一代人的前赴后继,今天的中国成为对世界经济增长贡献率超过30%、国内生产总值增至80万亿元的全球第二大经济体,是世界第一的贸易大国和外汇储备国,同时也是世界上经济增长最快的国家之一,是世界许多国际组织的重要成员。中国共产党领导下的中国在世界经济和全球治理中的分量迅速上升,正成为影响世界政治经济版图变化的一个主要因素,成为牵动国际秩序调整和国际体系变革的最活跃因素之一,近代以来久经磨难的中华民族迎来了从站起来、富起来到强起来的伟大飞跃,今天的中华民族比以往任何时候都更接近实现中华民族伟大复兴的目标,正进入世界舞台中心,全球治理体系变革正处在历史转折点上。毫无疑问,世界舞台中心区

---

① 习近平:《决胜全面建成小康社会 夺取新时代中国特色社会主义伟大胜利——在中国共产党第十九次全国代表大会上的报告》,人民出版社2017年版。

的经济竞争、文化竞争、军备竞争以及意识形态的对抗和冲突程度更为激烈。

从国内来看，我国仍是一个发展中国家，仍然面临一系列严峻挑战，还有许多需要面对和解决的问题。社会主义初级阶段就是当下中国最大的国情。进入新时代，我国仍处于并将长期处于社会主义初级阶段的基本国情没有变，我国是世界最大发展中国家的国际地位没有变。进入新时代以来，人民"不仅对物质文化生活提出了更高要求，而且在民主、法治、公平、正义、安全、环境等方面的要求日益增长"。我国社会，以前要解决"有没有"的问题，现在则要解决"好不好"的问题。党的十九大报告指出，"中国特色社会主义进入新时代，我国社会主要矛盾已经转化为人民日益增长的美好生活需要和不平衡不充分的发展之间的矛盾"。这是以习近平同志为核心的党中央在动态把握矛盾转化规律和社会主要矛盾发展态势的基础上作出的重大政治判断。

今日世界，中国是大国，中国共产党也是大党。经过长期发展，我们党的数量，从当年建党时的50多人发展到今天的8900多万人，其中，超过七成是改革开放后入党的党员。这支庞大的队伍表明，我们党后继有人，充满生机活力，对于党的长远发展具有重要意义。但同时也要看到党员队伍建设面临的挑战。比如，年轻党员的数量和比例较高，这些同志有朝气有激情，可缺乏党内政治生活历练，党的意识、党员意识和党性修养有待加强；又如，随着经济社会发展，流动党员数量很大，虽然有些党员已被纳入新的组织形式，但还有一些党员没有被有效组织起来，难以发挥应有作用；再如，由于社会结构的变迁，越来越多的人从单位人变成社会人，社区党组织等基层党组织无法用行政手段开展工作，如何更好发挥党员作用还需破题，等等。决定党的战斗力的，不只是党员数量，更重要的是质量。如何教育管理好庞大的党员队伍，把党员的数量优势化为我们党的巨大执政优势，把世界最大政党化为世界最强政党，这是新时代全面从严治党必须面对并切实回答好的挑战和问题。

在复杂的国内外环境中实现中华民族伟大复兴，绝不是轻轻松松、敲锣打鼓就能实现的，除了本领建设，还要迎战大环境、大背景中明的或暗的诸多斗争。中国共产党90多年的实践经验告诉我们，无论面对怎样的形势和挑战，党的建设始终是我们克敌制胜的一大法宝。以习近平同志为核心的党中央，狠抓党的建设，全面从严治党的成效，有目共睹，党内外高度认同。习近平总书记在十九大报告中指出：领导十三亿多人的社会主义大国，我们党既要政治过硬，也要本领高强。具体来说，就是要增强学习本领、政治领导本领、改革创新本领、科学发展本领、依法执政本领、群众工作本领、狠抓落实本领、驾驭风险本领等八大本领。习近平总书记的讲话为新时期党建工作指明了前进方向。

## 一 深刻认识高等师范院校党建工作的意义和价值

### （一）大学的根本任务是立德树人

从人类层面来看，道德随着人类的社会实践而产生。思想道德规范为人类的社会实践提供了精神动力和思想支撑，它能使人增强改造现实的勇气、信心、积极性、自觉性，而且还能引导人的生活方式，使人的社会实践具有积极的意义。"立德"能使人的实践活动向真、向善、向美，能使人的需要走向高层次精神需要，没有道德规范的实践将会向假、向丑、向恶，不仅不会推动社会的发展进步，反而会成为人类世界的灾难。

大学生是国家的未来和希望，是党和国家各项事业的生力军和接班人，承担着中华民族伟大复兴的重要历史使命。"落实立德树人的根本任务，是新时期贯穿党的教育方针的时代要求，是教育坚持和发展中国特色社会主义的核心所在。"在第二十三次全国高等学校党的建设工作会议上，习近平总书记指出，办好中国特色社会主义大学，要坚持立德树人，把培育和践行社会主义核心价值观融入教书育人全过程；强化思想引领，牢牢把握高校意识形态工作领导权。在2016年全国高校思想政治工作会议上，习近平总书记强调："高校思想政治工作关系高校培养什么样的人、如何培养人以及为谁培养人这个根本问题。要坚持把立德树人作为中心环节，把思想政治工作贯穿教育教学全过程，实现全程育人、全方位育人，努力开创我国高等教育事业发展新局面。"①

世界著名的高等院校亦极为关注大学生的品格教育。哈佛大学校长福斯特在2016年哈佛大学毕业典礼讲话中提出，大学教育应该承担塑造学生品格与价值的任务，而不仅仅是帮助他们的智力与职业发展。事实证明，没有明确的价值观指导，教育往往只会滑落为技能和个人利益的工具。

高校是意识形态的前沿阵地，各种思潮交流交融交锋的文化重镇，各种势力争夺接班人的重要场所，高校党建对于高校"立"什么样的"德"，"树"什么样的"人"，实现党对高校的全面领导，引领"立德树人"思想具有直接作用。

---

① 《习近平在全国高校思想政治工作会议上强调：把思想政治工作贯穿教育教学全过程　开创我国高等教育事业发展新局面》，《人民日报》2016年12月9日。

## （二）师范教育是教育的母机

中国的师范教育从20世纪初起始到今天已有100多年的历史。1949年以来，党和政府一直很重视教师工作与师范教育。习近平总书记2014年教师节前夕在北京师范大学师生代表座谈会上说："百年大计，教育为本。教育大计，教师为本。努力培养造就一大批一流教师，不断提高教师队伍整体素质，是当前和今后一段时间我国教育事业发展的紧迫任务。"国家的强大靠人才，人才的培养靠教育。教育的发展关键在教师，提高教师质量是关键。[①] 多年以来，师范教育培养出了大批的优秀合格教师，为我国教育事业的发展、社会经济的繁荣和国家的富强，做出了巨大的贡献。

师范教育作为教育的母机，所培养的人才在进入教师工作岗位后，直接影响着一代又一代青少年，影响着青少年背后的家长群体，影响力之强、影响范围之广毋庸置疑。在过去较长一段时间，许多师专、师院纷纷扩展为综合性学校，师范教育极大被削弱的同时，综合性大学也加入了教师培养，以及国家教师资格考试制度改革，师范教育的教育母机作用一定程度上被忽视。在人民追求美好幸福生活，对优质教育的需求日益迫切的当下，重建师范教育，遏制淡化师范教育倾向，进一步强化和突出师范特点，以师范教育为主培养卓越优秀的教师，树立教师培养和教师职后培训的标杆，需要师范院校加强培养机制变革、加强学科建设，加快软硬件升级等多种努力，优秀教师培养的核心是良好师

---

① 顾明远、郝文武、胡金木：《重建师范教育——访顾明远先生》，《当代教师教育》2017年第1期。

德师风的塑造，对大学生进行相应的思想教育，培育其服务精神、奉献精神，提升其教育情怀，高等师范院校党建工作大有可为。

### （三）党员先锋模范作用发挥

大学"非谓有大楼之谓也，有大师之谓也"。"教育就是一棵树摇动另一棵树，一朵云推动另一朵云，一个灵魂唤醒另一个灵魂。"大学生们关注谁、与谁互动、听从信奉谁的观点，这些是高校思想政治工作中绝不可忽视的问题，重要他人因为对个体产生着重要的影响，是青少年成长的关键影响因素，以往的问题解决经验告诉我们，处理问题时如能抓住关键、抓住要害，一切困难都会迎刃而解，毫无疑问，从重要他人切入以引领大学生的成长，将事半功倍。党员先锋模范作用的发挥，从学习、工作、生活层面来看，通常表现为学习优秀、工作业绩突出，生活中正能量彰显，深层的是党员应当成为大学生心目中的重要他人，成为其人生发展所钦佩、信服、学习的对象。高等师范院校党建工作的良好开展，离不开师生党员主动走进大学生的学习、实践、实习和生活，关心起成长，践行"一切为了群众，一切依靠群众，从群众中来，到群众中去，把党的正确主张变为群众的自觉行动"，影响激励、督促、促进大学生的认识、态度、行为等的转变，从而引导大学生在行为习惯、学习方法、价值观等的积极发展。高等师范院校党建要以政治建设为统领，以党内政治文化建设为着力点，不断提升党员的党性修养，并激励和引导党员在专业上、学习上不断创新发展，不断提升为人民服务的自觉和能力，促使每一位党员成为思想的巨人、实践的先锋。

## 二　坚持高度与品质的辩证统一

### （一）坚持习近平新时代中国特色社会主义思想

高等师范院校党建工作，必须要以习近平新时代中国特色社会主义思想为思想指引，这样才能总揽全局，具有战略高度。习近平新时代中国特色社会主义思想是中国特色社会主义理论体系的最新成果，是当代中国鲜活的马克思主义，进一步丰富发展了中国化的马克思主义和党的理论路线方针政策。从习近平新时代中国特色社会主义思想的理论逻辑、基本内容和强调的主题看，从党和人民事业发展的需要看，当代中国鲜活的马克思主义的核心要义是坚持和发展中国特色社会主义。① 习近平总书记指出，"党和人民事业发展到什么阶段，党的建设就要推进到什么阶段。这是加强党的建设必须把握的基本规律。"②

高等师范院校党建，要站在党的执政地位的高度大力加强党建工作。"当前党的建设问题已经上升到关系影响治国理政实践成败的高度"。③ 应当在更大程度上把增强人民群众获得感和培育、增强人民群众对党的政治合法性信仰统一在实践之中，保持散布性支持和特定性支持这两种支持的动态平衡，以进一步巩固党的政治合法性基础。④高等师范院校党建，始终要旗帜鲜明地坚

---

①　蔡永生：《论当代中国鲜活的马克思主义的核心要义——习近平新时代中国特色社会主义思想研究》，《南京师大学报》（社会科学版）2018 年第 1 期。

②　习近平：《在庆祝中国共产党成立 95 周年大会上的讲话》，2016 年。

③　尚庆飞：《"新的历史特点论"：党中央治国理政科学体系的历史基座》，《中国社会科学》2017 年第 4 期。

④　徐青：《全面从严治党的政治系统论分析——习近平新时代中国特色全面从严治党思想研究》，《南京师大学报》（社会科学版）2018 年第 1 期。

持和弘扬中国特色社会主义，全面从严治党，坚持"发展是第一要务"，践行"全心全意为人民服务"宗旨，以实际行动获得人民群众基于获得感增强的对党的特定性支持，以及基于对党的信心、政治认同的散布性支持。其根本就是不忘初心，确保初心与现实实践的高度一致。

### （二）做好顶层设计

高等师范院校的党建工作，内容包括政治建设、思想建设、组织建设、作风建设、制度建设、纪律建设等方面；方式方法涉及专题会议、主题活动、教育培训、督促评估、约谈反馈等；人员涵盖上级领导、党委委员、总支书记、支部书记、支委委员、党小组长、普通党员、发展对象、入党积极分子、民主党派人士、非党员师生等。同时，既有常态化的"两学一做"学习教育活动，也有制度化的"三会一课"活动开展，还有上级统一部署工作的落实以及单位临时性、突发性事务处理。因此，对党建工作的总体目标、主要任务、工作重点、实施步骤、推进措施、组织领导等进行总体设计，研究制定总体规划，加强党建工作的顶层设计就显得很有必要。打好加强党建工作制度设计、明确党建责任清单、加大监督检查力度、加强党员干部队伍建设等组合拳，用好提拔晋升、荣誉表彰、批评与自我批评、处分等手段。

尤其是党的干部作为党内的领头羊，带路人，党的干部工作能否经受住面临的新考验，关系到我们事业的成败。在进行顶层设计时，要坚决贯彻全面从严治党要求，坚决解决一些干部"乱作为"甚至胡作非为的问题，同时激发广大干部的理想信念和担当精神，克服干部"不作为""能力不足"等新问题。始终牢牢抓住领导干部这一关键群体，重点解决领导干部这个"关键少数"中存在的消极腐败问题,尽力调动这个"关键少数"的积极性、主动性和创造性,注重提高干部的制度执行力。同时,每一位党员,既是普通群众中的一员,又是普通群众的先进分子,其一言一行都形塑着党在人民群众中的形象,要充分发挥党员的先锋模范作用,发挥党员对人民群众在政治上、思想上的引领作用。

### (三)强化思想文化引领

"大学之道,在明明德,在亲民,在止于至善",中国教育传统的落脚点是"为己之学":学习是出于自己的兴趣,为了提高自身修养,成就自己的人格与个人道德生命的完美。① 做好党建工作,一方面要以中国优秀传统文化中厚重的德行养成、美德教化为历史根基,另一方面,要加强红色基因传承,将社会主义核心价值观充分融入培养全过程,培养德才兼备、知荣辱、有社会担当的"大人"。中国共产党人依靠学习走到今天,也必然要依靠学习走向未来。思想强则党强,理论新则党新,理论创新每前进一步,理论武装就跟进一步。我们党的优势就是我们有一个科学的理论。马克思主义是我们党的指导思想和理论基础,后来又把马克思主义基本原理与中国革命的实际、与时代的特征相结合,不断推动马克思主义中国化,先后产生了毛泽东思想、邓小平理论、"三个代表"重要思想、科学发展观,尤其是十九大把习近平新时代中国特色社会主义思想确立为党必须长期坚持的指导思想,为新时代坚持和发展中国特色社会主义提供了深刻系

---

① 崔允漷、陈霜叶:《三个维度看"立德树人"的本质内涵》,《光明日报》2017年5月9日。

的思想引领。高校党建要将党委、党总支、党支部、党小组打造成传播和弘扬习近平新时代中国特色社会主义思想的有机回环和关键辐射点，形成以点带面、一条线一大片、立体式全方位的共产主义教育影响机制，始终牢牢把握住意识形态领导权。

# 加强和规范高校党组织党内政治生活研究

郑 纯[*]

**摘　要**：严肃党内政治生活，是我们党的优良作风和政治优势，是全面从严治党的重大课题。本文以党的十九大精神为指导，从分析习近平总书记严肃党内政治生活思想的时代内涵入手，阐释加强和规范高校党组织党内政治生活的重要意义，探析加强和规范高校党组织党内政治生活的策略，提出贯彻落实习近平总书记严肃党内政治生活思想的发展路径。

**关键词**：高校党组织；严肃党内政治生活

严肃党内政治生活，是我们党的优良作风和政治优势，是全面从严治党的重大课题。[②] 习近平总书记在党的十九大报告中阐释新时代党的建设总要求，成为习近平新时代中国特色社会主义思想的重要组成部分，为新形势下严肃党内政治生活、推进党的

---

[*] 深圳大学物理与能源学院。
[②] 本书编写组：《严肃党内政治生活学习辅导》，红旗出版社2016年版，第5页。

建设新的伟大工程提供了强大思想武器和行动指南。本文以党的十九大精神为指导，从分析习近平总书记严肃党内政治生活思想的时代内涵入手，阐释加强和规范高校党组织党内政治生活的重要意义，探析加强和规范高校党组织党内政治生活的策略，提出贯彻落实习近平总书记严肃党内政治生活思想的发展路径。

## 一 习近平总书记严肃党内政治生活思想的时代内涵

开展严肃认真的党内政治生活，是中国共产党的优良传统和政治优势，也是马克思主义政党区别于其他政党的重要标志。[①] 党的十八大以来，以习近平同志为核心的党中央坚持全面从严治党，把严肃党内政治生活、净化党内政治生态摆在更加突出的位置来抓，赋予了党内政治生活更多的时代内涵，不断严肃和规范党内政治生活，有效增强自我净化、自我完善、自我革新、自我提高能力。[②]

### （一）把思想政治建设作为严肃党内政治生活的首要任务

党的十九大报告中，"把党的政治建设摆在首位"，"思想建设是党的基础性建设"，"要把坚定理想信念作为党的思想建设的首要任务"[③]的重要论述，无不诠释着习近平总书记的管党治党理念，成为习近平新时代中国特色社会主义思想的鲜明特色。习

---

① 本书编写组：《严肃党内政治生活学习辅导》，红旗出版社2016年版，第5页。
② 同上书，第31页。
③ 《中国共产党第十九次全国代表大会文件汇编》，人民出版社2017年版，第50—55页。

近平总书记多次强调理想信念的极端重要性，将理想信念视为共产党人精神上的"钙"，警示"理想信念动摇是最危险的动摇"，强调解决好世界观、人生观、价值观这个"总开关"问题。

## （二）把严明政治纪律和政治规矩作为严肃党内政治生活的关键所在

纪律严明是党的光荣传统和独特优势，是全党统一意志、统一行动、步调一致前进的重要保障。习近平总书记在党的十九大报告中强调，"全党要坚定执行党的政治路线，严格遵守政治纪律和政治规矩，在政治立场、政治方向、政治原则、政治道路上同党中央保持高度一致。要尊崇党章，严格执行新形势下党内政治生活若干准则，增强党内政治生活的政治性、时代性、原则性、战斗性，自觉抵制商品交换原则对党内生活的侵蚀，营造风清气正的良好政治生态"。

## （三）把坚持正确选人用人导向作为严肃党内政治生活的组织保证①

习近平总书记指出，"要坚持扭住党委班子和干部队伍建设。坚持党要管党、从严治党，严肃党内政治生活，把党委班子搞得很坚强，增强党委班子的原则性、战斗性"，"要坚持从领导机关、领导干部做起，形成以上率下的浓厚氛围"。习近平总书记在党的十九大报告中进一步强调，坚持正确选人用人导向，匡正选人用人风气，突出政治标准，提拔重用牢固树立"四个意识"和"四个自信"、坚决维护党中央权威、全面贯彻执行党的理论

---

① 本书编写组：《严肃党内政治生活学习辅导》，红旗出版社2016年版，第5页。

和路线方针政策、忠诚干净担当的干部,选优配强各级领导班子。这一要求,体现组织路线为组织路线服务的根本原则,凸显了选人用人工作的政治定位,具有鲜明导向性和现实针对性,必将进一步严肃党内政治生活,真正使党的组织生活、党员教育管理严起来、实起来。

## (四)把党的组织生活、开展批评和自我批评作为严肃党内政治生活的基本途径①

定期召开高质量的组织生活会和民主生活会,是党内政治生活的重要内容。习近平总书记在党内平等地过组织生活,带头遵守党章,带动全党形成了严肃党内政治生活、认真开展批评与自我批评的良好风气,帮助党员干部分清是非、辨别真假,坚持真理、修正错误、统一意志、增进团结,切实维护党的肌体健康,维护风清气正的良好政治生态。

## (五)把加强制度建设作为严肃党内政治生活的根本保障

习近平总书记高度重视制度治党。加强党内政治生活制度建设,对于促进党内政治生活正常化、规范化,提高党内政治生活质量、净化党内政治生态,具有重要作用。党的十八大以来,党中央制定颁布多部党内法规,走上靠制度管党治党的新征途,使管党治党由宽松软向严紧硬转变。这些法规制度的修订完善,消除了体制机制缺陷和制度漏洞,为严肃党内政治生活提供了制度保障。

---

① 本书编写组:《严肃党内政治生活学习辅导》,红旗出版社2016年版,第143—148页。

## 二 加强和规范高校党组织党内政治生活的重要意义

高等学校教师群体中有少数人存在着对社会上出现的各种思想意识包容性和融合性较强、警惕意识和甄别意识不足等问题。这些问题的出现，究其原因，一部分人是因为专注于自己的科研领域不关心时事所致，另一部分人则是放松自己对党性原则和理想信念的追求，以教学科研工作繁忙为借口忽视理论学习，致使出现党的意识不强、思想政治工作薄弱等情况。高校教师党组织作为基层党组织的重要组成部分，具有学历知识层次高、思想多元活跃等特点，直接从课堂、实验室、日常管理服务、课外活动等多种途径面向学生群体，因此加强和规范高校党组织党内政治生活具有十分重要的意义，直接关系到高校思想政治工作成效，也是办好中国特色社会主义大学的根本保证。

习近平总书记在全国高校思想政治工作会议上要求，"坚持把立德树人作为中心环节，把思想政治工作贯穿教育教学全过程，实现全程育人、全方位育人，努力开创我国高等教育事业发展新局面"。把思想政治工作贯穿教育教学全过程关键在党，必须强化高校党组织的主体责任，将育人责任落实到每一位教育、管理、服务者身上，将具体工作结合到资源配置的环节之中，形成全党、全社会齐抓共建的工作格局。这是坚持社会主义办学方向，扎实办好中国特色社会主义高校的核心要求，是巩固党在高校的执政基础，全面提高党的战斗力的关键所在，是顺应加快建设世界一流大学和一流学科战略决策，切实提高高等教育发展水平的迫切要求，是抓好高校阵地，加强教师队伍和思想政治工作队伍建设的现实需要，是加强思想引领，发挥哲学社会科学育人功能的有效举措。

第一，加强和规范高校党组织党内政治生活是办好中国特色社会主义大学的重要支撑和保证。① 高校党组织需要保持党的先进性、纯洁性和创造力、凝聚力、战斗力，有科学的理论指导、共同的理想信念、严密的组织体系和铁的纪律作为保障，而这些保障则通过严肃的党内政治生活来实现。有严肃的党内政治生活，党的政治优势、思想优势、组织优势、作风优势、纪律优势才能得到充分发挥，高校党组织全体党员干部的思想境界、政治素养、道德水平才能得到不断提高，党自我净化、自我完善、自我革新、自我提高的能力才能得到不断增强。可以说，加强和规范高校党组织党内政治生活是保持党的先进性、纯洁性的根本保证，是党的旺盛生机和蓬勃活力的动力源泉。

第二，加强和规范高校党组织党内政治生活是夯实全面从严治党基础，推进高校良好校风教风学风的关键，也是高等院校为中国特色社会主义伟大事业培养高质量人才建设伟大工程的有力保证。② 习近平总书记把严肃党内政治生活看成是进行伟大斗争、建设伟大工程、推进伟大事业、实现伟大梦想的题中应有之义，强调其是党坚持党的性质和宗旨的重要法宝，是我们党实现自我净化、自我完善、自我革新、自我提高的重要途径，是确保党始终成为新时代中国特色社会主义事业的坚强领导核心的有力政治保证。高等院校要实现思想政治工作贯穿教育教学全过程，实现全程育人、全方位育人，就必须强化高校党组织的主体责任，发

---

① 王迎春、孙德芬：《高校教师党支部严肃党内政治生活的途径研究》，《开封教育学院学报》2018年第1期。

② 同上。

扬党员教师的先锋模范作用，从课堂、实验室、日常管理服务、课外活动等多种途径实现这一表率作用。让每位党员教师就是一面旗帜，做到在党爱党、在党言党、在党为党，在教育教学过程中自觉承担起思想政治工作责任。让党员教师成为优秀教师表率，营造风清气正的教书育人环境，塑造优良校风教风学风。

第三，加强和规范高校党组织党内政治生活能够有效提升教师党员的政策理论水平，对现实思想问题抓得准、说得清、把得住，充分发挥引路人作用，在师生中正面引导、解疑释惑，关键时刻旗帜鲜明、正面发声，维护中央权威，使高校师生紧密团结在以习近平同志为核心的党中央周围，与中国共产党同心同德、同心同向、同心同行。

## 三 加强和规范高校党组织党内政治生活的策略探析

高等学校肩负着学习研究宣传马克思主义、培养中国特色社会主义事业建设者和接班人的重大任务。加强和规范高校党组织党内生活直接关系到高等学校承担着培养任务的高校教师队伍建设。高校教师党组织是党的基层组织的重要组成部分，加强和规范高校党组织党内政治生活，加强和规范高校党组织党内政治生活是夯实全面从严治党基础，是高校良好校风教风学风建设的基础，也是高等院校为中国特色社会主义伟大事业培养高质量人才建设伟大工程的有力保证。

一是加强和规范高校党组织党内政治生活必须明确高校各级党组织的主体责任。高校党委要以各级基层党组织为行动单位，强化学校党委的主体责任，将育人责任落实到每一位教育、管理、服务者身上，各基层党委班子成员带头加强和规范所在党支部党内政治生活，积极以多种形式参与思想政治教育工作环节，建立完善学校党委主导的"大思政"工作体制，形成专任教师、教辅人员、管理人员与党政工团队伍相互促进、协同创新的工作机制。教学队伍在课堂上育人，科研队伍在科学研究过程中育人，教辅管理人员在日常教学管理服务中育人，同时充分发挥党员教师在思想政治工作中的带头作用，真正在教师党员带领下让课堂教学成为改进加强思想政治工作的主渠道。高校所有教师都负有育人职责，引导专任教师自觉做到以德立身、以德立学、以德施教，将正面思想贯穿在专业教学过程，使得各类课程与思想政治理论课同向而行，形成协同效应。

二是加强和规范高校党组织党内政治生活必须制定落实严肃规范的党组织党内政治生活规章制度，配套具体的实施细则，细则以基层党支部为基本单位，规范开展高校基层党支部的学习教育制度，加强教师和学生党员的党性修养。明确每年制定学习计划培训计划的时间表和学时量，具体量化基层党组织认定的网络学时、支部培训、支部组织学习培训等，严格考勤和缺勤补学制度，基层党支部指定专门支委负责。明确年度党务检查的次数和项目细分抽查清单，详细到具体检查签字制度，逐步完善高校基层党支部工作考核机制。通过从严规范基层党组织生活会、谈话谈心、民主评议等一系列规章制度，严肃高校党组织党内政治生活。

三是加强和规范高校党组织党内政治生活必须加强高校教师党员群体的理想信念教育，充分利用高校网站、微信等网络媒介运用互联网技术和信息化手段创新开展理想信念教育。积极创新增加高校党组织党内政治生活的吸引力和凝聚力，坚持贴近教师日常工作和生活的实际,建设党员之家和党员示范岗,采用主题突出的微党课线上线下学习模式,多选择教学相长且更有价值体验的组织生活模式,提升高校党组织党内政治生活的成效,凸显党员的先锋模范作用。例如:设立党员示范岗鼓励教师党员与学生加强交流;设立基层党支部特色活动日,开展义工义教等公益服务;设立大学生党员朋辈帮扶义工岗,成立学习小组,以学期和指定课程为单位,固定帮扶学业困难学生等。

## 四 新时代贯彻落实习近平总书记严肃党内政治生活思想的发展路径

习近平总书记指出,严肃党内政治生活是一篇大文章,高校党组织要贯彻落实新时代党的建设总要求,以党章为遵循,烧旺锤炼党性的"大熔炉",真正让党内政治生活严起来、实起来、活起来。高校各级基层党组织要高度重视加强和规范党内政治生活,明确高校党组织建设的主体责任,认真明确基层党建工作责任,加强和规范基层党支部党内政治生活,加强对基层党支部的工作领导,制定以基层党组织为单位的党内政治生活规章制度细则,同时积极创新高校基层党组织政治生活的内容和形式。

新时代贯彻落实习近平总书记严肃党内政治生活思想的发展路径从以下四个方面去开展。①

第一,要增强高校党组织党内政治生活的政治性,政治性是党内政治生活的灵魂,决定党内政治生活的发展方向。要提高高

---

① 本书编写组:《严肃党内政治生活学习辅导》,红旗出版社2016年版,第36页。

校教师党员的政治能力，加强政治历练，积累政治经验，坚决防止和克服忽视政治、淡化政治、削弱政治的倾向，做到在党言党、在党爱党、在党忧党、在党为党，使高校党组织党内政治生活散发浓郁的"党味"。

第二，增强高校党组织党内政治生活的时代性，把创新发展作为严肃党内政治生活的鲜明特征。时代性是党的先进性的重要体现。时代是思想之母，实践是理论之源。党内政治生活要引领和回答时代主题，才具有广泛号召力、深刻影响力。在党内政治生活的内容和形式上适应大数据、互联网等新技术带来的新挑战，研究新时代党内政治生活的新特点和规律，善于运用互联网技术和信息化手段开展工作，与时俱进地推动高校党组织党内政治生活创新发展，提升党内政治生活的针对性、实效性和吸引力、感召力，让"最大变量"变成"最大正能量"。

第三，增强高校党组织党内政治生活的原则性，把加强制度建设作为严肃党内政治生活的组织保证。在高校党组织党内政治生活中，党性原则是共产党员的基本处事原则和价值取向，《党章》《关于新形势下党内政治生活的若干准则》和《中国共产党党内监督条例》的每一条都是党内政治生活必须坚持的重大原则。高校党组织党内政治生活要全方位用劲，每个党员都要把自己真正摆进去，担当起自己的责任，履行好自己的义务，做严肃党内政治生活的积极参与者、践行者和维护者。

第四，增强高校党组织党内政治生活的战斗性，把批评与自我批评作为严肃党内政治生活的锐利武器。高校党组织的全体党员干部要严格执行组织生活制度，勇于自责自省、勇于严肃认真地开展相互批评，在原则问题上旗帜鲜明、敢于碰硬，坚决同一切错误倾向作斗争,同各种消极腐败现象作斗争,使每个党组织都成为激浊扬清的战斗堡垒,使每个党员都成为扶正怯邪的战斗员,确保高校党组织党内政治生活落到实处。

# 第二章 党的思想领导

## 基于思政育人视角的研究生党支部建设研究

汪永成　申文开[*]

**摘　要**：研究生作为我国高等教育的重要一环，在培养我国社会主义事业建设者中尤为重要。习近平总书记在全国高校思想政治工作会的重要讲话提出思政育人贯穿教育教学始终的思路，而此前中共中央、国务院印发的《关于加强和改进新形势下高校思想政治工作的意见》中则将思政育人和研究生党建深入结合，其有效的结合点在于"育人"。在思想政治教育工作贯穿教育教学全过程新形势下，有效发挥基层党组织战斗堡垒作用和共产党员先锋模范作用具有非常重大的现实意义。本文首先探讨了研究生党建与思想政治教育的关系。其次，对研究生党建工作存在的问题进行分析。最后，针

---

[*] 党委研究生工作部。

对通过党建来推进研究生思想政治教育工作提出对策。

**关键词**：思政教育；立德树人；党支部建设；研究生

研究生作为我国高等教育的最高层次，研究生党员可以说是该群体中具有先进性的精英人群，是未来建设有中国特色社会主义事业的政治骨干力量。中共中央、国务院印发的《关于加强和改进新形势下高校思想政治工作的意见》中明确提出要"加强研究生思想政治教育，加强研究生党支部建设"。文件精神与之后习近平总书记在全国高校思想政治工作会上的重要讲话精神不谋而合，他指出："必须把思想政治工作贯穿教育教学全过程，围绕学生、关照学生、服务学生，坚持把立德树人作为中心环节，不断提高学生思想水平、政治觉悟、道德品质、文化素养，让学生成为德才兼备、全面发展的人才。"同时习近平总书记还强调说，"高校思想政治工作关系高校培养什么样的人、如何培养人以及为谁培养人这个根本问题"。[①] 因而在思想政治教育工作贯穿教育教学全过程新形势下，有效发挥基层党组织战斗堡垒作用和共产党员先锋模范作用具有非常重大的现实意义。

## 一 加强研究生党支部建设突出其育人属性的必要性

### （一）研究生规模的扩大亟待先进思想的引领

近年来，高等教育改革不断深入，研究生规模不断扩大。自

---

① 习近平：《把思想政治工作贯穿教育教学全过程 开创我国高等教育事业发展新局面》，《人民日报》2016年12月9日第1版。

2015年以来，全国迎来高水平大学建设新浪潮，随着中央一批文件失效，随之而来的是"双一流"高校建设风向。在此背景之下，科研的重要性被推到了极点，而与之相关的研究生教育则变得尤为重要。诸如北大、清华、浙大、武大等老牌知名高校，其研究生人数比例占全校总人数的一半以上，注重研究生教育已经成为"研究型大学"的基础指标和基本特征。

在全国高水平大学建设浪潮中，伴随着研究生培养规模的逐步增大，随之而来的是研究生的思想政治教育工作正面临着许多新问题和新挑战。深圳大学地处深圳这一改革开放的前沿，深圳大学与深圳的城市气质一脉相承，因城而生、与城共舞，极具创新，独具活力。自1998年深圳大学独立招收硕士研究生以来，深圳大学硕士研究生教育发展迅速，硕士研究生数量快速增长。在日新月异的时代背景下，研究生党支部应当发挥什么作用，在哪些环节哪些层面发挥作用，如何发挥作用，如何加强研究生党支部建设以适应新时代、新思想、新作为的要求，便成为摆在研究生党建者的面前的全新课题。

## （二）党建的思想属性对培育研究生具有重大的引领意义

首先如何加强研究生党支部建设，关系到能否为研究生党员的成长提供重要的组织保障，良好的组织建设有利于研究生党员学习、成长等内部环境的良好构建，有利于增强研究生党员正确的党员观，坚定党员理想信念，保持党员的先进性和纯洁性。其次，党员的先锋模范作用和党支部的战斗堡作用，有利于从整体上全面提高研究生的思想政治素质和科研、创新能力，保证研究生教育质量。再次，促进高校学生党建工作的科学高效发展，发挥党支部在校风、学风建设中的影响力，有利于提升高校党建科学化水平,实现高校科学持续发展,构建和谐校园。第四,加强研究生党支部思想建设有利于党未来执政能力的提高,研究生党支部是高校党支部具有凝聚力、创造力和战斗力的基层组织,承担着对学生党员发展培养和教育管理的重要职责,同时可以提高研究生党员思想政治理论素质,提高研究生党员的综合能力,为社会主义建设培养优秀人才。

## (三)研究生教育的复杂性对党建工作提出了新的要求

1. 研究生群体组成结构多元化造成党员素质参差不齐

相比于本科生,高校研究生无论是年龄与党龄,还是身份背景与社会经历都不尽相同,研究生群体的组成结构呈现出更加复杂、多元化的特征。客观上,研究生群体在年龄和党龄、身份背景与社会经历上是存在明显优势的。部分研究生在本科阶段已经入党,经过严格的筛选和培养,整体素质相对较高,这为研究生党建工作创造了有利条件,奠定了良好的基础。但同时因为全国各高校选拔和培养党员的呈现多元特点,导致新组成的党组织存在管理磨合等问题。此外,由于研究生群体的多元性,在发展党员工作层面也具有一定难度,对于组织工作的严谨性和考察的全面性设置了更高的难度。

2. 研究生思想多元化导致开展党建工作难度增大

由于研究生群体构成的复杂性特征,随之带来的就是该群体思想存在多元化和复杂化的现状,也势必给思政工作和党建工作带来难度。在入党动机上表现尤为突出,部分研究生党员入党动机呈现功利化倾向,入党是为了方便未来工作,纯粹的理论动机和信仰动机相对缺乏。此外,研究生思想呈现碎片化和小众化的倾向,移动网络在抢占现代人的注意力,人们的注意力被极大分散。研究生群体在这一社会背景下难以幸免，加之专业不同对其价值观的塑造作用。这些直接或间接地影响到新党员的发展工作和党支部活动和管理。

3. 研究生培养方式独立而分使得活动组织难度增大

在培养方式上，研究生培养实行导师负责、学院管理、校级管理部门服务引导。相比于本科生，研究生学制只有3年，将课程学习、社会实践、科学研究等容纳在这三年时间，节奏相比来说更为紧张。由此导致研究生群体存在科研和工作结果导向的倾向，将较多的时间花在科研上。其中，自然科学类的研究生尤其明显，在思想建设和党建活动上，研究生甚至是党员群体，更多的向专业学习倾斜。由于导师和研究方向的不同，学习规律存在较大差异，进入实验研究和撰写论文阶段以后很少能集中组织参加集体活动。研究生学习、生活的分散性特点，导致研究生集体观念和荣誉感不够，团结协作精神和奉献精神不够，增加了思想教育和研究生党建工作的难度。

4. 研究生党建工作队伍基础薄弱制约工作深度开展

随着研究生群体逐渐扩大和日益多元化的思想特征，研究生党支部的设置和队伍建设目前还存在薄弱的问题。面对这种局面，目前各大高校正在全校进行组织员队伍建设，实现党建队伍专业化。思政教育方面，个别学院仍存在本科、研究生双肩挑的情况，不仅难以将思政和党建工作作为重点，很可能在繁杂的事务工作面前无暇顾及。优秀研究生担任支部书记或干部，由于工作经验、精力分散和全方面的压力，导致其难以较投入地投身到支部建设当中。导师负责制的研究生培养体系，如今科研导向的高校环境，导致导师及所带领的研究生团队更重视科研工作。如此现状，无论是对于思政工作还是党建工作，均存在不利影响。

**5. 党建活动缺乏创新性导致吸引力和参与性不足**

在社会节奏加快和信息爆炸的时代背景下，研究生党支部活动的开展面临着重大的挑战。目前存在的问题是，党支部活动仍局限于固定模式，活动存在主题不明、前后不连贯、无法体系话等问题，导致研究生出勤率不高，积极性不高、参与性不强的情况发生。因而，在组织党建活动时，应当一方面按照党章党规进行安排，另一方面还要结合研究生群体和培养特征予以创新。

## 二 研究生党建工作和思想政治教育工作的关系

### （一）研究生思政与党建工作的意识形态属性

思想政治教育是一种具有意识形态属性的教育实践活动，是"社会或社会群体用一定的思想观念、政治观念、道德规范，对其成员施加有目的、有计划、有组织的影响，使他们形成符合一定社会或一定阶级所需要的思想品德的社会实践活动。"[①] 而党建工作是以马克思主义的世界观、人生观、价值观，政治理论，爱国主义精神，民主法制思想和职业道德理论等为基础教育内容的。其教育内容层面，也显示出明显的意识形态特征。此外，党建文化是党内政治文化的重要组成部分，是我们党在长期革命和执政实践中培育形成，集中体现了中国共产党党性在信仰、组织、制度、实践方面具有的鲜明特征。从中可以看出，无论是思

---

① 陈万柏、张耀灿主编：《思想政治教育教育学原理》（第2版），高等教育出版社2007年版，第9页。

政教育还是党建工作均具有明显的意识形态属性,在思想层面两者存在共通之处。

中共中央、国务院《关于进一步加强和改进大学生思想政治教育的意见》指出,思政教育可以充分结合党建工作,可以"充分发挥党团组织在大学生思想政治教育中的重要作用","发挥党的政治优势和组织优势,做好大学生思想政治教育工作",要"高度重视研究生党组织建设,切实加强研究生思想政治教育"。

## (二)研究生思政和党建工作具有共有的对象和目标

思想政治教育工作是基础,贯彻于党建工作的全过程,党建工作首先是一种思想政治教育工作;党建工作推动和深化了思想政治教育工作,体现了思想政治教育工作的水平和成效。两者之间具有一个交会的所在,"它和思想政治教育工作主体一致——学生思想政治工作队伍也是学生党建工作的主要承担者;工作客体一致——都以高校学生为教育对象"[①]。两者同时具有共有的对象,即学生本身,也具有共有的目标,即"立德树人"。

## (三)研究生思政和党建工作范畴各有侧重又相辅相成

事实上,很多高校学生党建工作者和思想政治教育工作者认为思想政治教育和学生党建工作是各有侧重又相辅相成的。他们认为学生党建工作的主要内容,本身就是思想政治教育工作的重要内容和有效抓手,而思想政治教育贯穿于教育教学全过程,包含了学生党员的发展和教育过程。因此,高校学生思想政治教育

---

① 曹问:《高校学生党建工作的特殊性与工作重心探析》,《探索》2006年第3期。

工作者在从事学生思想政治教育工作的同时,也肩负着开展学生党建工作的任务,他们本身也是"学生党建工作者"。①

尽管如此,学生党建和思想政治教育工作有不同的工作对象、要求、任务和目标,学生党建工作虽然是学生思想政治教育工作的一部分,但绝不能简单地将党建工作等同于思想政治教育工作,以思想政治教育工作替代党建工作。虽然有学者认为学生党建虽然在某种意义上可以视为是学生思想政治教育工作的一个方面,但无疑它是学生思想政治教育工作的龙头和核心。②

因此,研究生党建工作是一种特殊的思想政治教育工作,不能只是从思想政治教育的角度,论述党建在研究生人才培养工作中的地位和作用。研究生党建工作与思想政治教育工作既有区别又相互联系,共同促进研究生人才培养目标的完成,这是高校研究生党建工作的重要特点。

## 三 以党建推进研究生思想政治教育工作的思路

### (一)完善研究生党建机制,形成研究生党建工作常态化长效化机制

党建工作的顺利开展依赖完善的研究生党建机制和具有战斗力的党建队伍。在加强党的领导形势下,应形成立体式管理

---

① 刘新华、胡孝红:《新时期大学生党建工作与思想政治教育一体化的可行性分析》,《三峡大学学报》(人文社会科学版)2006年第5期。
② 穆林:《论高校学生党建工作与思想政治教育的互动性》,《教育探索》2006年第1期。

模式，形成党委统一领导，组织部门牵头抓总，党委研工部、宣传、党校、人事等部门协同配合，院（系）党组织负责实施、研究生党支部具体落实的党建工作格局。院（系）党组织应将研究生党建工作摆在突出位置，列入重要议事日程，研究生党建工作有规划、有部署、有检查、有落实。院（系）党组织每学期至少研究一次研究生党建工作，纳入整体发展规划、年度工作计划和党组织书记抓思想政治工作和党的建设述职评议考核的重要内容。建立校、院（系）两级领导班子成员、职能部门主要负责人联系指导研究生党支部工作制度，切实发挥党支部主体作用。坚持以"两学一做"为基本内容，以"三会一课"为基本制度，以党支部为基本单位，形成研究生党建工作常态化长效化机制。

## （二）加强研究生党建队伍建设，提高党建工作战斗力

建设具有战斗力的研究生党建队伍，是研究生党建和思政工作开展的重要抓手。由校党委指导，组织部和党委研工部具体统筹院（系）党组织书记、副书记、组织员、辅导员或班主任、研究生党支部书记、共青团干部等队伍建设。按照守信念、重品行、有本领、敢担当、讲奉献的要求，选优配强研究生党支部书记和支部委员、专兼职组织员。注重从优秀辅导员、骨干教师、优秀研究生党员中选拔党支部（副）书记。研究生党建工作队伍教育培训纳入学校人才队伍建设总体规划，每学期至少开展一次专题培训，特别是根据支部换届情况加强党支部（副）书记、支委的党务知识培训。

## （三）以"立德树人"为结合点，培育研究生党员核心价值

要以立德树人作为研究生党建与研究生教育的结合点，始终把政治原则放在第一位，坚持把党的思想、政策、方针予以贯彻，将研究生思想政治工作贯穿教育教学全过程，培养研究生党员紧扣时代主题，紧跟时代潮流，增强中国特色社会主义道路自信、理论自信、制度自信。充分发挥社会主义核心价值观引领作用，把研究生党员的思想政治教育作为一项重要内容常抓不懈，抓出实效。

## （四）结合研究生培养特点建设研究生党支部

以培养符合时代发展要求的优秀人才为立足点，持续推进研究生党建工作的实践创新、理论创新和制度创新，积极引导研究生提升科研及社会实践能力，深入了解前沿科技和社会现状，引导其将个人成才与国家发展相结合。

研究生党建应结合研究生培养不同阶段的特点、研究生的规模以及研究生培养的组织形式，按照有利于发挥战斗堡垒作用，有利于党员教育、管理、监督和服务，有利于密切联系群众的原则，梯队情况、专业特点和研究生规模，优化适应研究型大学研究生培养模式的党支部设置形式。同时树立优秀党支部，按照"支部班子好、党员队伍好、工作机制好、工作业绩好、群众反映好"的"五好"要求，对研究生党支部实行"半年督查，一年考核，支部互评互学"制度。从理论宣传、学习科研、实践工作、志愿服务等方面对党支部的考核指标进行细化，改善考核办

法，扩大群众参与，健全组织评价、群众评价、自我评价有机结合的考评体系，通过方案设计、组织实施、检查验收、宣传推广等程序，过程控制与目标管理相结合，激励党支部"围绕中心工作，加强支部建设，促进科学发展，服务同学成才"，表彰激励先进支部。

## （五）做好研究生党员的针对性教育，优化研究生思想政治教育的环境

### 1. 构建立体的党员教育体系

根据党员发展不同阶段的思想特点，同时结合专业、人群特征，建立科学立体的研究生教育长效机制。同时根据党员发展阶段，循序渐进地对其进行思想政治教育，以谈话教育、个别谈心、听取本人汇报、党的组织生活、集中培训、实践锻炼等方式，对其进行系统教育和综合考察，重点考察其思想政治表现、个人党性分析和学习工作情况，以增强党性与党员意识、提高思想政治素质为目标，认真开展党员经常性教育，政治意识、大局意识、核心意识、看齐意识不断增强，中国特色社会主义道路自信、理论自信、制度自信、文化自信不断增强，同时结合研究培养实际特点，在学风、科研、校风建设发挥战斗堡垒作用。

### 2. 搭建多层次、多渠道、经常性教育载体

以基层组织专题学习为重点。院（系）党组织书记、院长每学期至少给研究生党员讲一次思想政治理论课。可结合重大节庆日、重要活动、重要节点为契机，开展形式多样的主题教育活动，对研究生党员进行专题培训，贯彻落实党中央、上级党组织的文件及讲话精神。以网络学习教育为辅助。运用研究生互动社区、主题教育网站和"两微一端"等网络新媒体，全力打造

"深圳大学研究生"和"深圳大学研究生会"微信公众平台,创建网上党建园地、网上党校等党员教育平台,确保包含在校、外出实习、毕业班求职等研究生党员正常接受教育。以主题教育实践为支撑。重视教育培训实践环节,组织大研究生党员广泛参加自我管理、志愿服务、社会调查、承诺践诺等活动。教育形式上可采用实务操作、学员调研、学员讲党史、活动策划比赛、社会实践、素质拓展等,教育内容上除了强化党的理论知识和时事政策外,可引入研究生关心的热点话题、心理干预、团体辅导、集体工作方法、社会责任意识培养等。

### (六)发挥研究生党员模范作用,树立思政教育典型

发挥党员的先锋模范作用是加强研究生思想政治教育有效性的出发点和落脚点。党员先锋模范作用发挥充分,严格遵守党章与党纪党规,带头遵守国家法律和校纪校规,做遵纪守法的标杆;带头践行社会主义核心价值观,做"勤学、修德、明辨、笃实"的表率;带头落实"四个合格"目标要求,做党的路线方针政策的宣传者,做朋辈帮扶、互助友爱的践行者,做就业创业、志愿服务国家需要的争先者,做钻研科学知识、勇攀科学高峰的探索者;带头落实《深圳大学文化创新纲要》,营造良好。研究生党员在学术研究、恪守学术道德中的模范带头作用发挥充分,毕业生党员在创新创业中的导向和示范作用突出。

评定优秀研究生党员树立典型。由组织部指导,党委研工部具体实施,每年定期开展评选表彰优秀研究生党员工作,通过选树先进典型,用身边人、身边事教育影响其他研究生。团结和带领广大研究生为推动形成优良党风、校风、学风做贡献。优秀研究生党员应当符合政治立场端正并且坚定,坚持"德业并进,学

研并举"考量标准，充分体现"自立、自律、自强"校训精神。学业上科研能力出众；德业上尊师重道，服务师生；生活上作风优良，团结群众。

## （七）丰富研究生党建活动，全方位融合思政教育内容

加强党建与学科建设融合的力度。结合专业，开展丰富多样的主题党日活动。这种融合模式不仅给研究生的日常管理带来便利，也将研究生的思想政治素质培养与科研能力的培养有机地结合起来，对研究生党支部建设、专业学科建设和思想政治建设具有全面推动作用。

完善研究生"党建带团建"的日常管理制度。研会和研究生社团组织是研究生开展自我管理、自我教育、自我服务的学生组织。但由于研究生群体的特殊性，研究生会的组织比较涣散，缺少特色活动的开展，工作实效性低下。因此，可以通过研究生党支部战斗堡垒作用的带动，改善研究生团组织建设。如选派一些熟知党支部工作制度的优秀党员到研究生团总支和研会中担任主要干部，以在入党积极分子的培养、发挥党员先锋模范作用等方面起到积极作用。同时，研究生团组织建设的经验和教训也给党支部建设提供了最直接的研究课题。做好这项工作要求我们重视研究生干部队伍建设，采取有效措施充分调动研究生干部的积极性、主动性和创造性，使之在各项工作与活动中善于创造，勇于担当，体现骨干与核心的素质和能力，全面带动研究生团组织的建设，进而促进研究生思想政治教育工作的开展。

## 四 结语

综上所述，面对研究生群体思想多元化和复杂化，以及社会日益变快的节奏，如此众多的挑战都为思政教育和党建提出了新的要求。而两者之间存在着千丝万缕的联系，可以说党建是思政教育的另一种形态，而思政教育是党建的内涵所在，两者存在交叉领域，可以予以结合。其根本点在于结合研究生群体特点、培养规律和党建要求，以"立德树人"为根本结合点，培育建设社会主义的合格接班人。

# 立德树人视角下新时代高校思想政治工作基本规律和方式创新

杨振宇、傅鹤鸣[*]

**摘　要**：习近平总书记在全国高校思政工作会议和全国教育大会提出的一系列重要论述，是高校新时期人才培养的指导思想和创新模式。其主要内涵是以立德树人为宗旨，把思想政治工作贯穿教育教学全过程，全程全方位教育学生、关照学生、服务学生，把学生培养成合格的全面发展的社会主义事业建设者和接班人。高校要实现坚持办学方向的正确性和育人效果的实效性，最重要的一点是必须把思想政治工作贯穿教育教学全过程，把其作为高校思想政治工作在新形势下应当遵循的指导方针与教育理念。在具体实践中做到育人明确育人方针、改革育人课程、建设育人队伍，持之以恒推进全员全过程全方位教书育人工作，为培养德智体美劳全面

---

[*] 深圳大学马克思主义学院。

## 立德树人视角下新时代高校思想政治工作基本规律和方式创新

发展的社会主义建设者和接班人而努力。

**关键词**：新时代；立德树人；思想政治工作；方式创新

  中国共产党历来重视高校思想政治工作，党的十八大以来，以习近平同志为核心的党中央把高校思想政治工作摆在突出位置，作出一系列重大决策部署加以推进。2016年12月7日至8日，全国高校思想政治工作会议在北京召开，中共中央总书记、国家主席、中央军委主席习近平出席会议并发表重要讲话。他强调，"高校思想政治工作关系高校培养什么样的人、如何培养人以及为谁培养人这个根本问题。要坚持把立德树人作为中心环节，把思想政治工作贯穿教育教学全过程，实现全程育人、全方位育人，努力开创我国高等教育事业发展新局面"①。十九大报告中指出"全面贯彻党的教育方针，落实立德树人根本任务"②，2018年9月10日，习近平总书记在全国教育大会发表重要讲话，从党和国家事业发展全局的战略高度，系统总结了我国教育事业发展的成就与经验，深刻分析了教育工作面临的新形势新任务，对加快推进教育现代化、建设教育强国、办好人民满意的教育作出了全面部署。总书记在会上强调，思想政治工作是学校各项工作的生命线，各级党委、各级教育主管部门、学校党组织都必须紧紧抓在手上。要精心培养和组织一支会做思想政治工作的政工队伍，把思想政治工作做在日常、做到个人。

  习近平总书记在全国高校思政工作会议和全国教育大会提出

---

  ① 《习近平在全国高校思想政治工作会议上强调：把思想政治工作贯穿教育教学全过程　开创我国高等教育事业发展新局面》，《人民日报》2016年12月9日。
  ② 习近平：《决胜全面建成小康社会　夺取新时代中国特色社会主义伟大胜利——在中国共产党第十九次全国代表大会上的报告》，人民出版社2017年版。

的一系列重要论述，是高校新时期人才培养的指导思想和创新模式。其主要内涵是以立德树人为宗旨，把思想政治工作贯穿教育教学全过程，全程全方位教育学生、关照学生、服务学生，把学生培养成合格的全面发展的社会主义事业建设者和接班人，是遵循思想政治工作规律、教书育人规律、学生成长成才规律的生动体现。在进入中国特色社会主义新时代的今天，我们党的建设和国家发展取得了一系列重大成就，也面临着新时期的诸多挑战：国际形势风云变幻，大国关系在不断调整，意识形态的斗争和多元文化思潮的交锋仍然存在，国内在改革开放四十年取得的成绩上，仍需深化改革砥砺前行，加之互联网等新的传播渠道的迅速发展，作为以自由开放思想活跃而著称的高校，思想政治工作面临许多新情况新任务新课题。

高校是党的意识形态和思想政治工作的前沿阵地，做好高校思想政治阵地建设是党的建设重要组成部分，事关社会主义办学方向，事关党的教育方针的全面贯彻，事关立德树人根本任务的落实，事关中国特色社会主义事业建设者和接班人的培养。总书记强调，要教育引导学生正确认识世界和中国发展大势，从我们党探索中国特色社会主义历史发展和伟大实践中，认识和把握人类社会发展的历史必然性，认识和把握中国特色社会主义的历史必然性，不断树立为共产主义远大理想和中国特色社会主义共同理想而奋斗的信念和信心；正确认识中国特色和国际比较，全面客观认识当代中国、看待外部世界。高校要实现坚持办学方向的正确性和育人效果的实效性，最重要的一点是必须把思想政治工作贯穿教育教学全过程，把其作为高校思想政治工作在新形势下应当遵循的指导方针与教育理念。在具体实践中做到育人明确育人方针、改革育人课程、建设育人队伍，持之以恒全员全过程全方位教书育人，强化思想理论教育和价值引领，推动社会主义核心价值观内化于心、外化于行，引导师生自觉运用马克思主义立场、观点和方法分析问题、解决问题，牢固树立新时代中国特色社会主义理想信念，切实增强道路自信、理论自信、制度自信、文化自信，做到真信真用。

## 一 明确育人方针：牢牢掌握党对高校工作的领导权，为高校思政工作全面把关定向

### （一）坚定办学政治方向，加强党的全面领导

习近平总书记指出，我国高等教育肩负着培养德智体美全面发展的社会主义事业建设者和接班人的重大任务，必须坚持正确政治方向①。我国的高校是党领导下的高校，做好高校思想政治工作关键是加强党的领导，核心是做好把关定向工作。高校党委是思想政治工作全程全方位育人的责任主体，在实践中必须坚持以马克思主义为指导，全面贯彻党的教育方针，坚决贯彻新时代党的建设总要求，认真落实党中央关于全面加强党的领导、全面从严治党的战略部署，以党的建设新成效推动高校思想政治工作迈向新台阶。一是把党的政治建设摆在首位，旗帜鲜明讲政治，把新时代中国特色社会主义思想作为行动指南，始终坚持社会主义办学方向，坚决维护党中央权威和集中统一领导，切实增强党内政治生活的政治性、时代性、原则性、战斗性，在高校营造风清气正的良好政治生态。二是全面贯彻党的教育方针。党的十九大

---

① 《习近平在全国高校思想政治工作会议上强调：把思想政治工作贯穿教育教学全过程　开创我国高等教育事业发展新局面》，《人民日报》2016年12月9日。

报告中指出:"要优先发展教育事业,加快一流大学和一流学科建设,实现高等教育内涵式发展"①,高校内涵式发展要求培养学生德智体美全面发展,既是高校人才培养模式应围绕的核心,也是高校人才培养模式应遵循的规格。三是深入实施党建统领工程。高校党委对本校工作实行全面领导,要坚持把党建统领发展的政治优势转化为高校的核心竞争优势,推动高校更好地承担政治责任、教书育人责任和服务社会责任。严格履行管党治党、办学治校的主体责任,做好执行和维护政治纪律和政治规矩工作,切实发挥领导核心作用,确保党中央决策部署在高校不折不扣贯彻落实。四是加强领导班子和领导干部意识形态能力建设,完善党的领导方式方法,实现科学领导与经验领导、专业理论与领导实践、传统领导方式与现代科技手段的密切结合,不断提高党的领导水平。五是扩大各级党组织战斗力和党员先锋模范作用,发挥好基层党组织战斗堡垒作用,创新党支部设置和活动方式,以"三会一课""民主评议党员"等党的组织生活为基本形式,丰富活动内容,使党支部工作更加贴近师生的思想、工作和生活实际。要选优配强师生党支部书记,推动"双带头人"教师党支部书记全面覆盖,在基层党组织配齐配强专职组织员,充分发挥制度建设优势和党员先锋作用引领高校师生党建工作,保证党的路线方针政策的贯彻执行。

## (二)强化意识形态阵地建设,构建思想育人、文化育人的校园氛围

习近平总书记对高校党建工作作出重要指示指出,办好中国

---

① 习近平:《决胜全面建成小康社会 夺取新时代中国特色社会主义伟大胜利——在中国共产党第十九次全国代表大会上的报告》,人民出版社 2017 年版。

特色社会主义大学，要坚持立德树人，强化思想引领，牢牢把握高校意识形态工作领导权。高校思想政治教育工作者在做好高校宣传思想工作、加强高校意识形态阵地建设进程中，应当树立强烈的阵地意识，理直气壮地牢牢把握高校意识形态工作的领导权、管理权、话语权。要深入学习领会习近平总书记系列重要讲话精神，在充分用好传统阵地的基础上，守正创新，发挥优势，构建全覆盖、多维度、立体式的阵地体系，努力打造高校思想政治教育的坚强阵地。

一是以马克思主义为指导，守正创新，发挥优势。十九大报告指出，"必须推进马克思主义中国化时代化大众化，深化马克思主义理论研究和建设。"① 马克思主义是人才培养模式的理论基础，是人才培养模式的思想灵魂，没有马克思主义指导，人才培养模式就是一套单纯的培养手段或方法，要加强马克思主义相关学科建设，深入研究习近平新时代中国特色社会主义思想和习近平教育思想，形成一批有分量的研究成果，为"三进"工作提供理论支撑。二是落实党委主体责任，牢牢掌握意识形态工作主导权。高校党委要遵循意识形态工作责任制各项要求，加强对重大思想理论问题的引导，真正做到以党的旗帜为旗帜，以党的方向为方向，坚决有力地把党中央各项决策部署落到实处。要统筹抓好校园媒体、社科机构、学生社团组织及各类报告会、研讨会、讲座、论坛等意识形态阵地的管理。适时召开意识形态建设和宣传思想工作会议，深化思想政治教育工作研究，组织师生开展思政论文交流和研讨，注重从学科建设、学术建设、学用建设的方

---

① 习近平：《决胜全面建成小康社会 夺取新时代中国特色社会主义伟大胜利——在中国共产党第十九次全国代表大会上的报告》，人民出版社2017年版。

向目标与现实价值入手，把担当思想引领之责落到实处。三是深入实施"校园文化发展建设工程"，落实文化发展纲要，实现以文化人，以文育人。校园文化是高校生存发展的精神支撑，作为凝聚学校办学精神、办学导向和办学目标的载体，对加强高校思想政治工作具有重要的推动作用。习近平总书记强调文化自信，"要更加注重以文化人，以文育人，广泛开展文明校园创建。"① 高校应注重以文化人以文育人，创造全时空的文化育人环境，要广泛开展丰富多彩、形式多样的校园文化活动，创建积极向上、格调高雅的校园文化生活；要重视校园人文景观建设，利用校园里各类可以利用的平台、物化的载体等，对学生开展润物无声的教育；要构筑思想政治教育的文化氛围，强化富有学校特色的校园文化精品项目、品牌活动等软实力建设，实现校园文化时时感人，处处教育人，潜移默化地影响学生，达到"以文化人""以文育人"的目的。

## 二 改革育人课程：由专项教学育人向教学全程育人转变

### （一）教学模式创新

1. 更新教学理念：深刻把握学生特点，提高思想政治教育的时代性针对性

当代大学生基本上是"95后"，"00"后也已经进入大学校园。这一群体出生成长于改革开放年代，正经历中国特色社会主

---

① 《习近平在全国高校思想政治工作会议上强调：把思想政治工作贯穿教育教学全过程　开创我国高等教育事业发展新局面》，《人民日报》2016年12月9日。

义新时代的伟大发展历程，他们的思想和行为也呈现出鲜明的时代特征。他们关心国家大事，政治热情高，但社会认知水平和生活经验不足，对社会发展中出现的各种问题和困难缺乏清醒的认识和辩证的思考，缺乏政治鉴别能力，易受错误思潮的影响。我们必须抓住学生的这些特点，有针对性地开展思想政治工作。一是把习近平新时代思想和新时代理想信念教育放在首位，深入学习十九大重要内容，系统学习习近平总书记系列重要讲话精神，引导师生切实领会把握党中央治国理政新理念新思路新战略，为新时代发展在思想信念上打好基础。二是强化马克思主义理论的主导地位。深入推进中国特色社会主义理论体系进教材、进课堂、进头脑，让马克思主义的世界观与方法论成为青年学生成长的科学指南，内化为师生的精神追求和人生底色。

2. 拓展教学渠道：从"一个渠道"到"三个阵地"

在思政教育模式上，学生不再"屈服于"被动接受的教育局面，渴望建立"教"与"学"的新型模式，对思想和行为不再是简单盲目的顺从、模仿，而是进行质疑、思辨。这就要求思政教育工作者不仅要把中央最新精神和国家最新发展战略同教材内容和教学理论结合起来，并且需要充分了解学生心理特点，推动教师教学从"教"为主向"导"为主转变，学生学习从"要我学"向"我要学"转变，使教学内容和形式"从天上回到人间、从空中回到地上、从文本进入学生心中"，建构师生共生的课堂教育新场域。贯通主渠道与主阵地。把第一课堂阵地（课堂教学）、第二课堂阵地（课外教育）、第三课堂阵地（网络交流）贯通起来，统筹规划、通盘考虑，合理衔接三个课堂的教育内容。第一课堂教育是主渠道，通过教育教学帮助学生系统掌握马克思主义理论系统知识，确立对中国特色社会主义的"四个自信",树立正确三观。第二课堂是对第一课堂的延伸和夯实,其内容要同第一课堂衔接,可通过朋辈教育、实践教育,开展校园文化艺术活动,举办主题研讨会、学习沙龙等方式,确保工作覆盖学生日常生活领域全方面,发挥文化、服务、实践等的育人作用。第三课堂教育把思想政治工作拓展至网络空间,是对第一、第二课堂教育的必要补充,通过把思想政治工作传统优势同微信、微博、客户端等新媒体技术等深度融合,建立"高校思想政治理论课程网站""大学生课外主题学习网站"等方式,实现网络引领不断线和全覆盖。

3. 改进教学计划:实现从单一教学到大学生涯全程教学

大学生从入学到毕业要经历"引路教育""筑路教育""出路教育"三个阶段,思想政治教育需要贯穿始终,我们要秉承全程育人的原则,有针对性、层次性地展开思想政治教育,抓住入学教育、专业课教育、职业生涯规划、社会实践、校园文化活动、创业就业技能培养等环节,构建起学生从入学到毕业、从学习到生活,从毕业到就业、从职业到事业的大学生成长全程教育体系,把解决思想困惑与解决实际出路结合起来,对学生的思想、学业、工作、情感等多方面进行深入引导。一是"引路教育"侧重思想引领,通过对新生开展理想信念教育、法律法规教育和校园纪律教育,将思想政治教育融入学生的认知环节,为大学生涯指引道路,帮助大学生激发专业兴趣,树立规矩意识;二是"筑路教育",对低年级学生通过思想政治理论课程,进行全面的马克思主义原理教育、马克思主义中国化教育、新时代中国特色社会主义教育和形势与政策教育,教会学生用马克思主义立场、观点和方法分析问题,提高学生对复杂形势的判断与运用能力,培养学生的大局意识和全局意识。同时针对青年学生中入党积极分子的提升要求，进行党课知识系列讲授及研讨，提升青年党员及入党积极分子对党的理论的深入理解。三是开展"出路教育"侧重社会对接，通过心理辅导与就业指导，帮助学生成功融入社会。要开展择业观教育，深化学生对职业的认识，帮助学生形成正确的职业态度。开展职业道德教育。结合具体职业讲解职业道德与修养，使大学生在职业道德实践上有更清晰的路径和自觉。开展就业指导教育，对学生进行就业政策、就业技巧等方面的讲授，帮助其成功就业。

## （二）课程内容创新

习近平总书记在全国高校思想政治工作会议上明确指出："要用好课堂教学这个主渠道，思想政治理论课要坚持在改进中加强，提升思想政治教育亲和力和针对性，满足学生成长发展需求和期待，其他各门课都要守好一段渠、种好责任田，使各类课程与思想政治理论课同向同行，形成协同效应。"① 这就要求我们要坚持建设好思政课堂这个思政教育主渠道，同时积极创新高校育人模式，实现"知识传授"和"价值引领"有机统一。

### 1. 建设好思政主课堂主阵地

首先要强化高校思想政治理论课的课程衔接。首先要按照全程全方位育人要求，解决好高校思想政治理论课与基础教育阶段道德与法制课程的衔接，避免课程内容低水平重复，突出高校思想政治理论课的特点，确保高校思想政治理论课的各门课程各有侧重、并行不悖。其次要及时丰富教学内容，全面使用教育部编

---

① 《习近平在全国高校思想政治工作会议上强调：把思想政治工作贯穿教育教学全过程　开创我国高等教育事业发展新局面》，《人民日报》2016 年 12 月 9 日。

印的最新版本"两课"教材,并在教师备课和课堂教学中加入最新最鲜活的现实素材,及时全面反映新时代的理论成果和实践动态,优化供给内容,提高教学质量。例如十九大的胜利召开,产生中国特色社会主义新时代的科学理论,在教学内容的优化升级过程中就要及时融入相关内容的讲授,坚持高校思想政治理论课的方向始终与党中央保持一致,体现能够反映当代社会大学生最关心的问题,紧跟时代潮流,做到与时俱进,确保"精神文化产品"原材料的优质性和鲜活性。再次要探寻思政课堂的内在价值。高校思想政治理论课传输"精神文化产品"的最终目的是让大学生掌握内在的精神价值,触及他们发自内心的认同,提升思想政治理论课更多的吸引力和感染力。例如最新形成的习近平新时代中国特色社会主义思想,要了解理论的形成的历史缘由和蕴含的具体内涵,可以联系《习近平的七年知青岁月》《习近平谈治国理政》等著作探寻理论的出发点,介绍形成背景和条件的过程,使理论更加鲜活,富有色彩。

2. 从"思政课堂"到"课堂思政",强化高校教师多元主体责任意识,实现多课程协同思政教育教学

高校思想政治教育从全过程全方位的范围来讲,不仅是思想政治理论课教师的职责,也是每一个专业课教师责任。过去有些观念将思想政治工作仅仅视为是思想政治教育课程的责任,而其他课程则与此无关,甚至部分教师在部分课程中与思想政治教育课程所传递的信息、价值观唱反调,使得高校育人课堂呈现"两张皮"现象,各学科课堂各自单兵作战,无法形成有效的育德育人合力。对专业课程中所蕴含思政资源进行挖掘,目的就在于要扭转专业课程教学重智轻德的现象,根据各门功课自身的特点,把思想政治教育与专业课程有机结合起来努力实现从"思政课

堂"到"课堂思政"的转化。

在新时代思想政治教育教学工作中,应立足"立德树人"这个目标,挖掘各类专业课程的思政资源,构建"思政课"与"专业课"相结合的育人模式。一是挖掘专业课课程本身的德育资源,在专业课的教学中融入思政教学。首先,专业课教师要在教学过程中渗透思想政治教育的相关问题,引入时事政治和社会热点话题,以坚定的马克思主义信仰和牢固的政治底线意识,引领大学生将思想政治理论课的知识和实践紧密结合,寻求现实中的契合点,解决自身的实际问题。其次,专业课更多涉及与社会各个实践领域相关的问题,比如经济、法律、建筑、医学等具体学科,这些学科课程设置和教学实践中既蕴含着科学精神,也蕴含着人文精神,在教学过程中把这些知识点与思政课的内容相结合,让学生既能明白专业课程的价值取向,也能对自己的思想道德修养和三观理念进行思考,从而受到启发和教育。例如,深圳大学医学部在开设"人体解剖学"课程时,通过"无语体师"教学方式,弘扬"无语体师"们的无私奉献精神,培养学生敬畏生命、关怀病人的医者仁心,在医学生医德培育方面开展了有益的探索,学生在这门课程不仅接受了临床医学的知识与技能,同时也对生命价值与人生的意义进行了深入的思考和学习。做到将专业知识与思想政治教育水乳交融,在思想政治教育的感悟中加深对专业知识的体悟与认知,从而形成专业学科与思想政治教育"同向同行",合力生效。二是鼓励各学院专业课程教师开展思政教学。首先鼓励各学院教师发挥学科所长,走进思政课堂,为学生上思政课,将其他学科的学科资源、学术资源转化为育人育德资源,让学生体会"不一样"的耳目一新思政课,尤其是学校学院领导、学术权威专家教授等人群,由于其丰富的行政经验和较高的学术地位，在思政课教学中具有较高的被认可性和被信任度，其在讲授中所传递的思想政治教育信息对大学生而言将更具有效果，如在高校中开展"书记校长（院）长思政第一课、院士专家、杰出青年人才上思想政治教育课"等形式就具有良好的效果。其次是鼓励专业课教师参与思想政治理论课的科研工作，把德育工作指标纳入教师考核评价体系和晋职晋级体系，通过相关激励政策，在课题立项上予以支持，探索构建以思想政治理论课程为重点，其他专业课程为重要组成部分的多元一体化育人课程群，发挥整体育人作用。通过增强学校思想政治教育主体力量的融合，让更多的教师参与思想政治教育教学过程任务中，让全方位育人在实际工作中落地生根。

3. 从"课堂思政"到"实践思政"，把思想政治理论课与实践教育相结合

一是开展党史和国情教育，充分利用建党以来、中华人民共和国成立以来和改革开放发展和深圳经济特区建设取得的伟大成就、重大历史纪念活动、爱国主义教育基地等组织开展主题教育，弘扬以爱国主义为核心的民族精神和以改革开放为核心的时代精神。要以五四、七一、国庆、改革开放四十周年等纪念日为重要节点，深化新时代中国特色社会主义和中国梦宣传教育，弘扬民族精神和时代精神，加强爱国主义、集体主义、社会主义教育，加强中华民族优秀传统文化、革命文化、社会主义先进文化教育。二是市情实践教育，和一批本土政府单位、公司企业、街道社区、文化景点等建立合作关系，打造各行各业鲜活的中国特色社会主义立德树人思想政治教育实践基地，通过组织学习、参观、考察、交流，让学生们切身见识和体会到深圳经济特区在改革开放中取得的伟大成就，教育引导广大学生为深圳市在我国新

一轮改革发展中走在最前列、勇当尖兵的历史使命做出自身贡献。三是建好社会实践阵地。规范实践教学，建立一批相对稳定的教学基地，把理论涵养与社会责任感、实践能力培育统一起来，通过广泛开展形式多样的社会实践活动，把思想政治教育与企业精神、企业文化结合起来，把思政课教学从校内延伸到校外。

## 三　建设育人团队：由专人专责育人向全员全责育人转变

习近平总书记指出："思想政治工作从根本上说是做人的工作，必须围绕学生、关照学生、服务学生，不断提高学生思想水平、政治觉悟、道德品质、文化素养，让学生成为德才兼备、全面发展的人才。"① 大学生正处于世界观、人生观与价值观形成时期，校园生活是他们人生中不可缺少的一门课程，校园生活对他们的习惯养成、理想信念培育具有十分重要意义。高校是思想政治教育的主阵地，高校所有教职员工都担负育人职责，要根据自身职责，从教学、生活、管理等方面发挥思想政治教育的作用。新修订的《普通高等学校学生管理规定》进一步明确了高校开展学生管理的行为准则和制度规范，强调既要坚持立德树人，也要不断推进依法治校；既要严格落实制度管人，也要切实维护学生的合法权益；既要严明纪律，也要以理服人。无论是教学科研的老师，管理岗位的工作人员，还是后勤保障等服务部门，都必须

---

① 《习近平在全国高校思想政治工作会议上强调：把思想政治工作贯穿教育教学全过程　开创我国高等教育事业发展新局面》，《人民日报》2016 年 12 月 9 日。

积极参与到协同育人机制构建过程中，发回立德树人思想政治教育工作的合力。

一是加强思政教师队伍建设，为做好高校思政教育奠定坚实基础。学校要致力于建设一支适应新时代发展要求的思政教师队伍，这是提高思想政治理论课教育教学质量和水平的关键。要健完善全用人机制、考核机制、评聘机制，加大师德师风的权重，把政治立场作为教师聘用和管理的首要标准；要扩大队伍规模，优化结构，加强管理，按照师生比配足配强专职教师；要加强培养培训，提升理论素质，提高业务能力，围绕学科建设提升理论素质，通过培训、教学科研团队建设等措施，加强教师对马克思主义理论学科的系统把握；要加大投入力度，完善条件保障，努力提高思想政治理论课教师待遇，确保教师收入不低于本校教师平均水平，在教学能力培养、科研项目申报、专业技术评聘指标等方面给予思想政治理论课教师实际支持，保证思想政治理论课师资建设优先发展。

二是做好管理育人。全程育人不仅体现在教学方面，同时也体现在学校管理方面。大学生活是学生成年之后的第一个生活环节，也是走向真正社会生活的最后一个环节，要面临处理一定的人与人、人与社会的关系，为进入社会而准备。在学校，他们要到学校各个部门办事，各部门管理人员的工作态度、办事效率都会直接影响着他们对社会的认知。学校管理部门及人员要围绕"立德树人"根本任务，将育人作为管理工作的出发点和落脚点，做到严格管理、精致服务，在实际工作办事过程，通过言传身教，达成育人目标。学校管理人员要围绕思想政治工作贯穿教育教学全过程发力，提升育人理念、转变工作作风、提高办事效率、改进服务态度，以立德树人为根本，以做好学生管理和教育为抓手，把解决思想问题与解决实际问题结合起来，在自身岗位上体现立德树人、管理育人的价值。

  三是做好服务育人。大学生要实现身心健康成长，与学习条件和生活环境密不可分。高校服务和保障部门的生产、经营和服务活动涉及学生日常学习和生活的方方面面，如后勤基建、信息中心、饭堂宿舍等生活服务部门，日常工作千头万绪，细致繁杂。这些部门扎实开展服务性工作，为师生创造出良好的工作、学习和生活环境，通过优质服务发挥育人作用，是全面贯彻党的教育方针的体现，是思想政治工作贯穿教育教学全过程的重要组成部分。学校生活服务部门要完善服务保障内容，畅通服务反馈机制，对师生开展全方位、全过程服务，做到既服务又育人。如学生宿舍管理中心、膳食服务中心，在工作中应当更接地气、更近人情，以优雅的环境、优质的服务、人性化的关怀、及时的相应，体现对学生的关心、爱护，为大学生树立典范，引导大学生养成各种文明习惯，塑造良好的道德品质以及促进大学生健康成长；网络服务中心充分利用现代化网络开展学生思想政治工作，积极探索网络背景下学生思想政治工作的新方法、新手段，借助网络拓展学生思想政治教育的时空，积极开办各种栏目为学生提供理论学习、交流心得、发布信息的平台，更好地为学校立德树人工作和学生思想政治全程教育服务。

# 生涯发展教育视域下大学生思想政治工作的内涵与实施策略

张革华 罗 娜[*]

**摘 要**：新时代下，以思想政治工作为导向，帮助大学生树立正确的人生观、价值观和职业观是生涯发展教育的重要内容，生涯发展教育则是高校思想政治工作的重要载体。我国高校在思想政治工作贯穿大学生生涯发展教育全过程中存在缺乏社会价值引导、脱离我国现实国情、偏重实用技能传授等问题，应当从时间维度、空间维度和主体维度三个向度来实现思想政治工作贯穿大学生生涯发展教育全过程。

**关键词**：思想政治工作；生涯发展教育；实施策略

就业是民生之本，党的十九大报告明确指出要"提高就业质量和人民收入水平"，"提供全方位公共就业服务，促进高校毕业

---

[*] 深圳大学经济学院、深圳大学马克思主义学院。

生等青年群体、农民工多渠道就业创业。"新时代下大学生基本上是"90后",在高等教育大众化、就业体制市场化、就业形势严峻的背景下,大学生就业问题已上升为政府和全社会共同关心的热点、焦点、难点问题。由于社会转型期各种社会思潮的影响,"个人主义"和"利己主义"思想在不少大学生中蔓延。"高校开展生涯教育工作与大学生思想政治教育之间存在着诸多耦合要素,二者紧密相连,相辅相成,能够结合起来共同形成育人合力。"① 因此迫切需要高校发挥思想政治工作的引导作用,帮助大学生认清形势、转变观念、承担责任、奉献社会,在择业、就业过程中坚持正确的价值取向。

## 一 思想政治工作与生涯发展教育的内涵

### (一) 思想政治工作

习近平总书记在2016年全国高校思想政治工作会议上强调:"思想政治工作从根本上说是做人的工作,必须围绕学生、关照学生、服务学生,不断提高学生思想水平、政治觉悟、道德品质、文化素养,让学生成为德才兼备、全面发展的人才。"② "思想政治工作是以人为对象,解决人的思想、观点、政治立场问题,提高人的思想觉悟的工作。"③ 高校是思想政治工作展开意识形态工作的重要场所,要坚持把培育"三有"青年作为中心任

---

① 杨优杰:《生涯教育与大学生思想政治教育的耦合与同构》,《教育评论》2018年第8期,第92—95页。
② 《习近平在全国高校思想政治工作会议上强调:把思想政治工作贯穿教育教学全过程 开创我国高等教育事业发展新局面》,《人民日报》2016年12月9日。
③ 郑永廷:《把高校思想政治工作贯穿教育教学全过程的若干思考——学习习近平总书记在全国高校思想政治工作会议上的讲话》,《思想理论教育》2017年第1期,第4—9页。

务，更要把思想政治教育放在首要位置。

### （二）生涯发展教育

生涯发展教育一般指职业生涯发展教育。生涯发展教育起源于美国，由职业指导活动发展而来。生涯发展教育既包括帮助受教育者树立职业规划意识、正确认识自我、全面了解社会、选择合适职业角色、确立人生目标并寻求最佳发展途径而开展的职业规划教育，也包括帮助受教育者成功择业并取得职业上的发展而开展的专业知识与技能培训及其综合素质训练，还涵盖引导受教育者实现择业、安业、乐业的价值观教育。生涯发展教育的实施者是多样的，可以是学校、企业、培训机构或社会，其中高校在大学生生涯发展教育中承担着重要角色。

## 二 思想政治工作与生涯发展教育的内在联系

### （一）目标上的一致性

习近平在十九大报告上提到："青年兴则国家兴，青年强则国家强。青年一代有理想、有本领、有担当，国家就有前途，民族就有希望。"[1] 青年人是未来的希望，而青年大学生是引领国家和民族未来发展的主干力量。所谓育人目标就是培育什么样的人，高校对大学生进行以理想信念为核心的世界观人生观价值观教育，就是解决社会所需要的人才这一根本问题，而大学生生涯发展教育就是将学生与社会联系起来的桥梁。"生涯性思想政治教育以人

---

[1] 习近平：《在中国共产党第十九次全国代表大会上的报告》，《人民日报》2017年10月28日。

的生涯发展为中心线索，开展思想政治教育的理论研究和实践探索，全面体现了对人的尊重。"① 一方面，生涯发展教育是以满足大学生职业发展需求为目标，通过贯穿其大学四年的学业生涯，使他们形成清晰的生涯发展意识、找准自己的定位、提升实践能力以及自我生涯管理规划的全过程辅导，树立科学合理地职业观。另一方面，要以培养新时代中国特色社会主义优秀的建设者和接班人为共同目标，培育有理想，有本领，有担当的青年。

## （二）内容上的互通性

"无论是大学生职业生涯规划，还是思想政治教育，其核心内容都是理想信念、人生观、价值观、道德观、爱国主义、集体主义、社会主义等。这些内容体现了思想政治教育的性质、方向和特点，也决定了大学生职业生涯规划的总体方向和具体选择及实现途径。"② 生涯发展教育是在帮助大学生了解社会需求的基础上，引导其确立职业目标和方向，根据自身情况进行职业分析和规划，树立正确的科学的就业价值观，将"职业梦"与"中国梦"相结合，从而达到理想的就业目标，实现人生价值。思想政治工作则是以理想信念教育为核心，以社会主义核心价值观为载体，帮助大学生树立科学的理想信念、培养其爱国主义情怀，培养法治思维，提高职业道德和个人品德，增强责任意识，使大学生成为中华民族伟大复兴的中坚力量。"一方面，思想政治教育是职业生涯的支撑，对职业生涯设计起着引领作用；另一方面，

---

① 佟岩：《生涯视域中的思想政治教育研究》，博士学位论文，辽宁大学，2010年，第56页。
② 屈善孝：《大学生职业生涯规划与创新高校思想政治教育》，《思想政治工作研究》2010第6期，第40—42页。

高校思想政治教育长效机制的建立，又需要依赖职业生涯设计。"[1] 因此，生涯发展教育与思想政治工作虽然在内容上各有侧重，但相互融合、相互渗透。

### （三）方法上的互补性

思想政治工作的具体方法主要有说服教育、感化教育、典型教育、激励教育和环境熏陶、冲突缓解、心理咨询和后进转化等，其中前四种是思想政治工作中运用最普遍的传统方法，而后四种主要用来解决某些特殊的思想问题和行为表现问题。[2] 生涯发展教育主要帮助学生了解社会需求及社会环境的变化，在科学的自我认知和自我定位的基础上，结合社会实际情况做出个人的生涯发展规划，最终实现职业目标和职业理想。思想政治工作强大的理论基石和经典的教育方法强化了生涯发展教育的正确方向及合理的价值取向。生涯发展教育体现出来的实践性、可操作性特点结合思想政治工作中体现的时代性、科学性的特点，二者在方法上相互补充，使思想政治工作贯穿大学生生涯发展教育全过程更具实效性。

## 三 思想政治工作贯穿大学生生涯发展教育全过程存在的问题

### （一）教育导向：缺乏社会价值引导

随着全球化的发展，世界各国家与地区不仅仅是商品上的

---

[1] 黄炳辉：《学生职业生涯设计与思想政治教育的内在关系》，《教育评论》2005年第2期，第33—36页。

[2] 韩玉芳、林泉：《思想政治工作方法教程》，中共中央党校出版社1998年版。

交流，更是各种文化的碰撞与融合，这使得我国传统文化受到很大挑战。如今，"当代青年是传统价值迷失的一代"的说法越来越多，批判也常可听闻。互联网的出现和发展，加速了信息传播，而大学生是接受新信息最前沿的群体，自然容易受到互联网海量信息的影响，导致价值观念的多元化，社会上拜金主义、享乐主义、个人主义等思潮也渗透到大学校园。"当前严峻的就业形势和浮躁的社会环境催生了学生的功利性学习，主导学生学习的往往不是知识性和科学性，而是工具性和实用性。"① 高校在对学生进行生涯辅导时侧重强调人职匹配理论，较少关注学生所处的生活环境，对职业价值观的引导着力不够。因此，部分大学生在职业选择及发展时过分地考虑经济利益，以单纯实现个人价值作为生涯发展的目标，忽视甚至偏离了社会主流价值取向，造成学习生涯、职业生涯行为的偏差和不良后果。价值观的多元化使得当前大学生思想政治工作变得愈加艰巨，寻找适应新时期发展要求的工作思路已经成为当下亟待解决的问题。

## （二）教育理论：脱离我国现实国情

生涯发展教育最早源于美国。改革开放以来，我国才开始引入并建立了与之对应的课程。我国开设的生涯发展教育课程所用教材与理论主要是西方国家的教材或者理论的译著。课程相关理论过于西方化，而缺乏本土化。不同的教育体系，不同的学生特点，必然会带来一些不相适应的问题。西方生涯发展

---

① 吴善波：《发展性与现实性：提高大学生职业生涯规划教育实效性的着力点》，《浙江师范大学学报》（社会科学版）2012年第37卷第5期，第98—101页。

教育的理论研究立足于西方社会经济文化的背景，实质上为个人预设了一个理论前提，即能积极主动地追求个人利益最大化的职业并为之做好一切准备。而目前我国高校毕业生在就业市场与社会保障体系这两个方面还远远没有达到预设，高校毕业生在就业时还不能达到最理想的结果。我国高校就业市场显然竞争还是比较激烈的。然而我国的生涯发展教育注重强调学生本位，没有立足于我国国情，不符合就业市场的现实情况。过于理想化的未来职业定位，可能会使学生在一进入社会就深受打击，这也体现出目前我国的生涯发展教育中的国情教育不充分，缺乏实效性。

### （三）教育内容：偏重实用技能传授

生涯发展教育理论的形成背景包含了心理学、教育学、组织行为学等诸多学科。其中，心理学背景最为显著。在生涯发展教育过程中，经常会使用心理学量表对学生的各种指数进行量化测量，这使得生涯发展教育更具客观性的同时增加了生涯发展教育的实用性与工具性。教师与学生在教育教学的过程中，关注点偏重于技能传授，盲目迎合社会需求。探究认识职业的途径与程序有余，生涯发展教育的实用性被放大，对于怎样正确判断职业效价的关注度不足。具体体现在，在教育过程中，过多地强调简历制作、面试技巧等实用技术的传授，而忽略大学生人生观、世界观、价值观和职业道德教育，缺乏对学生意识形态的培养，不能充分发挥思想政治工作的激励功能、协调功能和导向功能。

## 四 生涯发展教育视域下大学生思想政治工作的实施策略

### (一)时间维度:"全天候"渗透

"大学生生涯是长期的、动态的、多层面的。"① 因此就时间维度而言,"全过程"意味着生涯发展教育方面的思想政治工作不应仅仅停留在课堂专业知识学习的某一特定时期,而应将其贯穿于大学生的整个大学阶段。"全过程"在时间上是指从入学到毕业,覆盖大学生在不同年级、课内课外、学期假期等所有时间内的学习与生活,为之提供连贯的信息和影响,实现思想政治工作对大学生的"全天候"渗透。

#### 1. 早期阶段

早期阶段主要是指大学本科教育中的大一时期。这一时期学生表现出盲目性、独立性、交际性的特点,一方面学生刚刚步入大学,对社会、学习与生活充满好奇,但另一方面是其社会生活经验的薄弱,使其不知所措。根据马克思主义基本原理,要求思想政治工作要有所侧重,集中精力解决主要矛盾。大学生在入学之后,选择专业主要受父母、社会舆论等影响,学生自主选择专业时有盲目性或盲从性。因此,这个时期需要着重加强对学生进行专业认同和树立职业理想的教育,使其有一个良好的开始和内心的动力。此外,加强职业常识教育,帮助学生绘制未来职业选择与职业发展的蓝图,使学生尽早规划自己的人生,形成比较全

---

① 胡天生:《以生涯辅导推进大学生思想政治教育的实践创新》,《思想理论教育》2019 年第 17 期,第 93—95 页。

面的生涯发展理念，促进学生从盲目接受书本教育到连接社会。"思想政治教育只有推向社会生活领域，才能打破思想政治教育的狭隘视界。"① 总的来说，在早期阶段，主要是学生职业观的养成与职业知识的传授工作。

2. 中期阶段

中期阶段主要是指大二和大三时期。大二阶段应将课堂与其他有效渠道相结合，多方面地开展"三观"教育及心理健康教育，引导学生树立终身学习的观念，并进一步夯实专业基础，拓宽知识面，增加知识积累，培养求职择业能力。指导学生树立科学职业观，寻找适合自身的职业发展方向，引导学生理性地制定短期和长期目标，做出具有可行性的方案，从而立足于目标遵循所制定的方案有计划地开展大学生活。

大三阶段可以开展就业准备教育。学校举办职业能力培训和素质拓展系列活动、定期举行就业指导讲座，帮助学生提高就业能力，引导学生形成科学合理地求职期望和正确的择业观念；培养学生树立理性的职业价值取向和正确的职业道德观，为今后的生涯发展打下基础。

3. 后期阶段

后期阶段指大四时期。首先，要注意职业竞争的引导，让学生学会积极竞争、善于竞争、理性竞争，促进大学生素质的全面提高。其次，针对学生毕业后的发展方向与规划，帮助其学习职场规则，培养职业素养；强化学生责任意识，提高学生适应社会发展能力，基本实现从校园人到职业人的角色转变。最后，结合

---

① 张耀灿、郑永廷、吴潜涛等：《现代思想政治教育学》，人民出版社2006年版，第89页。

相关的职业辅导课程以及我国当前的就业形势和政策，对学生进行面试礼仪和求职技巧的相关培训，帮助学生找到理想的并适合自己的职业，使得学生可以顺利开展社会生活，开启自己的职业生涯。

## （二）空间维度："无缝隙"熏染

就空间维度而言，"全过程"意味着应当把思想政治工作贯穿到大学生学习、生活和实践的所有空间范围内，即包括社会实践、校园文化、网络文化等全部活动空间内。仅依靠传统的课堂教学，很难达到期望的职业生涯教育效果。因此，要开放和拓展大学生接受思想政治工作的思维空间与行为空间，实现思想政治工作对大学生的"无缝隙"熏染。

### 1. 社会实践

思想政治工作强调知行合一，而实用性和实践性是生涯发展教育的基本特征。实践活动既是思想政治工作的重要手段，也是指导生涯发展教育的重要途径，只有在实践中才能检验自我认知是否客观、目标设定是否合理。以生涯发展教育为载体和依托，在大学生中开展各式各样的社会实践活动，一方面可以满足他们的实际发展需要，将他们的人生理想、职业理想、生活理想同社会的共同理想相结合，保证思想政治工作的科学性和生涯发展教育方向的正确性，从而更好地解决他们在生涯规划时与求职过程中遇到的思想问题，引导大学生科学合理地就业。另一方面可以拓展高校思想政治工作的领域，检验和巩固工作的效果，为高校思想政治工作的创新发展提供平台，充分发挥思想政治工作的针对性、吸引力和感染力的特点，增强高校思想政治工作的实效性、渗透性，保证高校思想政治工作的先进性和时代性。

2. 校园文化

哈佛大学校长福斯特在北京大学演讲时说过,"高等教育的灵魂是照亮人性之美"。高校在进行思想政治工作时,需要更好地利用校园文化,因为它对于学生具有潜移默化的影响,是一种隐形教育,它彰显着大学生所认同的价值理念,具有价值导向、行为规范、凝聚人心的感染作用,是大学的灵魂和旗帜。校园文化所散发的理性光辉,所沉淀的人文底蕴,必然深刻影响着思想政治工作的方向,是思想政治工作的丰厚土壤。高校应以深入分析大学生生涯发展教育的特点和要求为基础,结合本校特色与不同学生群体的实际需要,通过各式各样、生动有趣、健康向上的活动在学生中加以展开,同时,"为使实践育人形成向心力,校内有关的实践活动,需要明确各自的功能与定位,为此要进行统筹安排,避免各自为阵互不相干,甚至互相牵扯"[①]。从而营造体现学校特色的校园文化氛围,探寻大学生思想政治工作新的增长点。

3. 网络文化

大学生在制造、使用网络文化的同时也在传播着网络文化。对生涯发展教育来说,网络具有信息传播、交流沟通、教育引导、舆论舆情发布等重要功能。网络作为平台和载体,将思想政治工作融入生涯发展教育过程中。首先,引导网络讨论主题与方向,营造有利于生涯发展教育的氛围。生涯发展教育要强化职业道德教育、心理健康教育、优秀传统文化教育,发挥社会主义核心价值观教育的引领功能。[②] 其次,通过网络文化的平台和载体

---

① 王道红:《围绕立德树人中心环节把思想政治工作贯穿教育教学全过程》,《山西高等学校社会科学学报》2018 年第 30 卷第 2 期,第 79—82、87 页。

② 刘慧敏:《大学生思想政治教育的网络文化环境建设研究》,硕士学位论文,北京交通大学,2009 年。

丰富生涯发展教育的方法。要充分利用网络的多种形式开启生动的、双向的、现代的网络教育新模式，从而进行网上的宣传教育。最后，提高生涯发展教育者对网络文化的借助能力。生涯发展教育者要不断学习关于网络的知识，充分认识网络文化的重要性，并掌握其规律，从而使自己可以将网络文化作为进行思想政治工作的良好工具。教育者要有坚定的信念，坚持"道路自信、制度自信、理论自信、文化自信"，抵御不良文化。

## （三）主体维度："交互式"主导

主体之间交互作用，共同推进生涯发展教育。思想政治教育工作具有主体间性的特点。学生与教师要相互配合，共同朝着教育目标努力，学生也要学会自我教育，而不是简单的被动接受灌输。

### 1. 学生层面

加强大学生对个人与社会关系的客观认识，强调在个人职业发展过程中，个人利益与集体利益、社会利益的根本一致性，这是高校思想政治工作与大学生生涯发展教育两者之间的关键融合点，因此帮助学生形成正确的思想观念尤为重要。在职业价值观上，大学生要树立与社会发展相一致的职业理想与人生规划，达到个人价值与社会价值、"个人梦"与"中国梦"的统一。

心理健康教育是高校大学生思想政治工作的重要内容。在职业选择过程中，学生的心理问题常常表现为缺乏自我认知与社会认知、就业焦虑与抱怨、缺乏竞争意识、应对挫折能力差等。高校要坚定不移地以"德"作为培养学生的首要教育理念，弘扬优秀传统文化，培育学生道德修养，大力倡导符合新时期社会发展的价值理念，努力用上进的思想、优秀的文化、先进的手段，逐步引导大学生树立正确的理想信念和价值观，把学生真正培养成德、智、体等全面发展的优秀人才。

2. 教师层面

十九大报告指出："完善职业教育和培训体系，深化产教融合，校企合作"，"加强师德师风建设，培养高素质教师队伍，倡导全社会尊师重教"。① 因此，要促进大学生全面发展，加强职业化、专业化、高水平、高素质、相对稳定的师资队伍建设，使生涯发展教育和思想政治工作形成教育合力，既有利于开展生涯发展教育又可以增强工作效果。生涯发展教育的内容涉及教育学、思想政治教育学、管理学、心理学等丰富的学科理论知识，"在对大学生进行职业生涯规划教育的进行中既要符合职业生涯教育发展的客观规律也要重视思想政治教育的原则"，② 这对高校的生涯发展教育辅导老师提出了很高的要求。他们必须了解社会对人才的需求，熟知就业与职业的形势变化，应该具有强烈的责任感，了解、掌握、关心、爱护学生的生活、学习与心理情况。作为高校思想政治工作者，要更加注重自身的提高，增强生涯发展教育专业的知识与工作技能，重视多渠道教育学生，协助学生开展有益的社会实践活动，"增强大学生职业生涯发展教育工作的力度以提高高校日常思想政治教育工作的有效性"③，让学生通过实践活动接触与了解社会，并认识职业需求，进行自我定位，使其更好地制定职业规划，促进职业理想的实现。

---

① 《习近平在中国共产党第十九次全国代表大会上的报告》，《人民日报》2017年10月28日。
② 张国威：《思想政治教育融入大学生职业生涯教育研究》，《湖北函授大学学报》2018年31卷第11期，第32—34页。
③ 陈雁、徐玥、胡国英：《大学生职业生涯发展教育在高校日常思想政治教育工作中的作用及实施途径》，《东华大学学报（社会科学版）》2011年第11卷第3期，第239—241页。

# 特区高校基层党组织落实意识形态工作责任制研究

包 毅[*]

**摘 要**：随着中国特色社会主义进入新时代，特区高校基层党组织落实意识形态工作责任制存在如下挑战：去中心化的自媒体冲击了特区高校落实意识形态工作的传播方式；多元化的社会思潮冲击了特区高校主流意识形态的主导地位。特区高校基层党组织要有效应对这些挑战，真正落实好意识形态工作责任制，需要掌握特区高校基层党组织落实意识形态工作责任制的领导权，掌握特区高校基层党组织落实意识形态工作责任制的话语权，进而掌握意识形态工作的管理权。

**关键词**：特区高校；基层党组织；意识形态工作责任制；落实

---

[*] 深圳大学马克思主义学院。

# 一 特区高校基层党组织落实意识形态工作责任制的挑战

## （一）去中心化的自媒体冲击了特区高校落实意识形态工作的传播方式

传统的高校主流意识形态传播方式主要依赖报纸杂志、广播影视等媒介，或通过课堂教学、课下活动组织等方式来实现。传统的传播方式主要通过一对多、点对面的自上而下的机制，主动权和话语权都在掌握意识形态资源的媒体或精英人士，具有明显的权威性、强制性和单向性。学生信息的获得更依赖于教育者的分析、讲解和宣传。在这一过程中，教育者作为"把关人"能够充分发挥作用，对传播内容进行甄别、筛选和过滤。自媒体的传播机制则是多对多、面对面的立体传播方式，呈现"水平化"、"去中心化"和"去权威化"的特征。每个个体都变成信息源和话语主体，使得信息受众面扩大，信息传播更为直接快速，信息交流更为便捷。自媒体的传播方式对传统的传播方式、社会交往方式以及社会关系结构都产生了巨大冲击。同时，传统的思想政治教育是"以主体灌输，客体被动接受"的模式。在某种程度上来说，消解了大学生作为思想政治教育的主体地位，导致依附式、训诫式的教育环境。因此，传统的灌输式的教育方式致使思想政治教育感染力不强。当前，自媒体传播的多样性、互动性对这些传统的教育方式产生了巨大冲击。自媒体传播可以覆盖点线面，而且传播的信息也丰富多样。既有社会主义主流意识形态价值观的传播，也有西方的利己主义、享乐主义、拜金主义等多种消极价值取向的侵入，甚至一些不符合主流意识形态的言论大行其道。特区大学生接收信息的渠道多元化，直接推送的信息量陡增，弱化了大学生对信息的筛选和评判，于是也会导致对主流意识形态的理念产生异议，进而对主流意识形态的权威产生怀疑。今天，自媒体如影随形地影响着大学生的生活。大学阶段正是世界观、人生观、价值观形成的关键时期，海量信息承载的多元化价值取向，必然对传统灌输的意识形态工作产生冲击，削弱社会主义主流意识形态对特区大学生的吸引力和凝聚力。

## （二）多元化的社会思潮冲击了特区高校主流意识形态的主导地位

毋庸置疑，在中国改革进程中，伴随社会发展产生巨大变化的是意识形态领域。既有不断与中国社会进程同步的主流意识形态理论创新，产生了中国特色社会主义理论体系，又有多元文化输入，形成多元社会思潮相互交织的局面。面对各种非马克思主义或者反马克思主义的社会思潮激荡，我国主流意识形态的权威性受到的挑战也越来越严峻。调查显示，新自由主义、历史虚无主义、民族主义、新左派等社会思潮成为特区大学生最为关注的几大社会思潮。这些社会思潮的话语具有很强的诱惑力，尤其一些带有隐蔽性的话语容易吸引大学生的眼球。但是，大学生由于缺失足够的知识去评判和甄别这些社会思潮的真实的话语以及话语背后隐藏的本真面目，导致特区大学生对这些社会思潮的误判和误认。同时，这些社会思潮又根据自己的目的，去捕捉、剪辑、嫁接、利用或鼓吹，通过自媒体或现代媒体快速传播，造成大范围的社会影响。特区大学生面对自媒体的传播，有的缺乏应有的判断甚至无过滤地接受了社会思潮，这必然对特区高校意识形态工作带来挑战，也必然冲击主流意识形态的主导地位。

## 二 特区高校基层党组织应对挑战的对策

### （一）掌握特区高校基层党组织落实意识形态工作责任制的领导权

1. 要提高主流媒体的质量和水平，增强主流话语的影响力和公信力

社会主义意识形态主流话语旨在昂扬主旋律、传播正能量，具有传递党和国家的大政方针、宣传国家主旋律的作用。特区高校的官方微信、微博等新媒介就是主流话语传播的主要阵地之一。如深圳大学研招办自己开发的官方微信"深大研招"，通过传播国家和深大的研招政策，可以多方面满足考生需求，传递社会正能量。微信、微博等微媒体是大学生接收信息主要来源。因此提升主流媒体的影响力和吸引力，关键要掌握特区大学生的心理特点和接受方式，增强现实针对性和指导性。通过微信媒介传播党和国家的方针政策，让学生"微""秒"间就读懂理论。

2. 要转变主流媒体的传播方式，增强社会主义主流话语的感染力和吸引力

从中国共产党意识形态工作的经验来看，非常注重用人民群众喜闻乐见的方式进行宣传，并且成为团结人民群众的有效手段。今天，在微时代的媒体环境中，每个个体都是自媒体。当前，我们的主流媒体的传播也存在不接地气、脱离生活、疏离学生、空洞说教等问题。我们必须把握特区大学生的特点，既要加强课堂、校报校刊、校内广播电视、出版物以及各类报告会、研讨会、讲座论坛和社团活动等传统的传播方式，同时还要加强学

校的门户网站、学校官方微媒体平台、学校公众论坛等新型传播方式。通过高校的官方微博、微信等新媒介，及时传达党和政府最新的大政方针、时事新闻，用"接地气、有灵气"的话语唱出唱响主旋律，对主流意识形态进行再编码和再表达，使特区大学生更好地接受和理解，提升主流意识形态在特区大学生群体的影响力。随着近年来各特区高校基层党组织对网络思想政治教育工作的普遍重视，特区高校基层党组织开设自己的官方微信、微博，已成为弘扬主旋律、传播舆论的主渠道。同时特区高校基层党组织还可以通过设置微课堂、微党校，就业微信平台等介入学生的微生活，积极发声。

## （二）掌握特区高校基层党组织落实意识形态工作责任制的话语权

1. 要在理论研究上权威发声，揭露社会思潮的真实企图

改革开放至今，社会发展的成绩有目共睹。但是，随着社会不断发展，各种社会矛盾也不断凸显，这也为一些西方制造"中国崩溃论"提供了说辞。西方势力正是利用国内一些矛盾制造各种舆论，混淆视听，诱导大学生的价值判断并滑入歧途。特区高校作为改革开放的最前沿，也是知识分子集聚地，应该利用其学术研究和理论教学的优势，及时理清各种社会思潮的话语边界和真实意图。同时，从学理上运用马克思主义的方法有力地回击各种社会思潮的理论基点，瓦解其思想的错误逻辑，有理有据地解构各种社会思潮，从理论上说服学生。特区高校基层党组织意识形态工作还应系统地回答青年大学生的各种疑惑，准确解答特区大学生关心的社会现实问题，有效地释疑解惑。今天，我们更应该讲透讲好中国化马克思主义，深刻领会习近平总书记系列讲话

精神，及时准确有效地掌握习近平新时代中国特色社会主义思想，进一步提高大学生的思想政治素养，提高特区大学生对各种思潮的认知水平和政治智慧。

2. 要在理想教育上及时发声，有理有节地回应社会思潮

我们在推进特区高校基层党组织意识形态工作中，必须找准工作的着力点。一方面，要着力做好教师的意识形态教育工作。把意识形态工作融入教师的教学、科研和管理的各个环节之中，体现到特区高校的各项规章制度、行为规范中，做好教师的思想政治教育工作，及时纠正和扭转一些教师在课堂上的思想偏差。教师是课堂的主导者，其思想的正确与否必然影响学生的思想观念。只有正确的价值观和思想观念，才能帮助学生形成正确的价值观。另一方面，要着力做好学生的意识形态教育工作。把意识形态工作渗透到课堂和学生日常生活中，体现到学生的学生、生活和工作各个方面。特区大学生思想活跃、积极向上、富有创新意识。但是，也有些特区大学生仍然存在理想模糊、信念摇摆等问题。在特区高校基层党组织落实意识形态工作责任制过程中，最为重要的就是有效地做到"三进"（进教材、进课堂、进头脑），还要做到空间上的"三进"（进宿舍、进社团、进活动）。充分挖掘各种资源，有力地回应各种社会思潮，大胆地为主流意识形态发声，使社会主义核心价值观内化于特区大学生之心。

### （三）掌握意识形态工作的管理权

特区高校意识形态教育在网络舆论斗争中应不断开拓新媒体阵地向日常化的大众文化建设延伸，精准把握新媒体的灰色地带，掌握意识形态的管理权。

1. 加强课堂和讲坛管理，使其成为弘扬主旋律、传播正能量的坚强阵地

一是规范教材，推进具有中国特色的教材体系建设。在全球化时代，特区高校必须借鉴、吸收优秀的文明成果，但也必须提高防范各种意识形态风险的能力，把握主动，赢得优势。在教材建设中坚持以马克思主义为指导，充分体现中国特色、中国风格、中国气派，展现中国成就，为壮大主流意识形态提供坚实支撑。

二是严明纪律，保证课堂教学的清风正气。特区高校不是世外桃源，不是法外之地，学术固然"无禁区"，但课堂讲坛必须"有纪律"。广大教师必须守好政治底线、法律底线、道德底线，讲好马克思主义、传播弘扬好马克思主义，确保课堂讲坛真正成为弘扬主旋律、传播正能量的坚强阵地。

三是严格管理，确保哲学社会科学报告会、研讨会、讲座、论坛的正确导向。特区高校要坚持"抓源头、抓审批、抓场地"，切实做到校园中一切知识传播阵地不失守，使社会主义核心价值观润物细无声地浸润大学生的心田，让特区高校成为不仅传授知识，更成为传授美德、健康身心、陶冶情操的场所。

2. 加强理论研究阵地建设，提升意识形态管理水平

一是要建立健全各级各类智库，建立一支以社会科学专家特别是马克思主义理论专家为骨干的理论研究队伍，围绕国家重大政策、重大理论和社会热点问题深化基础理论研究，为各级政府部门和高校提供决策咨询。

二是特区高校每年要划拨专项经费，用于培育和资助意识形态领域重大理论问题研究的立项，产出一批高质量的理论研究成果，为创新特区高校基层党组织落实意识形态工作责任制提供学

术支持和思想保障。

三是要充分发挥特区高校党校理论研究核心基地的作用,加强中国特色社会主义理论体系研究中心等重点基地建设,要在理论研究上有所作为,站在全局高度,着眼特区高校未来发展思考问题,进行专题调研,为特区高校基层党组织落实意识形态工作责任制的思想理论研究作出积极贡献。

# 构建以学生党建为龙头的特区高校思想政治工作机制

姜慧颖[*]

**摘　要**：学生党建是大学生思想政治工作的核心抓手。新时代背景下特区高校大学生思想政治状况呈现新的问题，思想政治工作面临新的挑战，迫切需要把思想政治工作和党建工作结合起来，使学生党建与大学生思想政治工作深度融合、同轴共转。新形势下亟须通过加强学生基层党组织的建设、强化党员先进性教育和健全学生党建工作机制建设等途径，构建以学生党建为龙头的思想政治工作创新机制。

**关键字**：学生党建；思想政治工作；特区高校

高校党建与大学生思想政治工作关系着"高校培养什么样的人、如何培养人以及为谁培养人这个根本问题"。[①] 高校党建致力

---

[*] 党委学生工作部。
[①] 《习近平在全国高校思想政治工作会议上强调：把思想政治工作贯穿教育教学全过程　开创我国高等教育事业发展新局面》，《人民日报》2016年12月9日。

于培养和造就一大批青年马克思主义者,是培养大学生思想政治素质的有效途径和政治保障。大学生思想政治工作本质上是做人的思想工作,做思想上的认知引导和价值认同工作,着力于引导大学生牢固树立正确的世界观、人生观和价值观。加强和改进高校的党建工作,做好新形势下学生思想政治工作,落脚点都是实现高校的人才培养目标,推动高等教育事业的长远健康发展。做好高校思想政治工作的关键在于"党委要保证高校正确办学方向,掌握高校思想政治工作主导权"。[1]《关于加强和改进新形势下高校思想政治工作的意见》明确将"落实全面从严治党要求,将党的建设贯穿始终"[2] 作为开展思想政治工作的基本原则。2017 年 5 月,习近平在中国政法大学考察时也提出了高校要"把思想政治工作和党的建设工作结合起来"。[3] 因此,高校在深化高等教育综合改革中要构建以学生党建为龙头的大学生思想政治工作机制,使学生党建与大学生思想政治工作深度融合、同轴共转。

## 一 学生党建是大学生思想政治工作的核心抓手

首先,以学生党建为龙头可以发挥党的政治优势,为大学生思想政治工作提供正确方向和思想保证。习近平总书记指出:

---

[1]《习近平在全国高校思想政治工作会议上强调:把思想政治工作贯穿教育教学全过程 开创我国高等教育事业发展新局面》,《人民日报》2016 年 12 月 9 日。

[2]《关于加强和改进新形势下高校思想政治工作的意见》,《人民日报》2017 年 2 月 28 日。

[3] 习近平:《立德树人德法兼修抓好法治人才培养 励志勤学刻苦磨炼促进青年成长进步》,《人民日报》2017 年 5 月 4 日。

"我国高等教育发展方向要同我国发展的现实目标和未来方向紧密联系在一起,为人民服务,为中国共产党治国理政服务,为巩固和发展中国特色社会主义制度服务,为改革开放和社会主义现代化建设服务。"[①] 学生党建通过积极宣传党的路线、方针、政策,用新时代中国特色社会主义思想对学生进行引导和教育,培养学生良好的思想品德和精神品质。高校只有将学生党建贯穿到大学生思想政治工作中,才能从源头上把握好思想政治教育工作的正确方向,培养好社会主义事业的建设者和接班人。因此,加强学生党建是确保大学生思想政治工作始终保持正确方向的政治保证,落实党建工作的核心地位是做好新时期高校学生思想政治工作的关键途径。

其次,以学生党建为龙头可以发挥党的组织优势,提升大学生思想政治工作的实效性和针对性。高校党组织在高校思想政治工作中处于核心地位,对高校思想政治工作起着决定、主导和支配的作用,是高校思想政治工作的核心主体。[②] 大学生思想政治工作可以充分发挥党的组织优势,使党组织成为开展思想政治工作的坚强堡垒。通过党支部活动的开展、"三会一课"的学习,可以引导大学生更加深入地理解党的性质和宗旨,进一步领会党的基本理论、路线、纲领和政策,把外在的教育内容内化为思想意识,使学生党员充分认识到作为一名党员的荣誉感、使命感和责任感,从而增强思想政治工作的针对性、实效性、吸引力和感染力。因此,加强学生党建不仅是高校学生思想政治工作题中应

---

① 《习近平在全国高校思想政治工作会议上强调:把思想政治工作贯穿教育教学全过程 开创我国高等教育事业发展新局面》,《人民日报》2016年12月9日。
② 骆郁廷:《论高校党组织思想政治工作的主体责任》,《思想理论教育》2017年第3期。

有之意，也是其重要的抓手和着力点，二者本质上是一个问题的两个方面，既相互融合，又相辅相成。

最后，以学生党建为龙头可以发挥党的工作优势，是提高大学生思想政治素质的重要举措和得力抓手。青年学生申请入党，这本身就是一次深刻的思想政治教育过程，是发挥党建在大学生思想政治教育中龙头作用的重要契机。学生入党前要经过系统的马克思主义理论教育，对党形成正确认知，入党过程中要感受庄严神圣的入党宣誓仪式，坚定理想信念，入党后要参加严格的组织生活，加强党性锻炼，强化党性修养和政治意识。在这过程中，学生在政治上和思想上不断成熟，成为一面旗帜。以学生党建为龙头，可以充分发挥学生党员的先锋模范作用，营造崇尚先进、学习先进、争当先进的学习氛围，使学生党员既成为组织工作的一分子，更成为思想政治教育工作的骨干力量，在工作中发挥示范性的号召力，带动一批青年学生积极向上，自觉接受思想政治教育；以学生党建为龙头，可以通过坚持党建"进学生会、进社团、进学生公寓、进网络"，发挥多渠道教育资源合力，实现党建带团建、党建带校风、党建带学风的效果，形成全员、全过程、全方位育人的新局面，从而拓展大学生思政工作的"广度"和"深度"。

## 二　加强学生党建是高校思想政治工作适应新时代的迫切需要

### （一）新形势下高校思想政治工作面临新的挑战

高校是思想碰撞和学术交流最前沿的场地，纷繁复杂的社会思潮难免会影响到高校意识形态工作。当前，国际国内形势变化深刻而复杂,社会文化趋向多元,思想碰撞日趋激烈,西方对中国进行意识形态渗透的形式、手段更隐秘、更复杂,也更具有迷惑性和欺骗性。① 身处社会思潮的丛林之中,一些学生囿于自身的思想水平和理论素养容易表现出感性、非理性的情绪化状态,出现认同焦虑和认同模糊,加强大学生思想政治工作因而面临着前所未有的严峻挑战。习近平总书记强调,意识形态工作是党的一项极端重要的工作。"我们的高校是党领导下的高校,是中国特色社会主义高校。办好我们的高校,必须坚持以马克思主义为指导,全面贯彻党的教育方针。"② 高校是意识形态工作的前沿阵地,在意识形态领域的激烈斗争中,部分高校在实际工作中存在"马克思主义被边缘化、空泛化、标签化,在一些学科中'失语'、教材中'失踪'、论坛上'失声'"③的现象。如何在社会转型和价值多元的时代背景下,坚定学生对社会主义的信念,有效防范和抵制错误思想观念的影响,迫切要求加强和改进高校思想政治工作。正如习总书记所说:"高校思想政治工作既是我国高校的特色也是办好我国高校的优势。高校思想政治工作只能加强不能削弱,只能前进不能停滞不前,只能积极作为不能消极应对。"④

自媒体的快速发展和广泛运用,也给高校思想政治教育带来了新的挑战,呈现出新的局面。自媒体的兴起开启了一个话语权

---

① 朱继东:《新时期高校思想政治工作存在的问题及其应对——学习习近平在全国高校思想政治工作会议上的重要讲话精神》,《党政研究》2017年第2期。
② 《习近平在全国高校思想政治工作会议上强调:把思想政治工作贯穿教育教学全过程 开创我国高等教育事业发展新局面》,《人民日报》2016年12月9日。
③ 习近平:《在哲学社会科学工作座谈会上的讲话》,《人民日报》2016年5月19日。
④ 《坚持走自己的高等教育发展道路——论学习贯彻习近平总书记高校思想政治工作会议讲话》,《人民日报》2016年12月9日。

的"去中心化"时代，出现新自由主义、历史虚无主义、民主社会主义等社会思潮与马克思主义长期共存的基本态势，使得马克思主义作为主流意识形态的指导地位受到冲击。而且微媒体时代网络信息的碎片化传播极大地干扰了大学生的价值判断，尤其是某些"网络大V"的舆论造势使不少大学生容易走向民粹主义和泛政治化。西方发达国家利用互联网，大肆宣传种族主义、宗教仇恨等不良信息。与此同时，国内部分媒体还为提高关注度进行炒作、恶搞，不断地散播媚俗、阴暗的信息。这些网络信息无声地渗透到学生的思想意识中，使学生在不自觉中受到影响，出现思想意志不够坚定，缺乏韧劲等理想信念的危机。习总书记指出："很多人特别是年轻人基本不看主流媒体，大部分信息都从网上获取。必须正视这个事实，加大力量投入，尽快掌握这个舆论战场上的主动权，不能被边缘化了。"[①] 根据特区高校学生思想政治状况调研数据显示，当各种媒体对同一社会事件的报道有出入时，近12%的受访学生选择相信"境外媒体的报道"，5%的受访学生选择相信"网友爆料"，近1%的受访学生选择相信"街谈巷议"，这给高校思想政治工作带来巨大挑战。作为新形势下的高校思想政治工作者，在共享大数据时代所带来的巨大利好的同时，也亟须深入思考新媒体时代给思想政治工作带来的冲击。高校思想政治工作者要强化载体创新，综合运用微媒体的优势，将社会主义主流意识形态具体化、形象化、艺术化，探索"利用各种时机和场合，形成有利于培育和弘扬社会主义核心价值观的生活情景和社会氛围，使核心价值观的影响像空气一样无

---

① 习近平：《关于全面深化改革论述摘编》，中央文献出版社2014年版，第83页。

处不在、无时不有",① 更要对这些错误思潮理直气壮地予以驳斥，亮出社会主义意识形态的底线，使学生坚定理想信念，自觉主动地抵制各种错误腐朽的社会思潮。

## （二）新时代背景下特区高校大学生思想政治状况呈现新的问题

深圳毗邻港澳，处在改革开放和敌对斗争最前沿，处在世界范围内思想文化交流交融交锋的最前沿，国际化程度和互联网普及率较高，人口结构复杂、人口流动性大。近年来世界范围内意识形态领域渗透和反渗透的斗争仍然十分尖锐复杂，深圳作为国际化城市具有问题先遇、矛盾先发等特点，加强高校党建和思想政治工作具有现实紧迫性和必要性。根据深圳特区高校学生思想政治状况调研结果显示，当前深圳高校大学生思想政治状况总体积极健康，呈现向上向好的发展态势。大学生群体人生态度积极，乐于奉献，对社会主义核心价值观的认同度较高，普遍具有坚定的政治立场和正确的政治观念，道德认知状况良好，具有强烈的道德意愿和高度的文化自信心。数据显示，92%的大学生为自己是中华民族的一员而感到自豪，九成左右的学生认可"中国特色社会主义道路是实现社会主义现代化、创造人民美好生活的必由之路"，"习近平新时代中国特色社会主义思想能够解决中国特色社会主义、中华民族的前途命运问题"，认同"我国必须坚持中国共产党领导的多党合作和政治协商制度，而不能搞西方的多党"。此外，大学生政治参与意愿较强，入党积极性较高，

---

① 习近平：《把培育和弘扬社会主义核心价值观作为凝魂聚气强基固本的基础工程》，《人民日报》2014年2月26日。

75%的大学生明确表示愿意加入中国共产党，且入党动机总体端正，当问及选择入党的原因（多项选择），六成以上的学生表示"入党是因为认同党的理念"，"入党有助于为社会主义事业尽己之力"。

调查结果也反映出一些值得关注的问题：如少数学生对重大理论问题认识模糊、在重大是非问题判断上存在偏颇等。对于一些重大理论问题有的同学从未进行深入思考，有的缺乏切身体验，有的对社会政治不太关注，导致他们在重大社会事件和舆论热点中价值判断模糊，辨别是非能力差，容易被错误思潮蛊惑。"高校是各种思想文化交流交融交锋的前沿阵地，也是各种社会思潮集散、论辩和斗争的前沿阵地。"[①] 在意识形态领域的激烈斗争中，我国高校在实际工作的部分领域存在"马克思主义被边缘化、空泛化、标签化"[②]的现象，有的对马克思主义理解不深、理解不透，有的习惯于传统的单向灌输，等等，这些都影响和削弱了思想政治工作的整体效果。

另外，当前社会急剧发展、道德评判标准异化使整个社会充满浮躁气息，这种社会心态也直接反映在大学生身上。比如，生活理想上，艰苦奋斗精神淡化，追求物质享受和刺激；道德理想上，集体意识淡薄，注重个人利益；职业理想上，社会责任感缺乏，团结协作观念较差等。根据调研数据显示，约15%的大学生赞同"生死由命，富贵在天"的宿命论观点和"人为财死，鸟为食亡"的拜金主义观点，高达36%的大学生赞同"人生苦短，应及时行乐"的享乐主义观点。而且，微媒体高度的开放性和共

---

① 王易：《社会思潮是高校思想政治教育的重要内容》，《思想教育研究》2016年第1期。
② 习近平：《在哲学社会科学工作座谈会上的讲话》，《人民日报》2016年5月19日。

享性加快各种文化思想的传播,当前校园生活中流行的诸如"剁手""佛系""网红"等亚文化符号,折射出大学生群体网络生活中日渐强盛的泛娱乐化心理,久而久之造成了部分大学生在看待和处理问题时缺乏深刻的思考和批判性思维。

青年大学生是一个昂扬向上的群体,他们是不是有坚定的理想信念,是不是有追求有情操,直接关系着中国特色社会主义事业的推进。习近平总书记首次点评"95后"大学生:"现在高校学生大多是'95后',再过两年,新世纪出生的青少年也将走进高校校园。他们朝气蓬勃、好学上进、视野宽广、开放自信,是可爱、可信、可为的一代"。① 习近平总书记强调青年人要"是非明,方向清,路子正",就是要青年人明确自己"为什么而奋斗,为谁而奋斗"的问题。习近平总书记强调指出:"理想信念动摇是最危险的动摇,理想信念滑坡是最危险的滑坡。"② 青年大学生的理想信念是否正确且是否坚定直接决定着党和国家的前途命运。因此,加强高校党建工作和思想政治工作凸显紧迫性和艰巨性。

## (三)学生党建与高校思想政治工作未能有效衔接

当前高校学生党建和大学生思想政治工作的衔接还存在一些与新形势不相适应的地方,未能形成一种相互促进、共同发展的良性互动。首先,由于工作队伍的薄弱,目前很多高校的党务工作由负责学生思想政治工作的辅导员担任。当前高校的辅导员队

---

① 《习近平首次点评"95后"大学生》,《人民日报》2017年1月3日。
② 习近平:《在庆祝中国共产党成立95周年大会上的讲话》,《人民日报》2016年7月2日。

伍呈现年轻化趋势，作为年轻的辅导员，在亲和力、创新意识等方面的确具有突出优势，更容易与学生打成一片，但在给学生做思想理论教育和价值引领中，尤其是进行世界观、人生观和价值观教育时，往往显得力不从心，说服力不强，实效性不高。辅导员要说的未必是大学生想听的，而学生想听的辅导员未必能说得清，特别是在一些重大理论问题上一些辅导员存在"讲不清"的问题。而且许多辅导员缺乏将两者有效衔接的意识，无法做到在思想政治教育中有效发挥学生党建的重要作用，学生党建和思想政治工作成了"两张皮"。其次，发挥学生党员的先锋作用是深化思想政治工作最有效的方式之一，但目前大部分高校对学生党员在日常学习和生活中的感召力挖掘不够，学生党员在思想政治教育活动中的先锋示范作用难以有效凸显，难以充分激发学生党员的荣誉感、自豪感和凝聚力。再次，学生党建工作载体单一，大多以阅读党内文件与报告，观看思想教育类的影片，组织召开专家学者的报告会，参观纪念馆、博物馆、参加义务劳动的形式进行，不能紧密结合当代学生学习与生活的现实需要与面临的具体问题来展开教育活动，因而难以调动学生的积极性，难以充分发挥学生党建在思想政治工作中的龙头作用。

总之，当前高校党建和大学生思想政治工作之间还疏于结合，党建与思想政治教育队伍建设比较薄弱，培养机制还不健全。因此，进一步深化学生党建与大学生思想政治工作的有机结合，构建以党建为龙头的大学生思想政治工作机制，是做好新形势下高校学生思想政治工作的有效途径，也是当前摆在高校党组织面前的一项重要任务。

## 三 构建以学生党建为龙头的大学生思想政治工作创新机制

### (一) 加强学生基层党组织建设,为思想政治工作的开展提供组织保证

习近平总书记强调:"做好高校思想政治工作,要加强高校党的基层组织建设,创新体制机制,改进工作方式,提高党的基层组织做好思想政治工作的能力"。① 基层党组织思想政治工作是落地工程,直接关系着高校思想政治工作的成效。高校在开展思想政治工作的过程中,应更加注重利用基层党组织的优势,将思想政治工作纳入基层党组织的党建工作重心,加强院系基层党建和思想政治工作,提高思想政治工作的涵盖性和凝聚力。

党支部是高校思想政治工作最基层、最前沿的责任主体。做好高校基层党组织思想政治工作,首先要进一步明确党支部在思想政治工作中的责任主体定位,使党支部真正成为基层开展思想政治工作的战斗核心。高校思想政治工作有其自身特点,学生除了课堂学习之外,很多时间在宿舍、社团、图书馆和实验室,要结合学生成长成才规律,有针对性地将党支部延伸到宿舍、社团、图书馆和课题项目组等,拓宽思想政治工作的覆盖面。第二,学生党建要通过完善制度、理顺机构、构建工作机制等,切实发挥学生党支部战斗堡垒作用和学生党员的模范带头作用,切实保证学生党支部和学生党员在学风建设、科技创新和社会实践

---

① 《习近平在全国高校思想政治工作会议上强调:把思想政治工作贯穿教育教学全过程 开创我国高等教育事业发展新局面》,《人民日报》2016年12月9日。

活动等工作中发挥积极作用。同时，重视学生党建与思想政治工作两个系统的沟通与互动，建立学生党建与思想政治工作联席会议制度，分管思想政治工作的领导和从事思想政治工作的教师、管理人员，主动与分管学生党建的领导和教师多沟通，利用党建平台和资源，调动多方力量激发学生思想政治工作的动力，促进学生党建和思想政治工作的高效衔接。

## （二）加强党员先进性教育，发挥学生党员在思想政治工作中的先锋作用

习近平总书记在十九大报告中指出：要把坚定理想信念作为党的思想建设的首要任务，教育引导全党牢记党的宗旨，挺起共产党人的精神脊梁，解决好世界观、人生观、价值观这个"总开关"问题，自觉做共产主义远大理想和中国特色社会主义共同理想的坚定信仰者和忠实实践者。高校学生党员作为学生中的先进代表，加强学生党员的先进性教育，发挥学生党员在思想政治工作中的先锋作用，是加强高校学生思想政治工作的关键。第一，加强学生党员的理论学习，提高党员的理论水平和政策水平。"政治上的坚定源于理论上的清醒，要用习近平新时代中国特色社会主义思想武装头脑，指导实践推动工作引导广大党员干部师生牢记党的宗旨，自觉做好共产主义远大理想和中国特色社会主义共同理想的信仰者和实践者"。[①] 利用党性教育强化思想政治教育效果，将对提升党员的综合素质起到良好的巩固作用。第二，优化学生党员先进性教育的方式方法。除了常规的支部组织的理论学习之外，还要从工作机制上创新形式，引导学生党员发挥主

---

① 陈宝生：《在全国教育工作会议上的讲话》，《中国教育报》2018年1月22日。

观能动性，杜绝浅尝辄止、不求甚解、敷衍了事等形式主义的现象。同时，应将手机媒体作为学生党建工作的主要载体，可以通过创建App或微信公众号的形式，将党的先进理论思想、会议精神、时政热点新闻等，及时地传达给学生党员，使其随时随地都能了解党政要闻，从而潜移默化地提升自身的思想水平和政治素养。第三，积极鼓励引导学生党员参与社会实践活动。社会实践是青年学生练就过硬本领的"大熔炉"。习近平总书记提倡各行各业的青年都要积极深入基层锻炼，拜群众为师，拜实践为师，在实践中奉献青春智慧，在基层锻炼过硬本领。实践可以帮助学生了解社会、了解国情，可以锻炼毅力、培养品格，可以增长才干、奉献社会。习近平总书记在全国高校思想政治工作会议上指出，许多学生在社会观察和实践活动中树立了对人民的感情、对社会的责任、对国家的忠诚。① 社会实践不仅是课堂讲授的补充，而且会产生"倍增"放大的效果，能真正解决"进头脑"的问题。大学生通过参加社会实践，了解乡情、国情、世情，才能认识到不仅要"坐而论"，更要"起而做"，真正从内心深处认识到成为一名共产党员的责任和担当。

## （三）加强学生党建工作队伍和工作机制建设，为思想政治工作提供保障

党建工作队伍是影响大学生思想政治工作成效的关键。要按照德才兼备和专兼结合的原则选好配强工作人员，将党建组织员队伍、辅导员队伍、班主任队伍及政治理论课教师队伍统筹考虑，纳入学校人才队伍建设和培养的总体规划。加大对思想政治

---

① 《习近平首次点评"95后"大学生》，《人民日报》2017年1月3日。

工作人员的培训和教育力度，每年选拔和资助部分优秀组织员、辅导员等参加多种形式的培训，并积极搭建党建工作和思想政治工作的交流平台，提升工作人员的思想政治素养。高校可将学生党建纳入优秀辅导员等各类考核评估体系，建立多元化、广覆盖、一体化的思想政治教育激励机制，凸显学生党建在思想政治工作中的龙头地位和核心作用。同时高校要从党委层面高度重视，构建学生党建与思想政治教育相结合的"大思政"模式，将学生党建和思想政治工作摆在学校各项工作的首位，健全由学校党委统一领导，组织部、宣传部、党委学生工作部、党委研究生工作部、团委和马克思主义学院相互配合，各院党委团委共同落实，全校齐抓共管的运行机制，切实增强学生党建与思想政治教育队伍建设的合力。

党的十九大报告指出："青年兴则国家兴，青年强则国家强。青年一代有理想、有本领、有担当，国家就有前途，民族就有希望。"[①] 学生党建与大学生思想政治工作是落实立德树人目标的根本要求，党建是思想政治工作的核心与灵魂，党建又要依赖于思想政治工作的主要内容和实施途径，只有把两者紧密结合起来，以党建工作带动思想政治工作的开展，同时通过扎实深入的思想政治工作促使党建工作进一步加强和改进，才能真正实现培养中国特色社会主义事业建设者和接班人的育人目标。

---

① 习近平：《决胜全面建成小康社会 夺取新时代中国特色社会主义伟大胜利——在中国共产党第十九次全国代表大会上的报告》，人民出版社2017年版。

# 第三章 党的组织领导

## "互联网+"时代高校党建信息化建设探索

范志刚[*]

**摘　要：** 自步入21世纪"互联网+"信息时代以来，人们的生活方式发生了翻天覆地的改变，在这个信息化的网络时代，高校的党建工作也面临着重重考验。在党建信息化建设的过程中，深圳大学结合自身的实践探索，提出目前高校党建信息化建设中的三个问题，并从"互联网+"时代的大背景、高校学生的时代特点和党建信息化建设顶层设计和大数据思维进行分析，提出"互联网+"时代高校党建信息化建设的策略建议。

**关键词：** 高校；党建信息化；"互联网+"

在"互联网+"时代背景下，高校党建信息化建设工作同时

---

[*] 深圳大学。

面临挑战和机遇，具备发展新形态、新思维、极具创新意识的"互联网+"正在潜移默化地改变着人们的生活方式，也正在影响着社会的发展。高校党建工作注入"互联网+"信息化力量的同时，已经和正在开启一个充满生机和活力的新领域。这对于提升党员素质、顺利开展党建工作、进行党建宣传教育推广和传播等都具有重要意义。2015年，国务院总理李克强在《政府工作报告》中首次提出了"互联网+"行动计划，推进高校党建信息化建设工作是按照社会主义核心价值观要求，迅速适应信息化网络时代变革，积极运用大数据思维和技术推进高校党建宣传教育的重要手段。

## 一 深圳大学探索互联网+高校党建工作的经验做法

紧随"互联网+"时代步伐，深圳大学在党建信息化工作也做出了自己的尝试和探索，具体的实践过程包括以下三个方面。

第一，在各个学院的网站开设党建宣传模块。各个学院的网站作为学院各类宣传信息发布的一个门户，在高校师生日常的教学和管理中起着重要的作用。作为传统的门户类网站，其关注率一直都是不低，一般学生和教师都会经常关注自己学院的网站，主要包括一些最新资讯和动态。在"互联网+"时代中，传统的网站是党建信息化工作的一个重要组成部分，深圳大学各学院的门户网站一般都开设有党建相关信息的模块，作为党建工作的一个信息发布窗口。

第二，利用微信公众号搭建党建工作宣传和交流平台。在党建信息化工作中，深大利用微信平台注册党建工作的公众号，运用微信公众号平台等新媒体开展党建工作,创新党员和入党积极分子的政治学习形式,开辟新的党建宣传阵地,同时也实现了部分党务工作的网络化,加强了对学生党员的党性教育与管理,实现了学生党建工作的线上线下全覆盖。

利用微信公众号搭建的党建工作平台,具有学习灵活、宣传聚焦和管理高效的优势。通过该平台,我们可以及时整理政治理论和重要会议精神的要点,发送推文供师生学习,党支部还可以在公众号平台上分享本支部的学习心得体会;通过该平台,我们定期采访优秀党员教师或者校友,树立先进党员典型,并定期推送重要会议精神和讲话,突出重点,强化记忆,增加了党日活动宣传的渠道和平台,促进支部间相互学习,凸显了宣传聚焦性;通过该平台,我们实现对党员的信息化管理以及提高了学生党员组织生活的透明度,在此基础上,每个党支部建立微信群,加强党员之间的联系交流,体现其管理高效性。

第三,在学校的智慧校园建设工程中,将党建工作流程加入其中。深圳大学在校园内构建了一个一体化的智慧校园系统,将大学日常的教学和管理等很多工作都纳入其中,打通各个部门之间的信息数据共享,便于各部门的工作沟通和流程往来。在智慧校园的工程中,党建工作也是其中一个重要模块。在这个智慧校园的大平台下,可以实现党建的日常性的事务,包括入党申请书递交、入党考核、思想汇报提交、党建相关材料的传播、批阅和审核等。

## 二 当前党建信息化建设工作面临的问题

在推进党建信息化建设的过程中,学校做过多方面的尝试和努力，但是仍然面临以下几方面的问题。

第一，高校党建信息化建设工作中没有充分考虑当代大学生的时代特性，导致在党建内容传播效率不高。在"互联网+"时代，网络社交媒体在当代大学生的人际交往中占据主要地位，并且对其学习和生活都产生着日益深刻的影响，在青年大学生党员中，网络社交是其主流的社交方式。据调查，在基于"互联网+"的网络社交方式中，排名第一的是微信，约占81.9%；其次是QQ，约占75.6%；然后是微博和其他的互联网工具。当代大学生的年龄大部分是18—22岁，这个年龄层次的群体，有着多元化的思维模式和生活状态，他们从小就不缺乏基本的物质生活。在"互联网+"时代，这个大学生群体更注重品质，追求更高质量的体验感，渴望更具个性化的生活模式，而互联网受大学生青睐的主要原因正是因为其具有强大的交互性和体验性，在这一点上，偏于形式化的高校党建信息化建设，常常无法满足当代大学生群体的个性化需求，也使得高校师生党员之间，教师党员之间、学生党员之间的互动交流趋于形式化。

利用"互联网+"的手段来实现党建信息化的建设中，出现了多种信息化手段和方式，具体包括搭建党建工作网站，开发党建工作业务平台等，但是在党建宣传内容的设计上却出现了内容不吸引人、过于枯燥、表现形式过于单一等问题，这导致了传播效率不高，宣传效果不佳。这种党建信息化工作与互联网的机械结合，导致的结果就是党建宣传内容吸引力不足，融合创新性不强，在当代大学生的群体里无法形成良好的传播效益。

第二，高校中各学院的党建信息化平台建设不完善，交互性不高。深圳大学在高校党建信息化建设中，依靠的主要平台目前是以各学院的网站和微信公众号为主，部分高校也有自主开发党建信息化平台。其中，以网站来作为实现党建信息化工作平台时，它主要用于党建相关信息的发布，实质是一个属于比较常态化的资讯发布网站，在该类网站上，较少有开发更多的党建工作的其他业务功能，故在功能上不够完善；以微信公众号来作为党建信息化工作平台，其好处在于微信的覆盖面和用户多，基本上高校师生人手一个微信账号，但是存在的问题在于，微信公众号依然主要是实现党建相关信息的发布功能，具体以推送的形式来实现，基于微信公众号平台上很少有进行关于党建信息化工作其他业务功能的二次开发。故在党建信息化平台的建设上，出现了平台建设功能不完善的情况，主要都是发布一些党建工作相关的宣传教育信息，在业务功能上没有体现出互联网的优势，且都是以单向输送为主，交互性不高。

第三，高校自主开发的党建信息化平台中没有充分地开发和利用党建工作大数据。随着我校信息化智慧校园项目建设的稳步推进，教务、研究生、人事和财务等越来越多的业务版块逐步启用，新认证平台在运行磨合中不断调试完善，已基本达到上线各项指标要求。党建信息化也是该平台中的一个重要模块，这是一个存储了大量党员信息数据的信息化平台系统，但是其数据并没有被很好的开发和利用。全国各高校，高校内各学院、各部门，在党建信息化建设中，出现了不少"各自为政"的现象，出现了部分党建信息化平台为独立建设模式，仅注重自身的业务需求，对于跨学院、跨部门、跨高校之间的信息资源共享没有统筹规划。不同高校间和高校内不同学院、不同部门间的党建基本工作皆属同源之木，其核心思想和价值取向均一致，在这个基础上，如果能在党建信息化平台的搭建上做好顶层设计，将不同高校间和高校内不同学院、不同部门间的党建信息化平台连为一体，实现数据信息共享,这将有助于彼此间的经验交流和学习,相信这对于党建工作可以起到很大的推进作用。

## 三 推进高校党建信息化工作的策略建议

第一,结合大数据思维,做好高校党建信息化建设的顶层设计。大数据被作为国家战略性资产进行管理,是促进各方面发展和政府治理变革的基础性力量,被用来提升治理效率、重塑治理模式、破解治理难题。顶层设计对于高校党建信息化工作将起到决定性作用,在党建信息化工作开展前,设计一套完善的顶层设计方案非常重要。一套完善的顶层设计方案可以确保党建信息化平台的高效性、功能完整性、高交互性和兼容性以及党建工作信息化进程的数据共享性。因此,在高校进行党建信息化工作初始,务必做好顶层设计规划,同时结合大数据思维,将整个党建信息化系统做一个统筹的安排和设计。结合大数据思维架构的党建信息化平台可以对高校师生党员数据进行分析,继而拟定党建宣传教育工作的有效方案。

深圳大学通过智慧校园这个大平台,将校园内各种教学和管理等事务都进行信息化管理,也包括了党建信息化模块的搭建。但是平台的搭建,目前主要是针对一些党建工作一些日常业务性的功能,在数据分析和利用这上面暂时还未进行开发。结合大数据思维,接下来对智慧校园中党建信息化模块其中党建数据的分析和开发工作即将展开。如果能充分将党建数据进行利用,可以为未来的党建工作提供一个比较明确的方向指导,包括党员发展、党员培训、党员考核、党员思想动态把握预测等方面。

第二,结合当代大学生的时代特性和互联网+时代的创新性，做好党建宣传教育内容设计，使其更有效地进行传播。在"互联网+"时代，基于互联网的传播方式和内容设计均具有创新性，同时"互联网+"时代是一个品质时代，注重体验感，注重高质量，高校党建信息化建设工作中，相关的党建宣传教育信息的传播方式和内容设计上，也没有做到创新设计、因地制宜和与时俱进，大部分依旧是只做原文转发的操作，并没有在内容上做进一步的优化加工，也很少在传播方式上展开做深入思索。考虑到当代大学生这个特殊群体，如果只是枯燥的原文转发，那么哪怕党建信息化平台搭建得再好，其实实在在的具体内容也很难得到很好的有效传播。

从2013年10月至今，一个名为"复兴路上工作室"的团体不断推出系列跟国家领导人形象相关、跟中国共产党相关的视频作品，视频规避了传统外交报道中惯有的严肃冰冷的刻板印象，不仅在国内视频网站获得高点击率和良好的评论，同时在目标国家及相关国家也实现良好的播出。每个短片都在形式上对视听语言遵循高度专业性，内容上遵循文化接近性。复兴路上工作室的作品运用多种宣传技巧，且极具平民化，易于引起大众共鸣，增强宣传效度。形式上要包括动画、视频、采访、快闪、MV……，不重复的表现形式充满了趣味和新鲜感，且各具特色。思维方式上，采用反思和共勉，气度从容自信，使传播更有力量。

高校的党建信息化建设工作中，在党建宣传内容的设计和制作上，可以参考"复兴路上工作室"的成功之处，在不改变材料核心内容和方向的基础上，可以采用多种表现手法，使得其表现形式更创新、更接地气、更生动，突破传统的符号，这样才不会有给高校的大学生群体一种枯燥无味之感，同时，对这些经过精心设计和制作的内容，采用"互联网+"的各种途径进行宣传推广，一来依靠多样化的创新形式吸引更多大学生的关注和转发，可以起到很好的宣传作用，二来鉴于其内容是以党建宣传信息的原文为基准进行优化（推荐可以将原文件附在其后），也不失党建宣传教育的目的。

第三，结合互联网的即时性和高效性，建立党建工作的交流机制，发起引导式讨论，关注党员思想动态，及时发现和解决问题。高校党建信息化工作中，党员间的经验分享和交流学习是非常值得注重的一个环节，而互联网向来以及时性著称，在充分利用这一点的基础上，再结合一些事实热点话题，借由发布师生党员群众感兴趣的话题来调动其讨论积极性，是他们参与到网络讨论中，在讨论中学习，在学习中进步；在讨论中发现问题，进而解决问题。同时，通过建立党员间的日常交流机制，还可以时刻关注党员群众的思想动态，了解其所思所想，倾听他们的意见和建议，并主动帮助困难党员群众克服困难，解决问题。

"互联网+"时代，网络信息技术正在潜移默化的改变人们的生活习惯，换个角度，如果我们采用党员教师和学生习惯的行为方式，通过微信、QQ、微博等社交平台来"润物细无声"，实现"互联网+"与党建信息化工作的有机结合，由点及线到面，变单向传输为双向沟通，化传统线下模式为创新互联网模式，便可以不断增加党建工作的活力。

# 高校基层党组织组织力提升途径的思考

戴纪锋　方　芳　李晓娴　王之维[*]

**摘　要**：党的十九大报告对基层党组织建设提出了新的要求，针对现阶段部分高校基层党组织组织力薄弱、思想认识不足、主体责任落实不到位、组织生活质量不高、干部能力素质不强、党员组织观念淡薄等问题，探讨如何有效提升高校基层党组织组织力，筑牢党在基层的战斗堡垒，具有重要理论价值和实践意义。高校基层党组织组织力主要表现在对高校工作的政治引领力、对院系基层党组织的统筹力、对基层干部队伍的选配力、对党员师生的带动力、对人民群众的服务力等方面。党组织组织力建设是一项长期的工程，高校党委应找准症结、对症下药、加强统筹兼顾；基层党组织积极配合、做强支部工作、做好党员管理，切实提升基层党组织组织力。

**关键词**：高校党建；组织力；基层党组织

---

[*] 深圳大学组织部。

党的十九大报告明确提出,"要加强基层组织建设,要以提升组织力为重点,突出政治功能"。① 这是以习近平同志为核心的党中央站在新的战略高度,对党的基层组织建设提出的新要求,是推进全面从严治党向纵深发展的重大部署,也为扎实提高高校基层党组织建设提供了重要遵循。

## 一　高校基层党组织组织力的内涵

党的组织力指党的组织动员能力,从其作用的对象来看,高校基层党组织组织力主要表现在以下几个方面。

一是对高校工作的政治引领力。基层党组织是政治组织。高校党组织组织力就是校级党组织对学校教育教学科研工作进行政治领导的能力,主要体现在坚持社会主义办学方向,宣传贯彻落实党的路线方针政策,落实各项职责任务,领导学校内部治理,推动学校改革发展,促进大学人才培养、科学研究、文化传承功能,实现高等教育内涵式发展等方面。

二是对院系基层党组织的统筹力。院系党委、总支、支部是高校的组织阵地,是贯彻落实党的路线方针部署的发力点和落脚点,院系基层党组织建设质量事关高校党建工作的成败。从这点来看,高校党组织组织力的强弱体现在,能否合理设置基层党组织,能否有效组织院系基层党组织开展党内政治生活,能否建立有效的机制层层压实责任,充分调动和发挥院系党组织的战斗堡垒作用。

---

① 习近平:《决胜全面建成小康社会　夺取新时代中国特色社会主义伟大胜利——在中国共产党第十九次全国代表大会上的报告》,人民出版社2017年版,第65页。

三是对基层干部队伍的选配力。基层党组织干部队伍的政治素质、专业素养以及对自身职责的定位是影响基层党组织组织力的关键。组织力强的党组织，必定有一支政治素质高、业务能力强、工作作风正、勇于作为、敢于担当的党务干部队伍，有正确的选人用人机制，真正做到知人善任、选优配强，有完善的干部激励政策和督查问责机制，能有效激发干部担当作为。

四是对党员师生的带动力。基层党组织担负教育党员、管理党员、监督党员的职责。学校里是否有新生力量愿意加入党组织，高校中的研究生、教师和科研人员等高知识群体的入党积极性如何，党员教育培养活动是否有针对性和吸引力，是否建立了完善的党员监督机制，是否能有效引领党员坚定政治信念、端正党性观念、严格纪律意识、发扬良好作风，党员在高校的学习工作，以及毕业离校后是否能发挥先锋模范作用，是否能坚决及时处理不合格党员，都直接反映了高校党组织组织力的强弱。

五是对人民群众的服务力。十九大报告首次提出要不断增强党的"群众组织力"。在高校，党的群众组织力在于营造和谐的党群关系，依靠、动员、凝聚、服务群众落实立德树人根本任务，主要表现为一是坚持以人为本，把师生的利益放在第一位，为师生办实事，增强师生的获得感、幸福感和安全感；二是畅通党群沟通渠道，完善党务校务公开，密切党群干群关系。

## 二 高校基层党组织力薄弱表现

在推动全面从严治党的背景下，高校党组织在规范党组织设置、完善体制建设方面做出了努力，但还存在一些薄弱环节。

1. 基层思想认识不足，作用发挥不够

个别基层党组织对党建工作认识不足，重视不够，党建工作开展不同程度地存在"说起来重要，做起来次要，忙起来不要"的现象，工作开展简单应付，主动结合实际进行思考创新的较少，对党建工作的重要性和必要性认识还比较模糊。少数党员领导干部重业务轻党建的思想还较为根深蒂固，党建工作摆不上应有的位置，存在"两张皮"现象，即使抓党建工作也是被动应付，没能把教学科研和党务工作两者很好结合起来，使得一些党建工作被边缘化，没有真正发挥党建工作引领、支撑、服务其他工作的作用。

2. 主体责任落实不到位，压力传导递减

个别基层党组织在落实主体责任中，过多地依赖上级党组织的要求和推动，习惯于"上传下达"，开展党建工作上级推一下动一下，盯一阵紧一阵。少数基层党组织"四个意识"不强，在落实上级决策部署上存在不坚决或不到位的现象，核心作用发挥不足。履行党建主体责任说得多、干得少，安排部署多、狠抓落实少，在具体工作中也出现主体责任压力传导层层递减，呈现"上热中温下冷"的现象，不能切实将主体责任牢牢抓在手上、扛在肩上。

3. 组织生活质量不高，创新意识缺乏

少数基层党支部简单认为支部工作就是按照上级党组织要求按部就班开展就行，党内组织生活缺少创新意识和手段，存在流于形式的倾向，或是照搬照抄、千篇一律，对支部成员缺乏吸引力。有的支部组织生活管理无序，随意性大，缺乏规范。有的支部组织部生活内容比较死板单一，对党员的思想教育缺乏针对性，教育内容枯燥，方式方法单一，大多数局限于听报告、学文件、开大会，泛泛而谈的多，面上情况的多，理论说教的多，缺乏生机和活力。也有小部分党支部对待组织生活不认真严肃，存在一定的庸俗化和娱乐化倾向，严重削弱了党支部组织生活的质量和效果。

4. 干部能力素质不强，问题思考不够

少数基层党务干部的能力素质与全面从严治党向基层延伸的要求不相适应，出现了党建工作抓不出实效的情况。主要表现在三个方面。一是能力不够强。对党建工作研究不多、学习不深、培训不足，导致党务工作不上手，思想潮流跟不上。二是思路不够清。不注重党务工作，缺乏一套科学有效的工作方法，工作总是处于一种无从下手、无计可施的状态。三是精力不够足。高校党务干部兼职化情况较普遍，教学科研等工作往往占据了大部分时间与精力，开展党务工作分身乏术，党建工作容易被淡化。在此情形下，党务干部难以对新形势下基层党组织的组织建设、思政工作创新、党员队伍教育等深层次问题进行思考，无法更好地发挥基层党组织带头人的作用。

5. 党员组织观念淡薄，先锋作用不强

有的基层党组织对党员的教育管理比较松散，工作缺乏力度，"三会一课"等党内组织生活制度开展得不经常、不严肃，容易造成党员组织观念淡薄，纪律散漫。个别党员自我要求不高，责任感、使命感不强，把自己等同一般群众，不愿参加党内活动或参与的积极性与主动性不高。同时，一些党员不能很好地适应新的形势和发展要求，联系和发动群众的能力有限，先锋模范作用不强。

## 三 高校基层党组织组织力提升途径

提升组织力是高校基层党组织的重要工作任务，要求高校党组织创新思路，强化管理，从基层党组织建设各方面着手，形成一股强大的组织合力。具体从以下五个方面进行提升改进。

第一，紧扣政治强引领。强化高校党委的政治引领力，是推动全面从严治党纵深发展的必然要求。一是坚持党对高校工作的统一领导，以政治建设为统领，提高政治能力，把准政治方向，坚持用习近平新时代中国特色社会主义思想武装头脑、指导实践、推动工作，执行党委领导下的校长负责制，发挥"党管方向、党管大局、党管队伍"的职责。二是坚持社会主义办学方向，全面贯彻党的教育方针，把握意识形态工作主导权，把党的领导与教学、科研、管理和人才培养相结合，把思想政治工作与立德树人的根本任务相结合，培养新时代合格的接班人和可靠的建设者。

第二，优化布局抓统筹。高校党委要做到统筹兼顾，做好加强基层党组织党的建设总体布局。一是强化制度建设。要结合实际制定规范化文件，充分发挥制度的约束力和保障力。严格落实"三会一课"、谈心谈话、民主评议党员、主题党日制度，以基层党组织标准化建设为基础，促进党建工作制度落实落细。二是强化组织设置。将支部建立在科研团队、创新平台、新兴学科交叉组织上，破除教工和学生党员分家的固定思维，加强支部活动的协调性、针对性和操作性，实现党建工作与师生学习、教学、科研工作有机融合。三是强化监督检查。针对院系基层党组织主体责任落实不到位、压力传导递减的情况，实行学校党员领导班子成员挂点包片督导。定期开展党建工作检查，将党的建设具体工作、重点内容融入其中。根据督导检查情况，确定整顿对象，明确整改措施，实施精准整顿。

第三，强化培养重选配。要重视党务干部的选拔与培养，为提升组织力提供人力保障。一是选优配强支部书记。进一步加强"双带头人"培育工程，增强支部书记的威信力和影响力；建立合理的支部委员的选任和培养机制，注重发现综合素质好，工作能力强，业务水平高的党员作为支委的培养对象，做到支部工作稳定持续高效开展。二是加强党务干部培养教育。要把开展多层次、系统化培训作为加强党组织建设、强化党的组织力的重要举措，定期开展基层党组织书记全员培训和党务干部轮训；鼓励党务干部走进基层去开展调研，在实践中切实提高党务工作者工作能力和职业素养，提升党务干部运用新思维新思想解决问题的能力。

第四，巧用载体促带动。为主动适应新形势新变化，高校党组织要充分运用网络技术和信息平台，提升党建工作实效，提升对党员师生的带动力。一是有效运用网络媒介，利用微博、微信等工具，与时俱进，打造党员群众喜爱的网络平台，加强宣传教育，提升党员教育质量和效果；二是打造智慧党建系统，加强党员管理和组织生活规范，利用大数据对党组织和党员队伍的实时监测、动态分析，做好党员管理统筹。三是建立完善的党员培养教育体系，结合校园文化特色举办知识竞赛、专题讲座等活动，丰富党员教育学习内容，引导党员树立终身学习的理念。

第五，用心用情优服务。高校基层党组织要做好服务型党组织建设，履行组织、宣传、凝聚、服务群众的职责。一是完善自身扩大号召力。要开展经常性教育，提高党员的党性修养，推进党务公开，严格纪律作风建设，完善民主监督机制，切实纠正师生群众身边的不正之风，引导党员发挥先锋带头作用，扩大党在师生中的号召力。二是优化服务增强凝聚力，将思想引领和价值观塑造融入学习、教学、科研中，打造党群服务中心等服务阵地，定期开展党群沟通系列活动，健全支部解决师生党员困难的帮扶机制，常态化地了解师生利益诉求，妥善解决群众的操心事，以实实在在服务师生，展现高校党组织的组织力。

# 夯实高校基层党建，打造医学特色支部
## ——深圳大学医学部党委落实党建创新发展纪实

郭锦昌　肖向东　柴金龙[*]

**摘　要**：2018年11月，中共中央印发了《中国共产党支部工作条例（试行）》（以下简称《条例》），并发出通知，要求各地区各部门认真遵照执行。其中，明确指出"高校中的党支部，保证监督党的教育方针贯彻落实，巩固马克思主义在高校意识形态领域的指导地位，加强思想政治引领，筑牢学生理想信念根基，落实立德树人根本任务，保证教学科研管理各项任务完成"[①]，进一步凸显了党支部在基层党建中的基础地位与堡垒作用，为新时代高校党支部建设指明了方向。围绕立德树人，立足专业特点，夯实高校党建基础，打造医学特色支部，持续推进党建创新发展，具有重要的实践意义。

**关键词**：新时代高校基层党建；创新发展特色支部

---

[*] 深圳大学医学部。
[①] 《中国共产党支部工作条例（试行）》第三章第十条第四款，共产党员网，2018年。

党的十九大以来，深圳大学医学部党委，以全面贯彻落实习近平新时代中国特色社会主义思想①为契机，学习十九大，奋进新时代，按照上级党组织的部署和要求，认真学习贯彻习近平总书记重要讲话精神和落实2018年全国教育大会相关思政工作部署，认真落实中共教育部党组《高校思想政治工作质量提升工程实施纲要》（教党〔2017〕62号）、《普通高等学校学生党建工作标准》（教党〔2017〕8号）文件精神，自觉对标《中共教育部党组关于高校组织"对标争先"建设计划的实施意见》（教党〔2018〕25号）中的基层党支部"双创"工作重点任务，学习领会《中国共产党支部工作条例（试行）》精神，乘着中共深圳大学第五次党代会各项部署深入落地以及《深圳大学文化创新发展纲要》全面实施的东风，围绕立德树人根本任务，立足专业特点，加强学习实践，大力推进思想、政治、组织、作风、制度等建设，持续推进"学习型、服务型、创新型"党支部建设上台阶，进行学生党支部品牌文化活动的探索创新，扎实推进学生党支部建设，取得一定成效。

继深圳大学医学部党委直属本科生党支部2017年7月荣获广东省高校"学习型、服务型、创新型"（以下简称"三型"）党支部以及深圳大学党委优秀"三型"支部称号后，深圳大学医学部基础医学院教工党支部获批中共广东省委教育工委首批"双带头人"教师党支部书记工作室（以下简称"双带头人"工作室）立项建设，系深圳大学唯一获批的省级"双带头人"工作室；2018年8月，在《中共广东省教育工委关于新时代高校党建示范创建和质量创优工作立项的通知》（粤教工组委函〔2018〕59号）中，

---

① 《习近平新时代中国特色社会主义思想三十讲》，学习出版社2018年版，第1页。

深圳大学医学部党委直属本科支部获准立项全省高校党建工作样板支部（全省共49个，系深大唯一的入选党支部），建设周期两年（2018—2020年）；并于2018年12月，获评新时代高校党建"双创"工作全国党建工作样板支部（全省共559个，系深大唯一的入选党支部），为深入推进医学部党委基层党支部各项工作做细做实、升级出彩提供了新动力。可以说，在围绕立德树人根本任务落实上，医学部党委在夯实党建工作基础，弘扬医学专业特色方面，有效地发挥了示范引领作用，主要做法有以下几个方面。

## 一 围绕立德树人，依托书记项目，打造"三型"学生支部

党的十八大以来，医学部党委按照上级党委的部署安排，围绕立德树人，结合医学专业特点，弘扬医学人文精神，提出了医学部"厚植爱心，化育医德"学生工作理念，连续多年依托党委书记项目，重点在党员志愿服务长效机制探索构建、学生党员先锋模范作用长效机制探索研究等方面，进行了深入实践探索，并完成了《在志愿服务第一线发展检验党员——深圳大学医学部党委党员志愿服务长效机制探索与构建》、《扎实推进"三型"学生党支部建设工程，开创新时代医学生党员作用发挥新局面》等多篇成果报告，并培育了以直属本科党支部等为示范的"三型"特色支部，推动了夯实了党建工作基础，主要做法如下。

### （一）结合学生实际，加强教育引导，抓好学习型党支部建设，提升学生骨干的思想认知水平

深圳大学医学部党委直属本科支部认真落实"三会一课"制

度，大力落实全员学做的理念，推进"两学一做"教育常态化制度化，引导全体支部成员常补精神之钙。以点带面、示范引领，坚持学习路上支部全体成员共成长同进步的理念，认真落实全员学做。围绕"学什么、如何学"定期召开党支部例会开展深入讨论交流，通过"学习小组""学习大国"等微信公众号以及支部书记上党课、党员同学谈体会等重要线上线下载体，引导支部成员结合自身实际主动学、深入学；在"学什么"上，除了在学习党章党史党规党纪和领会习近平总书记系列重要讲话精神上认真落实，还在延伸内容上下足功夫，组织学习了《爱之深，知之切》《摆脱贫困》《之江新语》《习近平的七年知青岁月》等书籍，内涵丰富、发人深省；此外，组织动员观影，《信仰的力量》、《将改革进行到底》、《不忘初心，继续前行》等文献政论片，生动形象、可观可感；开展"两学一做"知识竞赛，增强支部成员的学习积极性，以赛促学；以党日活动为依托，参观深圳博物馆、莲花山等爱国主义教育基地，重温深圳历史，特别是改革开放以来深圳所发生的翻天覆地的变化，增强青年学子的道路自信、理论自信和制度自信；开展"青年学子学习青年习近平"学习交流活动，赠阅《习近平的七年知青岁月》给党员同学，以及开展该书在支部成员间的流转，增强支部成员核心意识、看齐意识与实践精神；十九大后，及时组织开展赴广州革命圣地、烈士陵园、历史博物馆的"不忘初心访圣地，牢记使命勇担当"主题党日活动，重温入党誓词，缅怀革命先烈，引导支部成员不忘入党初心，牢记使命职责，学习十九大，奋进新时代。总之，通过持续深入的学习，引导学生党员、支部成员，牢固树立"四个自信"（道路、理论、制度、文化），自觉增强"四个意识"（政治、大局、核心、看齐），坚定理想信念，常补精神之钙，系好学生骨干入党的第一粒扣子，引导他们不忘医者初心、力做合格党员、争做优秀党员，为支部成员在广大学生中传递思想正能量、凝聚向上好风气奠定坚实基础，有效地提升学生骨干的思想认知水平。

## （二）依托实践平台，凸显党员意识，抓实服务型党支部建设，推动实践育人出实效

围绕服务型支部建设，以志愿服务和社会实践为重要抓手，做好两篇文章。第一篇，不忘初心寻根篇：社会实践常态化，情系非珠三角扶贫帮扶地，走出深圳，以粤东、粤西、粤北等地为据点，以红色革命圣地为依归，带领支部成员积极参与社会实践，连续五年开展医学部"乡村医生见习计划"暨广东省（深圳）公益种子计划系列活动，落实"三同"（同吃、同住、同工），走基层访民献义诊做宣讲，每次持续两周左右，向坚守基层服务群众的优秀医务工作者学习，助力基层党建，服务群众健康；2018年7月17日至7月22日，派出了一支由1名带队老师与10名医学生组成的"井冈情·深医梦"深大医2018暑期灯塔实践团队，前往井冈山革命根据地开展"相遇美好新时代，砥砺青春学思行"——深圳大学医学部党委直属本科生党支部"奋进新时代，医路用心行"2018暑期井冈山筑梦领航之行系列主题实践活动，影响广泛，此次活动既历练了学生党员，也发展了新成员。第二篇，行稳致远开拓篇：志愿服务长效化，立足深圳，辐射深大周边社区、中小学校园，开展"三进"，即公益义诊进社区、健康宣讲进校园、爱心探访进家庭（无语体师之家），以学校周边社区为依托，常态化开展公益义诊、健康宣传等志愿服务活动，定期组织志愿者开展无偿献血和四点半课堂志愿者帮扶活动，丰富了医学生第二课堂。通过以上两大抓手，服务型党支部建设有效推进，

学生骨干实践能力、志愿服务参与意识明显增强，有效带动了更多的同学积极参与到志愿服务、社会实践中来。

### （三）直面党建难题，发挥医学特色，推进创新型党支部建设，增强学生主人翁意识出实招

本科生党支部在党建方面，基于当代青年学子思想活跃、勇于实践的特点，结合医学部专业特色，开展形式多样的党建微创新。

1. 创新组织生活，推动支部"三会一课"落实与医学生党员实际紧密结合

（1）结合"医改新政""医患沟通""医学生就业"等热门话题开展支部成员每月一席谈活动；（2）抓重要节点，开展"携手新青年，喜迎十九大——医学部优秀本科生党员开讲啦"的迎新活动，抢抓新生学生干部骨干培训教育黄金期；（3）上好形势政治课，当下"健康中国"[①] 计划正如火如荼实施，"罗湖医改"模式走红全国，引领更多支部成员转变择业观念，投身新医改、扛起新担当。此外，支部以创新党组织生活和党日活动为依托，引导支部成员加强学习、积极实践，举行了走进中学课堂宣传医疗常识和举办急救演习等丰富多彩的党日活动，不仅增强了参与同学的党员身份意识，也很好地提高了他们的创新意识和组织能力，使学生党支部"三会一课"更加贴近支部成员实际，切合学生成长发展。

2. 严格党员管理，在党员发展方面，本科生党支部试行了"三个义工时"管理制度

从入党积极分子到成为发展对象至少达20个义工时；接收

---

① 中共中央、国务院：《"健康中国2030"规划纲要》，2016年8月25日。

预备党员至少达 40 个义工时；转为正式党员至少达 80 个义工时，初步实现了党员发展工作规范化和党员志愿服务长效化相结合的初衷，发挥了学生党员的先锋模范作用，吸引了更多的学生参与志愿服务活动。

3. 探索构建学生党员及骨干先锋模范作用发挥的长效机制

贯彻上级思政会议精神和党建工作决策部署，结合实际开展"勇于亮身份，善于聚能量"日常学做活动，着眼"五类生"（思想问题学生、品行问题学生、学业预警学生、经济困难学生、心理问题学生）帮扶，引导学生党员在"关怀身边人，做好身边事"方面发挥作用，推动学生党员在成长成才、职业发展和使命担当上争当品德楷模、学习标兵、实践先锋，特别是在"五类学生"等特殊学生群体帮扶上发挥作用；此外，在班级建设、社区管理、义工活动和医疗扶贫等学生工作上鼓励学生党员勇挑大梁，成为学生的主心骨和活动的责任人，探索评奖评优与支部成员评议结果相衔接的党员考评激励机制，为学生党员发挥先锋模范作用提供制度保障。

4. 进一步加强毕业生党员教育管理服务

在流动毕业生党员管理方面，实施每月一汇报的动态管理机制；抓好毕业生党员系列主题教育，毕业了面临这样那样的诱惑或许就多了，引导提醒毕业生党员：牢记党员身份，珍惜荣誉使命，弘扬医者仁心，不辱天使盛名，不断提升素养，为健康中国建设持续奉献智慧与力量。

通过省级"三型"支部建设的深入推进，学生党员先锋模范作用发挥机制进一步健全，有效地发挥学生党支部的育人作用，也为新时代学生党建工作不断开创新局面以及高校党委在立德树人的伟大实践中贡献了新方案。

## 二　彰显文化引领，依托名工作室，打造教师模范支部

2018年7月，中共深圳大学第五次党代会规划了未来五年以及相当长的一个时期深圳大学的发展计划与目标，提出了"文化引领，创新驱动，内涵发展——努力建设新时代人民满意的高水平特区大学"[①]的奋斗目标，实现第五次党代会既定发展目标以及深入贯彻落实《深圳大学文化创新发展纲要》，完成建设有灵魂、有担当、有卓越贡献力、有广泛美誉度大学的新使命，重点在基层，关键在支部，充分发挥党员教工的先锋模范作用，从而带动影响更多的师生自觉参与到深圳大学新时代发展目标的壮阔实践中，是深大落实立德树人根本任务使命使然，也是认真贯彻落实学习贯彻习近平总书记重要讲话精神和全国教育大会部署的应有之义，更是每一位深大人自觉自砺与义不容辞的职责。长期以来，医学部党委结合教工支部建设实际，以打造教工名工作室为依托，较好地发挥了教工党支部的战斗堡垒作用，在以下两个方面进行了深入探索。

### （一）省级"双带头人"教师党支部书记工作室获批立项，竖起新时代高校教师党建和业务双融合、双促进的中坚骨干新模范

按照新时代党的建设总要求，全面贯彻党的教育方针，结合

---

① 刘洪一：《文化引领·创新驱动·内涵发展——努力建设新时代人民满意的高水平特区大学——在中国共产党深圳大学第五次代表大会上的报告》，2018年。

2018年教育部办公厅、广东省委教育工委《关于开展首批高校"双带头人"教师党支部书记工作室建设工作的通知》精神以及学校的有关部署要求，医学部党委本着进一步加强教师党支部书记队伍建设，以教师党支部建设升级为依托，积极探索形成符合医学部实际、兼顾医学部专业特点"双带头人"教师党支部书记培育工作体制机制，为积累教工支部可示范可推广的工作室示范效应而深入探索。培育了以医学部党委基础医学院第二教工党支部书记工作室为标志的省级"双带头人"教师书记示范工作室，有效地带动了其他教工支部的党员骨干发挥模范带头作用，并形成了优秀中青年教工积极向党组织靠拢并申请入党的良好局面；此外，还大力推广运用优秀教师支部书记以及思想政治工作骨干在党组织育人方面的工作方法，有效地引领了学部教工党建、提升了学生思想政治工作质量。可以说，着力把教师党支部书记队伍建设成为新时代高校党建和业务双融合、双促进的中坚骨干力量，着力把教师党支部建设成为促进新时代高校事业发展的坚强战斗堡垒，是扎根中国大地办好社会主义大学的坚强保证，也是医学院校培育政治合格、德技双优的社会主义医学人才的关键一环。

## （二）省级高校骨干辅导员工作室积极筹建，做强新时代高校思想政治工作名辅导员贡献新品牌

为深入贯彻落实中共中央、国务院印发的《关于加强和改进新形势下高校思想政治工作的意见》（中发〔2016〕31号）和教育部《普通高等学校辅导员队伍建设规定》（教育部令43号）精神，加强一线辅导员队伍建设，发挥团队作用，形成凝聚效应，为辅导员职业化专业化搭建示范引领平台，按照学校部署并

结合医学部实际,医学部党委积极推动、大力支持由名辅导员牵头组建高校骨干辅导员工作室,助力医学部"厚植爱心,化育医德"学生工作理念与医学部人才培养工作在新时代谱写新篇章、绽放新辉煌。着力培育由名辅导员牵头的工作团队,支持他们深入研究移动互联时代学生工作特点,创造性地开展学生思想政治教育、学生身心健康、学生成长成才等方面的管理服务工作,着力在主题班会、网络媒体、公共空间传播正能量和先进文化等方面进行深入实践探索,同时激励支持辅导员团队在倾听学生诉求、疏导学生困惑、帮助学生解决各类实际困难和问题等方面进一步把工作做细做实,打造新时代高校学生工作新的亮丽名片……

近年来,医学部党委对教工支部高度重视、大力支持与精心打造,先后涌现了一批教师党员模范,在教书育人、科研学术等方面成果喜人。其中,既有近年来新引进的国家杰出人才,也有建院之初就来学院的优秀党员教师。以医学部主任朱卫国教授为例,自2015年12月从北京大学调入深圳大学以来,科研学术育人成果突出。作为国家杰出青年基金项目获得者、创新研究群体项目首席科学家的朱卫国教授自担任深圳大学特聘教授以来,充分发挥党员教师的先锋模范作用:他长期从事肿瘤分子生物学研究,获得多项科研奖项,包括北京市教育创新标兵、教育部自然科学奖一等奖等;兼任中国抗癌协会肿瘤病因分会专业委员会副主任委员、中国生物化学与分子生物学会常务理事等要职;在国际知名杂志 *Nature*、*MolCell* 等发表论文100多篇,主要论文近年来被引用近8000余次,H-index 为40次,多次受国际著名杂志邀请作为特约审稿人和综述撰写人,在国际上享有相当知名度。朱卫国教授自进入深圳大学医学部以来,2017年6月作为首席科学家申报的国家重点研发计划项目获中央财政经费资助 2879 万，系深圳大学首个牵头申报并获得立项的国家级重点专项项目；2018 年 9 月在第 77 届日本癌症学会学术总会上，荣获第三届国际研究杰出贡献奖（JCA International Award）；此外，育人方面成果丰硕，三年多来，累计带博士硕士研究生 18 名，指导博士后 5 名。还有医学部建院之初就任教的刘志刚教授，2006 年底他从深圳大学生命科学学院副院长调任医学院，任期内负责医学院筹建工作可谓尽心尽力，但十多年如一日，时刻不忘专注育人，积极探索教学新模式，负责建立了医学院临床医学专业系统整合的教学模式以及当时较为先进的 PBL 教学方法（"带着问题"来的教学），参与的医学院"以创新性人才培养为导向的'聚徒教学'改革与实践"也于 2013 年获广东省教学成果二等奖；此外，还坚持指导本科学生参与学术科研竞赛等，成果突出形成了优秀本科生群聚的效应：刘志刚教授到医学部十年多来，所指导的本科生在创新性人才培养方面成果优异，据不完全统计其中获全国大学生基础医学创新论坛暨实验设计大赛一等奖 1 项，全国大学生挑战杯竞赛全国总决赛三等奖 1 项，获广东省大学生挑战杯竞赛决赛一等奖 2 项，在国内外学术刊物以本科生为第一作者发表论文 35 篇，其中 SCI 论文 10 篇；在刘志刚教授所带的本科生中，有获得全国大学生挑战杯竞赛特等奖的白羽同学（后国家公派赴英国爱丁堡大学攻读博士学位，现跟随"克隆羊之父"伊恩·威尔默特教授从事博士后研究），还有医学院第一届本科生李燕良同学被保送到复旦大学攻读博士学位，还有 2016 年获第十届中国青少年科技创新奖的林建立同学系深圳大学第一个获此殊荣的本科生……新时代，深圳大学医学部以朱卫国教授、刘志刚教授为引领的新老教师党员正在诠释医学教工党员的实干与担当……

## 三 严把党员入口,筑牢信仰之基,打造风清气正支部

"一个党员,一面旗帜",每一个师生党员的表现都事关医学部党委整体形象,作为发展、教育、管理党员的基础组织,支部党员发展工作是事关党组织形象的基础性工作。近年来,医学部党委根据《中国共产党章程》等文件精神,严格按照"控制总量、优化结构、提高质量、发挥作用"[①]的发展党员工作总要求,认真执行《中国共产党发展党员工作细则》,参照《深圳大学发展党员工作程序》认真做好发展党员工作,不断提升发展党员工作的质量和水平,把好党员入口,突出党员教育,筑牢党员思想之基。

### (一)自觉对标争先,党员更加优化,支部"七个有力"格局形成

自《中国共产党支部工作条例(试行)》印发后,深圳大学医学部党委组织人员认真学习贯彻,支持引导包括本科生、研究生在内的学生党支部,认真落实《普通高等学校学生党建工作标准》(教党〔2017〕8号)文件精神,自觉对标《中共教育部党组关于高校组织"对标争先"建设计划的实施意见》(教党〔2018〕25号)中的基层党支部"双创"工作重点任务,以医学部党委直属本科生党支部为例,2018年先后获批立项建设广东省和国家新时代高校党建示范创建和质量创优工作样板支部,为推

---

① 《中国共产党发展党员工作细则》第一章第三条,共产党员网,2015年。

进医学部学生党支部各项工作做细做实、升级出彩提供新动力。其在党员发展管理方面，不断深入推进，主要做法有以下三个。

1. 精挑细选，多方约谈确保谈话工作做实到位，把好党员发展第一关

在各基层团支部入党推优基础上，由支部学生党员对入党积极分子的一对一复核谈话，确保谈话工作做实做到位，严格把好党员发展第一关；经团支部公推、党支部党员同学一对一谈话后，本科生党支部的党员小组再次对积极分子进行多对一确认谈话。

2. 严格组织生活，支部"三会一课"与成员日常教育紧密结合

在支部发展对象参加学校党校培训班前，支部组成专题研讨组开展对参加学校发展对象培训班的学员进行专题学习辅导；发展对象培训归来，适时组织发展对象面向积极分子等党课分享会。

3. 转正吸收党员，会议宣誓发证，仪式感的入党经历与难忘的毕业经历

支部召开全体会议，研究新党员吸收及转正等内容，以及适时开展毕业生党员教育工作；在支部转正暨吸收大会上，发展对象表入党决心并接受党的基本知识提问考核等，并由本发展对象的入党联系人对其综合表现情况进行汇报说明；并由上一批次吸收的预备党员再次进行入党宣誓，示范引领新吸收党员以及使其他支部成员领会践行入党誓词，保证常温常思常行；并为新发展党员颁发党组织生活证，使其在组织上入党在望……

总之，期望通过把好党员发展入口，推动基层支部做到"七个有力"（教育党员有力、管理党员有力、监督党员有力、组织

师生有力、宣传师生有力、凝聚师生有力、服务师生有力），积极开拓医学生党员发展教育管理以及作用发挥新局面，发挥学生党支部战斗堡垒作用，推动学生党员发展质量全面提升、学生党员作用发挥长效化机制更加优化，使得学生党支部党建工作更贴合学生实际，以期为立德树人根本任务达成，贡献更多可操作可复制可推广能持续的基层高校学生党建工作方案。

### （二）弘扬优良作风，纪律更为严明，党员先锋模范作用凸显

旗帜鲜明讲政治，坚定不移强基础，筑牢理想信仰之基，弘扬党的优良作风，是新时代推进党的基层组织建设的重要内容。长期以来，医学部党委严格按照上级的决策部署，坚定执行党的政治路线，严格遵照政治纪律和政治规矩，严格党内政治生活。以2017年为例，医学部党委紧紧围绕党的十九大这一关键时期的历史性盛会开展工作，主动发现问题，化解矛盾，维护学部的和谐稳定，同时积极牵头谋划学部发展，把学习贯彻十九大精神和落实《深圳大学文化创新发展纲要》有机结合起来，广泛开展讨论，形成了为学部发展献计献策的良好氛围。此外，深入推动基层支部"三会一课"制度严格落实，推进"两学一做"学习教育常态化制度化开展，严格执行新形势下党内政治生活的若干准则，保证风清气正的支部生态；通过多次组织党员师生参加红色革命圣地等的参访学习，为新时代年轻党员坚定理想信念、不忘初心使命奠定了坚实基础；以书记项目为依托，先后开展了新形势下发挥学生党员先锋模范作用长效机制以及师生党员志愿服务长效机制探索与研究，有效地增强了师生党员"勇于亮身份，善于聚能量"的自觉性，通过深入开展对精准扶贫地的对口帮扶

工作以及常态化开展志愿服务活动，进一步凸显了师生党员的先锋模范作用……

## 结　语

"一个党员，一面旗帜"，"一个支部，一座堡垒"，通过多年的实践，我们深深感知：只要党员不忘初心、牢记使命，发挥作用、产生影响，支部就能富于战斗力、饱含生命力、洋溢新动力、传递向心力，重视师生党员及教工学生骨干，大抓基层支部建设意义深远、影响重大。新时代当有新作为，面对新使命勇扛新担当，深圳大学医学部党委，将以深入学习贯彻习近平新时代中国特色社会主义思想为契机，学习十九大，奋进新时代，贯彻落实2018全国教育大会精神以及相关工作部署，按照《中国共产党支部工作条例（试行）》建设要求，自觉对标教育部新时代高校党建示范创建与质量创优工作重点任务，乘着中共深圳大学第五次党代会各项部署深入落地以及《深圳大学文化创新发展纲要》全面实施的东风，围绕立德树人，立足医学特点，进一步健全师生党员先锋模范作用长效发挥机制，大力推进政治、思想、组织、纪律、作风、制度等建设，夯实党建基础，抓好支部建设，为新时代高校党建示范创建与质量创优工作别开生面开展不断贡献新方案……

# 加强和改进高校学院党委工作的思考与探索
## ——以中共深圳大学法学院党委为例

李卫英[*]

**摘　要**：深圳大学实行校院两级治理体系，学校实行党委领导下的校长负责制，学院以党政联席会议作为重要决策机制。学院党委承担三大责任：把握学院发展全局工作的政治方向；发挥育人中心工作的保证监督作用；履行管党治党的主体责任。针对"业务党建融合、支部组织力建设、党员管理教育规范创新、双带头人支部书记培育"等突出问题，学院党委加强班子及制度建设，完善"核心凝聚、多维融合"工作机制与载体；抓住德法兼修育人核心，筑牢师生理想信念；落实《深圳大学文化创新发展纲要》，引领学院发展愿景与文化涵养；拓展党建工作视野，提升党建规划与质量意识。

**关键词**：学院党建；政治站位；德法兼修；工作机制

---

[*] 深圳大学。

为深入学习贯彻习近平新时代中国特色社会主义思想和党的十九大精神，落实 2014 年全国高校思想政治工作会议、2018 年全国高等学校本科教育工作会议相关精神，围绕立德树人、德法兼修的育人方针和以本为本的改革导向，法学院党委加强政治建设和党建研究，主动围绕当前高校学院党建与教学、科研、管理的关系，落实 2017 年《深圳大学文化创新发展纲要》提出的"创新驱动、内涵发展、文化引领"，从深圳大学 2018 年第五次党代会办学愿景及"两个前沿"地缘特点出发，探索并创新高质量法学人才培养的体系机制，以理论研究探索和湾区法治人才培养为契合点，主动融入粤港澳大湾区建设。

深圳大学实行校院两级治理体系，学校实行党委领导下的校长负责制，学院以党政联席会议作为重要决策机制。法学院是承担人才培养、学科研究、社会服务三大职能的办学主体之一，是落实"怎样培养人和为谁培养人"党的教育方针的实施者、促进者。坚持正确的办学方向，发挥学院党委的政治核心与保证监督职责，重如泰山。法学院党委牢固树立政治意识、大局意识、核心意识、看齐意识，把立德树人及其成效作为党建工作的出发点和检验标杆；把师生参与支持学院发展的凝聚力、向心力、创造力最大化作为党建工作的追求；把分工有序、党政和谐的班子制度建设作为党建工作的前提。强化问题导向并克服"业务党建融合、支部组织力建设、党员管理教育规范创新、双带头人支部书记培育"等突出问题。[①] 通过加强与改进学院党建工作，促进学院党政同心、凝聚人心、抢抓机遇、推动发展，在学科建设、人

---

① 黄丹、逯国红：《近十年来高校二级学院党建工作研究述评——基于 CNKI（2005—2015 年）的研究文献统计分析》，《课程教育研究》2016 年第 4 期。

才队伍、社会服务、办学影响等方面向前迈进。

## 一 提高政治站位，明晰学院党委的定位、政治责任与领导权

法学是与意识形态上层建筑密切相关的学科，也承担为依法治国战略和中国特色社会主义法治事业提供理论研究、法治人才输送的重要使命。执政党是抓领导权而非行政权的，领导权关乎举旗定向，不走老路，更不走邪路。坚持党在高校的领导地位，把握意识形态工作领域主导权，依靠把党的领导贯穿于教学、科研、管理和人才培养活动的全过程，有机渗透并融合到各项工作中，使之与业务工作、班子建设、队伍建设、学院文化建设、教风学风建设等相融合。坚持做好师生思想政治工作，筑牢理想信念，把思想政治工作体系贯穿于组成人才培养体系的学科体系、教学体系、教材体系、管理体系等。履行好学院党委的三大责任：把握学院发展全局工作的政治方向；发挥育人中心工作的保证监督作用；履行管党治党的主体责任。[①]

法学院院党委对照《高校党建工作重点任务》的20项清单，依靠全院师生党员，重点落实高校院（系）党建工作四项具体任务：①加强领导班子建设；②明晰学院党委及成员的职责清单，党政协调，分工合作，共同负责，建立责任划分机制，书记承担党建第一责任人，其他委员一岗双责；③完善党政联席会议制度，并作为三重一大最高决策机制，提升科学决策水平，是学院

---

① 沈文华：广东省高校二级院系党组织书记培训班（2018-05）讲座（《提高政治站位，开展"两学一做"，加强习总书记基层党建系列讲话精神学习与党建创新》）。

党政管理的最高决策机构;④加强基层党建组织力、活跃度、显示度建设,规范师生支部党员教育、管理、发展工作,创新支部党日活动形式与内容。培养党性强、业务精、懂教育、有亲和力动员力的支部书记,逐步实施教师支部"双带头人"培育工程。

法学院党委从高校法学师生特点与深圳大学本校实际情况出发,发挥政治核心与稳定作用,全面推进党的政治建设、思想建设、组织建设、作风建设、纪律建设,把制度建设贯穿其中,提高党建主业意识和建设质量。坚持具体而非抽象地发挥政治核心作用,以发展凝聚师生,以开放集聚资源,以民主赢得信任。在学院发展目标、发展规划、发展动态、发展瓶颈以及院内外发展机遇上,增强班子的全局性、前瞻性、开放性、民主性,集思广益,做好研判和下一阶段工作的布局,形成"科研活动活起来,学科研究火起来"的发展共识。班子及成员在办学方向、立德树人、廉洁自律等方面严守纪律与规则,维护稳定,相互尊重,沟通补台,发展为先,切实做好意识形态安全教育与防范,掌握意识形态工作领导权、管理权、主动权。认真开展每年度的民主生活会、党建述职、民主评议、个人申报、年度考核等党建"体检"工作。

## 二 加强制度建设,完善"核心凝聚、多维融合"工作机制与载体

法学院党委坚定不移、不打折扣贯彻执行中央精神和省市、学校党委的部署要求,结合本院实际,加强党支部和党员队伍建设,努力形成以下有凝聚力、执行力的工作机制与工作载体。

第一,法学院党委在上级学校党委指导下,落实民主集中

制,进一步完善集体领导、党政分工合作、协调运行的工作机制。规范隔周一次的党政联席会议、院务会议。研究决定党员发展、支部组织建设、主题党日活动、三会一课、师资队伍建设、扶贫普法工作、师生切身利益等重大事项。落实民主治院的教授委员会、人力资源委员会、教学指导委员会、学位分委员会、支部书记例会、学工例会、教代会工会等议事制度。形成党委政治权利与行政班子治理权利、教师民主管理及学术权利的平衡有序运行机制,核心凝聚,多维融合,院长管事,书记管心。①

第二,落实党委主体责任,书记担起第一责任人责任,院长担起学院发展和学科建设第一责任人责任。共同在监督权力运行、院务党务公开、依靠师生做好党建、立德树人等方面不动摇。班子其他成员在学术讲座、国际交流、课程改革、教师引进、年度考核等重大问题上落实"一岗双责",与分管领导共同把好政治关。建立学院高层次人才、民主党派人士与班子成员结对子制度,通过谈心交流,解决后顾之忧,鼓励他们产出更多的科研与育人成果。学院近四年举办 70 多场次院内学术讲座,书记带头参加近 50%,营造师生积极参与学术研究的文化氛围。

第三,通过选派优秀青年教师或政治辅导员担任学生支部书记,加强教师党建带学生党建。建立每月支部书记例会制度,加强学院党委对支部日常工作的指导、规范与培训。

第四,通过每年上半年的"五个一党员活动月"和下半年的学校院际廉政知识竞赛、学生党员微党课比赛,对学生党员进行全员培训,强化对党的基本知识、党纪国法和党建工作方法的学

---

① 王春生:《高校学院党委落实党建主体责任探究》,《学校党建与思想教育》2016 年第 11 期。

习、掌握。

第五，强化党建工作队伍及阵地建设。建设学院党建室，提供支部例会及支部活动的场地、党建书籍、入党申请书等档案保管条件。提供经费，鼓励支部定期开展生动活泼、形式多样的理论学习或竞赛。开门搞党建，组织支部前往法院、企业、律所等进行实地参观与交流等主题党日活动。在党建经费或绩效分配上，探索支部书记工作津贴与双带头人培养机制。

第六，加强辅导员队伍建设，配备党务工作专职组织员。创造进修、培训机会，争取学校支持，健全"双线"晋升等保障激励机制，鼓励他们走专业化、职业化道路，当好学生的领路人。把队伍建设作为落实党委育人中心工作的重要举措。

第七，加强班主任新生导师队伍建设，营造全员育人氛围。学院每学年迎新季均有30位以上教师包括班子成员主动报名，担任班主任和新生导师。通过课堂讲授、走访宿舍、带队实践实习、学科竞赛辅导、个别同学谈心，做到一个老师就是一个榜样，一个党员就是一面旗帜，在学生成长过程和专业学习实践中，自然融入爱国主义教育、社会主义核心价值观、传统优秀文化等思想政治教育，春风化雨，润物细无声，以党风引领优良学风教风院风。

第八，开展学习型、服务型、创新型党支部创建评选和党支部组织生活创新案例评选活动。邀请获奖党员学生开展成长经验分享会，通过榜样示范作用，加强学风建设。重视抓党建、立榜样、带队伍，邀请教学科研突出的教师党员开设微党课，如航空法研究专家、党员尹玉海教授为师生讲授爱国主义情怀与教书育人相结合。

第九，抓住高校师生思维活跃多元特点，开展丰富多彩的学术讲座、社会实践和普法志愿者活动等，引导大家走进社会，走近人民，走进实务。以脚踏实地的精神而非坐而论道的空疏，推动法治事业进步，凝聚改革共识。对于学院发展的速度与师生期望差距的矛盾，班子成员励精图治，以上率下，更注重调动师生、校友及院内外方方面面的积极性和办学资源，同心同德，力争上游。

## 三 全面推进党建主业，以德法兼修筑牢师生理想信念

法学院党委努力建设党政之间协调运行机制，克服党政不分、党虚政实，聚焦党建主业，做好发展党员和党员教育、管理、服务工作，发展党内基层民主，充分发挥基层党组织的战斗堡垒作用和党员的先锋模范作用。加强党委自身建设。

### （一）落实党建工作要点，加强基层党组织建设，增强凝聚力

坚持三会一课日常化、规范化。通过知识竞赛、考学、观看廉政教育视频、《习近平新时代中国特色社会主义思想三十讲》微党课比赛、党员纪律教育月廉政知识竞赛等做好师生理论学习。召开专题学科组会议，促进党建与日常教学工作融合，维护意识形态安全。通过党政联席会议及支部书记月例会制度，加强班子建设和支部书记队伍建设。开展党员教育、党建督导、党员民主评议、专题班子民主生活会，加强党性锤炼和党性体检。建设"学习型、创新型、服务型"党支部等工作，用身边人说身边事，讲好学院故事，打造学院文化。教工支部带领学生支部开展

庭审旁听等实践育人工作。召开学院党建工作会议，落实中共中央关于加强支部建设并发挥党员先锋模范作用和支部战斗堡垒作用的相关文件精神，出台《法学院党委关于进一步加强新形势下党支部建设的工作通知（征求意见稿）》。认真做好深圳大学第五次党代会代表选举、参会及会后宣讲学习工作。承担社会责任，开展对口扶贫、支教、普法、一巡庭审等工作。做好统战、工会、妇女、离退休、校友等工作，加强组织群众、宣传群众、凝聚群众、服务群众四大职责。认真贯彻全教会精神，出台《深圳大学法学院学习贯彻全国教育大会精神工作方案》，开展支部书记会议、教工学生座谈会、青年教师主题学习会、校友座谈会等十一项调研活动，针对德法兼修法治人才培养话题，集思广益，建言献策，推动全教会精神和各项具体业务工作结合并落地。

## （二）树立党建主业意识，团结师生，服务学院发展大局

严格履行管党治党主体责任，深入推进全面从严治党。坚持从严治党，加强队伍和作风建设。保持严肃执纪态势，巩固廉政建设成效。落实党委主体责任，书记担起第一责任人的责任，班子其他成员在学术讲座、国际交流、课程改革、教师引进、年度考核等重大问题上落实"一岗双责"，与分管领导共同把好意识形态安全关。党政之间明确职责，协同合作，有边界清晰的相对分工，也有党政协调合力推进，支持班子成员在业务职责范围内高效务实地开展工作。科学处理发展与稳定的辩证关系，严格遵守政治纪律和政治规矩，对关乎学院稳定、发展的事和人，出于公心，大胆工作，维护学院大局。依靠师生，对工作中的隐患问题抓早抓实，维护安定团结。

**（三）强化党建创新意识，以人为本，提高思想政治工作实效性**

开展法学院"五个一党员活动月"，增强党建品牌活动效应及影响力，2018年被学校推荐给市委组织部参与全市组织生活创新案例评选。坚持党管人才，加快实施人才强院战略。加强师德师风建设，建设高素质教师队伍。重视制度建设，参与完善法学院职称评审推荐制度，探索"定性＋定量"的综合人才评价机制，加强人才激励效应。建设全员育人工作机制，重视新生导师工作、班主任工作及辅导员队伍建设，鼓励他们当好学生的领路人。开展师德师风建设，评选优秀班主任、辅导员，在绩效分配中设置岗位津贴。争取专项校友基金近百万元，用于支持师生学术交流及设立专项奖助学金。重视群团工作，开展党建带团建，支持团委学生会开展挑战杯、灯塔暑期实践、荔园论坛等。支持工会开展活动，建设教师之家。积极开展党建研究，党建研究与立德树人相结合，举办文山师生读书会，通过阅读、讨论、参观、调研等，打造教学相长、共同切磋的师生关系。

**（四）严格党员发展，从严治党，加强党员管理**

严把党员发展的质量关，严守党员发展流程，按计划做好党员发展工作。同时，学院党委通过青年教师沙龙、职业发展座谈会、班子成员联络机制等，加大在近三年来院工作的青年教师中发展党员力度，与青年教师经常性开展谈心工作，鼓励他们站稳讲台，开展研究，积极向党组织靠拢。加强党员管理，尤其是毕业生党员管理工作，降低"空挂"党员数量，规范处理不合格失联党员。对于不配合办理组织关系转接，不参加组织生活的问题，院党委进行专项整顿。

### （五）坚守立德树人使命，扎根深圳办法学，加强学科建设和素质教育

落实《深圳大学文化创新发展纲要》，进行学院发展历程整理工作。通过走访离退休教师校友，到学校档案馆查找年鉴等完善院史资料收集，总结学院办学过程、办学优势、成果亮点等，感谢前人奉献，激励当下师生。建立学院高层次人才与班子成员结对子制度，通过谈心交流，解决后顾之忧，鼓励他们有更多的科研与育人成果，营造团结、进取、关怀、鼓励的文化氛围。推进学科建设，学院党委积极支持、参与申报博士点和第四轮学科评估相关工作。加强实践育人、志愿者服务育人及校园法治文化品牌建设，连年开展面向全校的法律文化节、院际廉政知识竞赛，参与人次万人次以上，普法等志愿者服务时数31880小时。加强素质教育和职业规划，探索多元化法律人才就业促进机制，促进党建工作与法学人才培养相结合。

## 四 落实文化纲要，建设党群和谐的大学文化

大学承担学科研究、人才培养、社会服务三大使命。人是事业之本，师生是三大使命的主体，党建是做人心的工作，如何人心思齐，见贤思齐，是衡量党建质量的标准。复旦大学党委书记焦扬曾说，加强党对学校的全面领导，就要把党的组织嵌入到大学治理结构的各层级，把党的领导融入办学治校的各个环节，加

强基层组织建设,做实育人、教学、科研三位一体,成为党领导的坚强阵地,成为学生德智体美劳发展的成长沃土。①

学院党委虚功实做,深入师生,努力成为师生信任、支持、依靠的主心骨、纽带、安全网。通过正确处理好十种关系,凝聚师生和促进学院发展的所有力量,通过构建十大育人体系,调动有利于学生成长的各种教育资源,发挥教育合力。②

## (一) 学院党委把方向、管大局、保落实,需要处理好十种关系

院系在高校中处于承上启下的关键位置,是整个高校党建和思政工作的"大动脉"。党委书记抓思想政治工作和党的建设述职评议考核制度。第一,对上级党委工作的布置、检查、督导,做好上传下达,结合学院实际,认真落实,加强执行,形成完整闭环。第二,对上级纪委纪律教育月及年度院际廉政知识竞赛承办工作,认真组织、动员、落实。第三,对分管校领导,与院长就学院重要问题重要项目等做好工作汇报、请示,发挥主观能动性,主动研判,对过程与结果心中有数,完善应对预案。注重风险防控,维护稳定和谐,将问题与困难消化在初期、院内。第四,对校内其他机关、职能部门、相关学院等,加强业务学习、观摩、交流,取长补短。对学校分配的协作性工作,主动担当,通力合作。第五,对同级班子成员、党委委员、纪委委员,充分发挥政治核心和保证监督作用,通过党政联席会议讨论和决定本

---

① 《复旦大学以一流党建思政引领顶尖一流大学建设》,中国共产党新闻网,http://dangjian.people.com.cn/n1/2018/0925/c117092-30311027.html。
② 王春生:《高校学院党委落实党建主体责任探究》,《学校党建与思想教育》2016 年第 11 期。

院重要事项，支持本院行政领导班子及成员，在其职责范围内独立负责开展工作。第六，对全院师生党员，学院党委通过召开党建会议、支部书记例会、党员大会等三会一课，研究、讨论、决定本院党建和思想政治工作。第七，对学院学科负责人、内设机构负责人等学术组织，注意倾听、吸纳他们的工作建议，积极参加他们组织的讲座、业务会议等，营造学术研究氛围。第八，对民主治院的工会教代会、共青团、校友会、民主党派、学生组织社团等群团组织，注意发挥学院党委团结的力量，经常性地询问工作中需要支持的方面，群策群力，服务师生群众，建设党群和谐氛围。第九，对学院学生工作队伍，包括辅导员、班主任、新生导师，加强师德师风建设，注重教育引导，注意身教言教，以是否立德树人作为工作标杆。以优秀班主任、优秀辅导员评选为激励，创先争优。通过岗前培训、日常业务培训及例会制度、思政工作专题研究等，提升辅导员整体素质与能力。第十，对支持学院育人、实习、就业、普法、学科研究、智库服务等社会各界友好单位、机构、社会人士、校友、家长等，开门办学，真诚合作，集聚资源，打造法律人共同体。融合协调家庭、学校、社会的育人合力，在全社会、全领域构建立德树人的良好氛围。以高质量的人才培养和法学研究引领社会进步，承担社会责任，加强法治文化辐射、传播，促进依法治国伟业。

### （二）学院党委落实德法兼修的育人目标，需要构建十大育人体系

学院肩负着培养德智体美全面发展的社会主义事业建设者和接班人的重大任务。学院党委坚持正确政治方向，坚持以马克思主义为指导，全面贯彻党的教育方针。围绕加强和改进学校思想

政治工作，把立德树人作为中心环节，把思想政治工作贯穿教育教学全过程，不断提高党的基层组织做思想政治工作的能力，以学生为本，始终围绕学生、关照学生、服务学生，实现全员、全程、全方位育人。构建课程、科研、实践、文化、网络、心理、管理、服务、资助、组织"十大育人体系"，形成全员全过程全方位"三全育人格局"。

当前学院需解决好教学与育人、教学与学科研究、发展速度与师生期望、发展数量与发展内涵、责任承担与能力提升等关系。以加快学科建设为契机，深化内部改革和加强制度建设。加强师资队伍建设，抓好师德师风和学风建设。调整专业设置，修订培养方案，与时俱进打造跨学科和产学研平台，开展院企合作、院所合作，粤港澳湾区法律研究与人才培养合作等，为学生成长、成才创造良好体制机制，实现内涵式发展，为中国特色社会主义伟大事业培养更多的德智体美全面发展的建设者和接班人。

## 五 拓展视野格局，加强党建规划意识和质量提升意识

展望未来，学院党委进一步解放思想、开阔视野，发挥把方向、管大局、作决策、促发展、保落实的作用。努力实现政治引领、推动发展、服务师生、保障民主、凝聚人心、促进和谐等目标。在推进一流学科建设、深化综合改革等重大任务上加强党建工作的先导性、系统性、融合性、前瞻性，加强基层支部组织建设，处理好中心工作的质量与效率、发展与改革、增量与存量、业绩表达与内涵建设等重大关系，充分调动全院师生党员促进育

人和学科建设的积极性、主动性、创造性。加强愿景共享和整合集成的工作意识，重点解决懈怠畏难、等靠停要等"慢作为"现象，着力营造学院内外、横向纵向协调配合，勇于担当的工作氛围，努力消除只顾局部眼前利益、忽视全局利益和风险隐患等"马路警察各管一段"现象，加强高标准高质量完成工作的意识，确保每项工作经得起历史和实践检验。

在教师党建方面，激活存量，优化增量，把好教师师德关、学术关。在职称评审、推先评优和人才引进等工作中，突出对人选政治倾向和师德表现的考察，实施师德一票否决制。定期对优秀青年教师，特别是新入职教师，开展全面深入排查，明确培养目标，建立高层次人才发展党员工作台账，形成早选苗、早培养，层层落实的有效机制。① 建立健全教师党支部书记参与本单位管理决策的机制，探索将教师党支部书记纳入本单位议事决策机制，对本单位工作规划、年度考核、评奖评优等重要事项讨论决策。建议相关职能部门梳理相应审批表格，增加教师党支部书记审批意见栏目。为教师支部书记提供党建培训、党建工作室、工作津贴等保障条件。对讲大局、懂党建、专业强的"双带头人"支部书记培养，定期做好评选表彰工作，把"双带头人"教师党支部书记经历作为选拔任用院（系）级党政干部的重要条件。

在学生党建方面，下一步重点围绕全国教育大会精神"以本为本、四个回归"，发挥学生党建的龙头作用、示范作用，评选、表彰、树立一批德法兼修、品学兼优的优秀学生党员榜样，以此

---

① 《"最强大脑"入党记——清华大学高层次人才党员发展工作纪实》，《光明日报》2018年6月19日，第6版。

为标杆，营造积极向上的学风、院风，提高学生的道德品质、法学素养、综合素质。更加注重实践育人，增强辅导员队伍对实践教学、社会实践、学科竞赛、创新创业等第二课堂的顶层设计能力，统筹共青团、学生会、学术社团、班级等学生自我教育、自我管理的阵地建设，培养学生的家国情怀和担当精神。更加注重把解决思想问题和解决学生成才、深造、就业、经济、心理等实际问题结合起来，加强人文关怀和心理疏导工作。更加注重学生党建向学生日常学习、生活、社团、实践、社区等延伸的联动效应及普法、党员活动月等党建品牌建设意识。①

---

① 《深圳大学 2017 年基层党建述职汇编》。

# 提高高校教师党支部组织生活质量的机制研究

李 丽　黄锐波[*]

**摘　要**：高校教师党支部的组织生活质量，是高校教师基层党建工作的内在要求和成效标准。高校教师党支部建设应着重构筑良性的组织与个人关系互动机制，以教师党员对支部的价值认知、情感归属和组织认同为着力点，回归党支部的组织功能特性开展支部生活；遵循教学、技术和管理岗位的职业规律，聚焦党支部的资源配置链，突出党支部的组织绩效；调和教师党员和公民个人在身份建构中权利主张、德性取向与议题诉求方面的交叉分歧，从点、线、面三重机制实现提高高校教师党支部的组织生活质量。

**关键词**：高校基层党建；支部生活质量；身份建构；组织认同

---

[*] 深圳大学管理学院。

高校教师党支部建设是新时代高校党建工作的基础环节，直接关系高校基层党组织战斗堡垒作用的有效发挥，深刻影响高校教师党员对党组织的认同归属。以往高校教师党支部建设研究，侧重于从党支部的功能定位、理念嵌入（如创建学习型组织）、支部书记队伍建设、资源整合、环境支撑和创新支部生活方式等角度，探讨高校教师基层党支部建设的方位。已有的研究忽略了高校教师党支部在塑造教师组织认同的发生路径中，存在着多重张力的制约，也忽略了高校教师党员职业构成的多样性以及组织资源配置的分散性，忽略了由此导致的身份建构与组织认同障碍。本文将良善的支部生活质量界定为：党支部的组织功能得以正常发挥、教师党员对党支部的组织认同得以有效维系。作者尝试从组织与个人关系互动的角度，通过厘清高校教师党支部的组织特性，阐释高校教师党员对党支部组织认同的发生路径，从点、线、面三个层次探讨高校教师党支部组织生活质量的提升机制，以期拓展高校教师基层党建工作的理论视野，推进高校教师党支部建设工作的实践认知。

## 一　从组织功能特性上找准塑造党支部认同的着力点

一般而言，组织与成员之间的关系状态，取决于组织的功能是否得以正常发挥，也取决于组织成员的身份（Identity）是否得到有效建构。"高度认同组织的成员会从群体的规范和价值利益来思考和行动。组织通过塑造成员的组织认同，可以引发成员自愿的、超出工作职责外的角色行为，并促使组织成员共同致力于组织目标的实现。"① 高校教师党员对党支部组织认同的发生路径，往往受到两重组织张力的制约：第一重组织张力来自"高等学校"事业单位，高校教师的"第一身份"首先基于"大学老师"和"就职高校"来建构他们的身份意识和组织认同；第二重组织张力来自高校内部"基本单位"，即基层教学、科研或教辅管理单位，高校教师通常将身份建构为某专业老师或某部门职工，相应的组织认同是专业院、系、研究所或行政部、处及科室等。基于以上两重组织张力，高校教师党支部容易陷入"边缘化"的组织境地，高校教师党员的身份建构及其对党支部的组织认同也容易产生"认同危机"。

那么，如何依托高校教师党支部的组织功能特性来建构高校教师党员的身份意识，从而获得教师党员对党支部的组织认同呢？根据《中国共产党普通高等学校基层党组织工作条例》（以下简称"条例"），高校教师党支部的基本职责是："宣传、执行党的路线方针政策和上级党组织的决议，团结师生员工，发挥党员先锋模范作用保证教学、科研等各项任务的完成；加强对党员的教育、管理、监督和服务，定期召开组织生活会，开展批评和自我批评；向党员布置做群众工作和其他工作，并检查执行情况；培养教育入党积极分子，做好发展党员工作；经常听取党员和群众的意见和建议，了解、分析并反映师生员工的思想状况，维护党员和群众的正当权利和利益，有针对性地做好思想政治工作。"② 可见，高校教师基层党支部实际上是作为一种"嵌入式"功能性组织而存在的：它不同于党的领导机构和决策机构，而是党的执行机构和宣传

---

① 杨杰、刘玲：《组织认同与身份的性质分析与基模建构》，《社会科学家》2010年第2期，第126页。

② 《十九大党章学习手册》，人民出版社2017年版，第233页。

机构,是党培养和发展党员的基层组织;它也不同于一线教学、科研和管理等主体单位,而是辅助保证教学、科研和管理活动有序开展的服务机构;它主要是党密切联系群众、围绕群众问题开展思想政治工作的基层组织,也是党员开展自我批评、自我教育的基本平台。

明确了高校教师党支部的组织功能和组织性质,探讨提高高校教师党支部的组织生活质量,既要保留合理的预期,也要找准合适的着力点:

## (一) 以嵌入式功能性组织端正高校教师党员对党支部的价值认知

根据管理心理学和组织行为学视阈中的期望理论和公平理论,一般而言,人们对于组织生活的评价,主要涉及两个因素:心理预期与实际体验。当心理预期与实际体验趋于一致或接近的时候,人们对生活质量的评价或生活满意度会较高。探讨高校教师党支部的组织生活质量,有待回归到教师党支部的组织功能与组织性质的本位上来进行理性思考。换句话说,要从价值认知层面澄清与教师党支部组织功能与组织性质不相匹配的心理预期,要摒弃将党支部视为具有主导性或决策性权力机构的认知偏差,要明确教师党支部是作为功能性组织"嵌入"在高校各"基本单位"之中的组织性质。教师党员依据"党章"和"条例"过组织生活、依托党支部组织生活行使党员权利和履行党员义务、落实党员身份。据有关抽样调查,高校教师党员对教师党支部的功能定位清楚的占74.31%,不太清楚的占25.69%[①]。由于对党

---

① 戚凤芝、陈肖东:《充分发挥高校教师党支部功能的探索与实践》,《管理观察》2015年第12期,第106页。

支部的组织功能认知模糊而导致对支部生活的心理预期偏差,是教师党员对支部组织生活满意度欠佳的重要原因。因此,明晰高校教师党支部的组织功能和性质,端正教师党员对支部生活的心理预期与价值认知,是提高教师支部生活质量的一个着力点。

## (二)以服务式纽带性组织强化高校教师党员对党支部的情感归属

依据党章和条例,高校教师党支部的一个重要功能特性,是作为党密切联系群众的服务性纽带组织存在的。《党章》规定"全心全意为人民服务"的组织宗旨,具体延伸至党支部及党员个人,其"服务行为"的发生可以从"组织公民行为理论"中获得解释。该理论认为,组织公民行为是一种既非正式角色所强调的,也不是劳动报酬合同所引出的角色外行为和姿态;是由组织员工一系列非正式的合作行为所构成的、与工作有关的自主行为;既与正式奖励制度无任何联系又非角色内所要求的行为;它能从整体上有效地提高组织效能。工作满意感、公平知觉、组织承诺感、领导支持、集体主义价值取向和个性心理特征等,被认为是诱发或阻碍组织公民行为发生的构成因素①。高校教师党支部作为一种"嵌入式"功能性组织,在与教学、科研和管理为主的业务部门进行组织互动的过程中,党员个人依托党支部,以更具组织性、更为正规的方式,完成了"组织公民"的塑造过程。党员作为一种与专业教师、技术人员和管理人员所不同的岗位外角色,恰恰通过党支部这种"嵌入式"功能性组织,为教学、科

---

① 张小林、戚振江:《组织公民行为理论及其应用研究》,《心理学动态》2001年第4期,第352—356页。

研和管理过程注入了体现"组织公民行为"的自主服务，从而提高了教学、科研和管理工作的整体效能，并反过来加强了教师党员对党支部的情感归属。实际上，在诱发或阻碍组织公民行为发生的诸多因素中，这些因素一方面诠释了高校教师党员的服务行为何以发生，另一方面构成了强化教师党员对党支部情感归属的着力点。

## （三）以参与式政治性组织夯实高校教师党员对党支部的组织认同

《条例》除了明确高校教师党支部的主要职责，还特别强调，"教职工党的支部委员会要支持本单位行政负责人的工作，经常与行政负责人沟通情况，对单位的工作提出意见和建议"[①]。这实际上赋予了高校教师党支部委员对所在单位工作的参与权，也明确了高校教师党员对所在单位工作的知情权。因此，高校教师党支部还具备"参与式"政治性组织的性质。党务工作与行政工作的密切配合，既是我国高校组织体制的特色，也是优势。"党务在基层工作中的目标只有一个，那就是把本单位的教学科研工作搞得更好。""单位行政重点要管好事，把主要精力放在教学、科研和师资队伍建设等方面，更多的是考虑干什么、怎么干等问题；而党支部则重点要管好人，做好思想发动，梳理好关系，营造好氛围，如何把党员和骨干力量的作用发挥好，主要考虑怎样干成事，把事干得更好。"[②]亚里士多德曾宣称"人是天生的政治

---

① 《十九大党章学习手册》，人民出版社2017年版，第233页。
② 孙绪柱等：《创新高校教师党支部建设的理性思考》，《学校党建与思想教育》2015年第2期，第45页。

动物",戴维·伊斯顿进一步指出"政治的本质是实现对社会价值的权威性分配"。自从人类诉诸公共组织的方式协同行动以实现各种公共目标,人们就不可避免地会卷入政治和参与政治。围绕公共目标的实现和公共价值的分配而产生的人与人之间的关系,即构成基本的政治关系,进而又演化为支配与服从、参与和认同等关系状态,分野在于由不同规则所导致的关系状态能否"可持续"。"党务在基层工作的目标是把本单位的教学和科研工作搞得更好"这一表述,指明了高校教师基层党支部政治工作的方向谱系,即诉诸政治参与而获得政治认同。党支部思想政治工作的本质,实际上是一种"日常政治",它回应了高校基层单位中围绕价值分配过程和价值分配结果的教师参与和教师认同问题。夯实了教师党支部思想政治工作的参与实质与认同内涵,才能切实提高教师党支部的组织生活质量。

## 二 从资源分布导向上聚焦党支部各类资源的配置链

裴宜理在研究20世纪30年代上海工运史的《上海罢工》一书中指出,"不同的工人有不同的政治"。基于高校教师党员处于教师、技术和管理三种不同职业序列的现实,因此,有必要进一步考察处于不同职业序列的高校教师党员在党支部生活中的行为逻辑。处于不同职业序列的教师党员,其发展晋升通道、思维能力特点和人际关系取向等是存在差异的,他们对党支部生活的价值认知、情感归属与认同方式也有所不同。因此,针对不同职业序列的教师党员,通过优化基层教师党支部建设的资源配置导向,聚焦各类资源的配置链,对于切实提高教师党支部的组织生活质量具有重要的绩效意义。

## （一）以职业影响为导向配置教师党支部的人力资源

基于高校教师党支部在组织认同的发生路径上存在多重制约与张力，高校教师基层党支部建设的组织乏力问题几乎成为党建学界的共识。如何从支部书记和支部骨干的人员配备上扭转这种组织乏力的局面，构成了高校党建工作研究者和实践者的旨趣。例如，大连理工大学各级党组织已形成共识，在党支部书记选拔上，原则上由学科带头人或学术骨干来担任，基本实现了由副高职以上的党员学术骨干担任党支部书记，这在组织体制上夯实和强化了党支部的地位①。"将支部建在学科上"，根据不同专业教师党员群体的特点，以学科或学科方向为依据，构建由党员学科带头人或方向带头人兼任党支部书记，由学科组骨干教师党员任支部委员，形成以学科或学科方向为中心的管理模式②，成为许多高校教师党支部建制的人事配置导向。深圳市委组织部则明文规定，深圳各高校在面向机关管理部门的党支部建制上，推行由机关行政一把手担任党支部书记，借此来加强高校基层党支部建设的工作力度。以上各地高校对于教师党支部书记及支部委员在人员配备上的探索和举措，无不体现出以职业影响来配置教师党支部人力资源的导向。这种人力资源配置导向，实际上试图诉诸支部书记及支部骨干的职业影响力，来打开高校教师基层党支部组织工作乏力的被动局面，通过支部书记及支部骨干的职业影响

---

① 戚凤芝、陈肖东：《充分发挥高校教师党支部功能的探索与实践》，《管理观察》2015年第12期，第107页。

② 彭恩胜：《优化高校教师党支部活动的制度路径》，《江西教育学院学报》（社会科学版）2013年第2期，第68页。

力，来激活教师党支部与党员之间的关系链，将高校教师党员整合、凝聚到党支部中来，从而在职业关系层面消除教师党员在组织认同和身份建构上的障碍，以达到提高党支部组织生活质量的目标。

## （二）以职业素养为导向配置教师党支部的活动资源

根据一项高校教师党支部组织生活的调查，对于"您所在党支部活动的主要内容有（多选）"问题的回答，党员发展和转正的占56.52%，党史学习的占46.25%，形势与政策解读的占75.49%，所在领域工作研讨的占56.92%；对于"您所在党支部活动的主要形式有（多选）"，回答座谈、讲座的占83.79%，视频学习的占49.8%，服务性实践活动的占50.2%，文体性比赛活动的占39.13%，外出参观的占41.5%；对于"您认为部分教师党员参与组织活动不积极的主要原因是（多选）"问题的回答，活动形式单一的占37.15%，活动内容缺乏新意的占37.55%，集体观念不强、对自身要求不严格的占32.02%，教学科研任务繁重、时间不允许的占63.24%①。调查结果显示，多数高校教师党员反映支部生活主要是"听报告、学文件"。从支部活动的形式、内容和参与、评价的调查数据可以看出，高校教师党支部在活动内容、形式上与教师的教学、科研和管理工作几乎处于完全脱节状态。教师党支部的组织生活形式和内容，应以提升教师党员的职业素养为导向，借此来丰富教师支部党员活动的内涵。在教师党支部的组织生活范畴中，程序性的党务工作应

---

① 戚凤芝、陈肖东：《充分发挥高校教师党支部功能的探索与实践》，《管理观察》2015年第12期，第106页。

当通过提高效率的方式予以解决、文体性的娱乐活动应该剥离出来交由基层工会组织予以承接。高校教师党支部活动应该以体现教师党员的先锋模范作用、以提升党员教师的职业素养为活动取向。寓政治学习、支部活动于教学、科研和行政管理职业素养的提升计划之中，这样，党务与业务才不至于各行其是，党员与教师才能实现身份融合，党支部的组织生活才能提升品质。

## （三）以职业晋升为导向配置教师党支部的文化资源

高校教师作为知识创造和文化传播的精英群体，高校教师党支部致力于推动教师党员发挥"先锋模范和带头作用"，应具体落实到实现教师党员的专业成长和职业晋升这一目标方向上来。营造、培育有利于教师党员专业成长和职业晋升的氛围和土壤，是高校教师党支部建设的文化根基。这不仅关系到教师党员对党支部的组织认同，也关系到教师党支部对非党员教师的组织吸引力。无论是将"支部建在学科上"还是将"学科带头人配备在支部骨干上"，或是"寓支部活动于职业素养提升计划之中"，加强高校教师党支部建设的工作力度，其目标与方向是构建有利于教师党员专业成长或职业晋升的组织文化。由行政资源、学术资源、关系资源、财政资源等所构成的综合资源，应当汇聚成高校教师党支部的文化资源，融合成支撑教师党员专业成长或职业晋升的文化力量。高校教师党支部应当是教学骨干、科研骨干和管理骨干的组织摇篮，教师党员应当是教学骨干、科研骨干和管理骨干的主力或后备军。以党的建设促进学科建设、以党的先进性建设推动教师党员在业务上争优评先、以党员的荣耀彰显高校教师的专业或职业成就，这样，高校教师党支部就能形成组织有力、局面良好、党员活跃的文化氛围，高校教师党支部的组织生活质量才会获得教师党员良好的绩效评价。

## 三　从身份建构张力上调和教师党员与公民个人的交叉面

如前所述，高校教师党员在组织认同和身份建构的发生路径上面临着多重制约与张力，就职高校、从业单位和党支部构成了高校教师身份建构和组织认同的公共领域。高校教师党支部与教师党员的关系互动中，实际上还存在着"公私交叉"的问题，即：教师党员身份与公民身份的交叉。作为有思想、有感情的教师具体个人，在以党员身份介入党支部组织生活的过程中，不可避免地会受到来自公民身份所内含的权利主张、德性取向和议题诉求的牵涉。因此，区分调和教师党员身份与教师公民身份二者之间的"公私交叉"，构成了影响教师党支部组织生活质量的一个重要面向。

### （一）妥善区分调和教师党员权利与公民权利

"党章"规定，党员享有下列权利："参加党的有关会议，阅读党的有关文件，接受党的教育和培训；在党的会议上和党报党刊上，参加关于党的政策问题的讨论；对党的工作提出建议和倡议；在党的会议上有根据地批评党的任何组织和任何党员，向党负责地揭发、检举党的任何组织和任何党员违法乱纪的事实，要求处分违法乱纪的党员，要求罢免或撤换不称职的干部；行使表决权、选举权，有被选举权；在党组织讨论决定对党员的党纪处分或作出鉴定时，本人有权参加和进行申辩，其他党员可以为他作证和辩护；对党的决议和政策如有不同意见，在坚决执行的前提下，可以声明保留，并且可以把自己的意见向党的上级组织直至中央提出；向党的上级组织直至中央提出请求、申诉和控告，并要求有关组织给以负责任的答复等。"随着我国改革开放多年的成果积累以及社会主义民主法治建设的纵深推进，由经济、社会、政治文明带来的全面进步，自然会推动高校教师这一高级知识分子群体萌生出个人的公民权利意识。高校教师党员在思想和行为中会形成一种介于公共领域与私人领域的权利主张分歧，进而演化为党员身份和公民身份的建构张力。当"党章"规定的"党员权利"与"宪法"、"民法"等规定的"公民权利"，在教师党支部组织生活中的涉及"权利交叉"的时候，教师党员主张和行使权利的依据和结果，会影响教师党员"身份建构"和"组织认同"的方向。因此，高校教师党支部民主生活会的权利涉及中，应注意识别教师基于党员身份与教师公民身份的不同主张，妥善调和公共领域与私人领域的权利分歧。

### （二）妥善区分调和教师党员党性与公民德性

1937年，刘少奇在延安做了题为《论共产党员的修养》的报告，首次在党史理论上阐述了党员的党性修养问题。此后，关于共产党员的党性修养，随着党的革命与执政事业向前推进，不断被注入新的内容和赋予新的内涵，如"信仰的坚定性"、"理论的先进性"、"思想的纯洁性"、"工作的开创性"以及"立场的人民性"等表述，均在不同角度和不同层面阐释了党员的党性要求。无论是在革命时期还是在执政时期，党之所以始终强调党员的党性修养，均源于党是中国革命的领导者、中国新政权的执政者和中国特色社会主义建设事业的领导者的历史角色所决定的。党通过千万党员肩负起组织群众、动员群众和领导群众，完成中国革命、建设中国特色社会主义事业的使命。千万党员的党性修养水平，决定了人民群众是否接受党的组织、动员和领导，决定了党的事业能否得以顺利推进。可以说，党员的党性修养水平，是检验组织建党、思想建党与作风建党成败的关键，构成了党的建设的灵魂。毋庸置疑，高校教师基层党建工作也应以提升教师党员的党性修养水平为核心取向。不容忽视，基于高校多重组织、高校教师多重身份以及高校教师的职业特点，造成了一方面，高校教师的党员身份容易被淡化，教师党员的党性意识也容易被弱化；另一方面，高校教师的职业角色往往被赋予"独立知识分子"的社会期望而进行自我塑造，以便于在知识创新与知识传播的过程中获得自我的认同和大众的接纳。换句话说，高校教师通常诉诸"公民角色"来建构自我与拉近大众的距离。因此，高校教师党员的职业道德取向中，隐匿着党员党性与公民德性的角力。如何识别与调和这二者之间的角力，构成了高校教师党支部建设应注意的问题面向。

### （三）妥善区分调和党支部的组织议题与教师党员的个人诉求

高校教师党员基于不同的岗位属性、性别、年龄、教育经历、家庭背景等，教师党员依托高校各基本单位开展教学、科研和管理等工作，与不同的部门、同事和学生进行日常互动，有具体而生动的体验，也自然会产生各种主张和诉求。可以说，不同的教师党员其实也有不同的政治。建设有力的教师党支部，善于通过组织化的途径，将不同教师党员的不同权利主张或利益诉求，吸纳到党支部中来予以解决或消化，从而避免了教师党员诉诸其他非组织化的途径表达利益诉求或采取维权行动。高校教师党支部是广大教师党员政治参与、政治协商的基层组织平台。良善的公共组织生活，取决于公共组织能否有效地识别、回应具有公共属性的问题，也取决于组织成员参与公共生活所具备的德性能力、议论公共问题所秉持的公共理性。高校教师党支部在日常的组织生活中，要善于捕捉来自普通教职工向教师党员反映的问题和诉求，更要善于识别支部党员提出问题的公私属性。注意区分个别现象与公共问题、区分个人诉求与公共提议、区分情绪性表达与合理化建议。采取多样化、灵活性的方式、方法，回应、解释和解决来自于教职工和教师党员的主张与诉求，从而提高教师党支部的组织生活品质。

综上所述，探讨高校教师党支部的组织生活质量问题，需深入到教师党支部的组织功能特性以及组织与个人的互动关系中去进行全面、系统的剖析，才能辨明提高高校教师党支部组织生活质量的内在机制。要清楚地阐释其中的机制机理，需诉诸管理学、心理学、组织行为学和政治社会学等交叉学科的基本原理和理论，为高校教师基层党建问题注入科学的知识内容，以便于人们从认知和操作两个层面进行理解和实践。这既是实现高校基层党建工作科学化的内在要求，也是提高高校教师党支部组织生活质量的有效途径。

# 提升高校基层党支部活力的必要性及可行性调查报告
## ——以深圳大学为例

弋 灵 王 敏 倪小琴[*]

**摘 要**：高校基层党支部是党的基层组织，是党在高校的全部工作和战斗力的基础。本文通过问卷调查形式了解深圳大学师生党员对提升党支部活力的看法，查找当前高校基层党支部工作中存在的问题，探寻提升高校基层党支部活力的方法和路径。

**关键词**：高校基层党支部；活力；提升

高校基层党支部是党的基层组织，是党在高校的全部工作和战斗力的基础，是宣传党的主张、贯彻党的决定、领导基层治理、团结动员群众和推动改革发展的战斗堡垒，担负着直接教育党员、管理党员、监督党员以及组织群众、宣传群众、凝聚群众

---

[*] 深圳大学法学院。

和服务群众的职责，引导党员发挥先锋模范作用。高校基层党支部按照构成人员分类，一般分为教工党支部、学生党支部，他们在具体职责上既有相同，亦有侧重。

在日常生活中，"活力"是一个耳熟能详的词语，而在不同的研究中，人们对"活力"的理解不尽相同。《现代汉语词典》将"活力"解释为："旺盛的生命力，多用于比喻。"①"活力"的英语为"vigour"，《牛津高阶英汉双解词典》中解释为："体力，精力，活力；也指（思想、语言、风格等的）力量，气势。"②《中国共产党支部工作条例（试行）》中指出党支部工作应"坚持民主集中制，发扬党内民主，尊重党员主体地位，严肃党的纪律，提高解决自身问题的能力，增强生机活力"③。在本课题研究中，我们认为高校基层党支部活力是指党支部具有坚强的领导班子、明确的目标计划、健全的制度流程、创新的活动形式和争先的工作氛围，在宣传党的主张、贯彻党的决定、领导基层治理、团结动员群众和推动高校改革发展等各项具体工作中能够充分发挥出战斗堡垒作用。对于高校而言，提升基层党支部活力对进一步加强高校党建工作、加强思想政治教育工作效果、充分发挥基层党支部战斗堡垒作用都具有重要的意义。

那么高校基层党支部工作的现状如何？提升高校基层党支部活力的必要性、可行性有哪些？提升高校基层党支部活力的路径和方法是什么？基于上述问题，本课题组以深圳大学为例，就提

---

① 中国社会科学院语言研究所词典编辑室编：《现代汉语词典》（第6版），商务印书馆2015年版，第588页。

② 《牛津高阶英汉双解词典》（第四版），商务印馆、牛津大学出版社1997年版，第1691页。

③ 《中国共产党支部工作条例（试行）》，中国法制出版社2018年版，第5页。

升高校基层党支部活力的必要性和可行性设计了调查问卷,以期了解深大师生党员对提升党支部活力的看法,探讨当前党支部工作中存在的问题,寻求提升党支部活力的路径和方法。

## 一 调查对象

本调查主要针对深圳大学各基层党支部党员展开,采取抽样调查的方式,调查对象是来自深圳大学不同学院的教职工党员和学生党员。(如图1、图2所示)

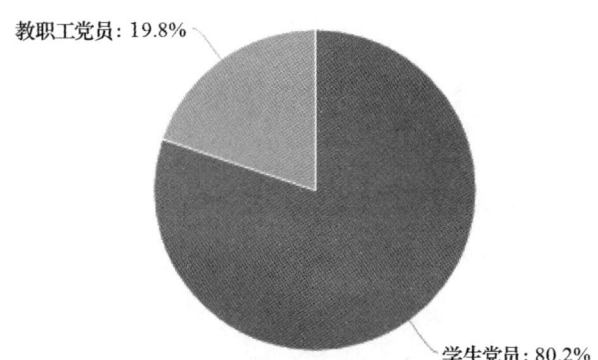

**图1 参与调查的学生党员和教职工党员分布**

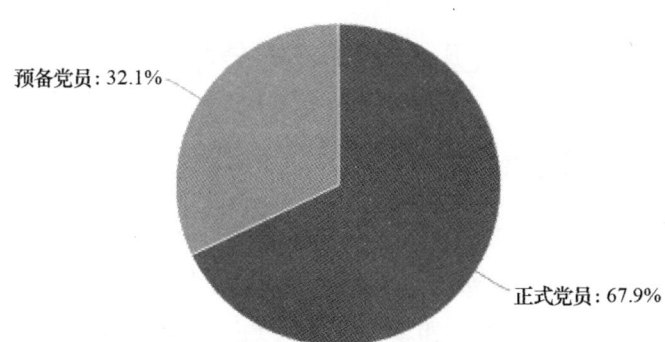

**图2 参与调查的预备党员和正式党员分布**

## 二 调查方法

本次调查采取随机网络问卷调查。网络问卷使用"腾讯问卷"软件编辑,通过深圳大学各学院基层党支部微信工作群发放,被调查者可直接通过问卷链接作答。此次问卷调查以无记名形式进行,过滤重复 IP,以提高问卷的客观性和真实性。调查历时一周,问卷浏览量为 705 人次,回收有效问卷 318 份(因此次调查对象为师生党员,部分在线浏览对象可能为非党员师生,不在调查范围之内),问卷平均完成时间为 4 分 37 秒。

## 三 调查说明

此次问卷共向调查对象提出了 25 个问题,其中第一题为选填,最后一题是开放式问题,其他题目都是单项选择题,调查问卷详见附录 1。问卷设计思路如下:1—3 题为基本信息;4—15 题是对党支部现状的评价;16—25 题是对党支部活力提升的必要性和可行性的调查。

## 四 调查结果分析

### (一)基本信息

根据调查结果中 1—3 题的基本信息显示,调查对象来自深圳大学各学院。第 1 题是选填内容,由调查对象填写所在基层单位,大部分调查对象都如实填写,但也有少量调查对象希望保密,选择弃填。根据第 2、3 题的调查结果显示,调查对象中学生党员占 80.2%，教职工党员占 19.8%；正式党员占 67.9%，预备党员占 32.1%。比例适当，并具有一定代表性。

### （二）对党支部现状的了解

1. 对所在党支部工作的总体评价

对于所在党支部工作的总体评价，表示很满意或比较满意的占据了绝大多数，比例高达 97.8%。其中，很满意的党员占 65.4%，比较满意的占 32.4%，只有 1.6% 的党员不太满意，0.6% 的很不满意（如图 3 所示）。由此可见，大多数党员对其所在党支部的工作是满意、认可的，绝大多数党支部的工作都发挥了效果。

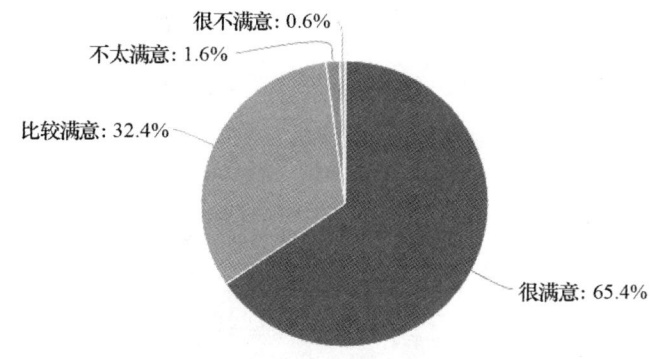

**图 3　对所在党支部工作的满意度调查**

2. 所在党支部战斗堡垒作用发挥如何

对于所在党支部战斗堡垒作用的发挥情况，61.9% 的党员认为发挥得很好，35.2% 的党员认为比较好，仅 2.8% 的党员不认可所在党支部的战斗堡垒作用（如图 4 所示）。由此可见，大多数党员对党支部所发挥的战斗堡垒作用持满意和认可的态度。

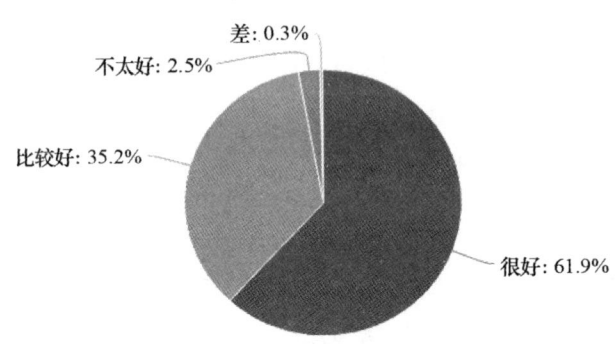

**图4 对所在党支部战斗堡垒作用发挥的评价**

### 3. 对所在党支部委员会（或书记）的工作的评价

对所在党支部委员会（或书记）的工作的评价，评价"很到位"和"比较到位"的分别占72%和25.2%，没有受访者作出"不到位"的评价（如图5）。由此可见，高校党支部委员或支部书记在党支部的工作中充分发挥班子领导和带头作用，尽职履责的成效也得到了大多数党员的认可。

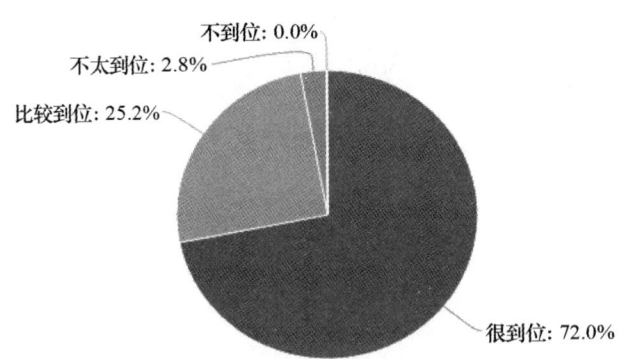

**图5 对所在党支部委员会（或书记）的工作的评价**

4. 所在党支部进行组织生活的频次的调查

对于所在党支部进行组织生活的频次，调查结果显示，绝大多数的高校基层党支部能做到每1—2个月进行一次党支部组织生活或活动，其中每个月一次的占66%，每两个月一次的占15.7%，而每个季度、每学期和不定期的只占18.2%（如图6所示）。这说明大多数党支部都能保持同其所在党支部成员的较高频次联系，党支部组织生活通常能按期正常开展。

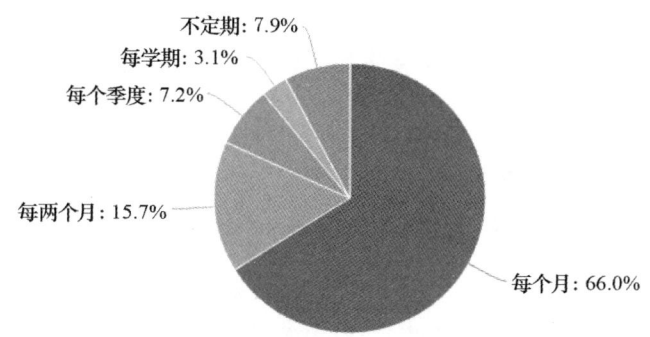

**图6 所在党支部进行组织生活的频次占比**

5. 所在党支部在宣传执行党的方针路线、政策和上级党组织决议方面是否到位

对于所在党支部在宣传执行党的方针路线、政策和上级党组织决议方面，68.9%的党员认为所在党支部做得非常到位，认为比较到位的占29.6%，仅有1.6%的人认为不太到位，没有调查者认为"不到位"（如图7所示）。由此可知，高校各党支部在对于党的方针路线、政策和上级党组织决策的上传下达工作中，发挥着不可或缺的作用，其工作效果也得到了广大党员的认可。

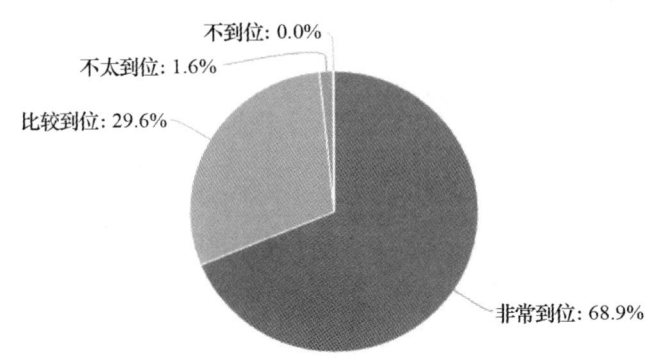

**图7 所在党支部在宣传执行党的方针路线政策和上级党组织决议情况**

6. 所在党支部在"三会一课"制度方面工作的落实情况

对于所在党支部在"三会一课"制度（即定期召开支部党员大会、支部委员会、党小组会，按时上好党课）中不存在"没有落实"的情况，而"严格按要求落实"和"有时能够落实，有时落实不到位"的分别占90.9%和7.9%，剩下1.3%认为"经常落实不到位"（见图8）。可见，各党支部基本能够严格按要求落实"三会一课"的工作，但仍有部分情况下没有按要求落实，这也是个别党支部需要在工作上加强的方面。

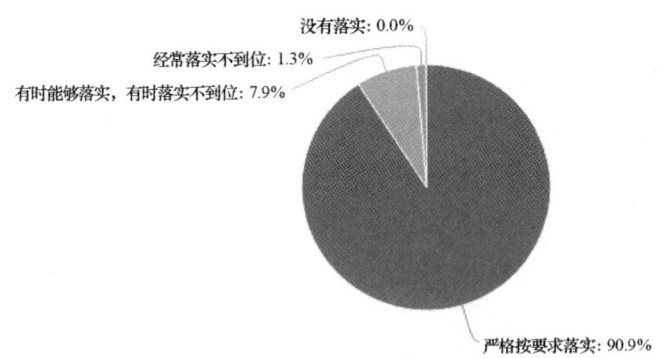

**图8 所在党支部在"三会一课"制度方面工作的落实情况**

7. 所在党支部对党员发展中的各项程序执行情况如何

对于所在党支部对党员发展中的各项程序执行情况调查，89%的调查对象表示能够"严格按程序执行"，而10.1%认为"大多时候能够严格执行，偶尔有不符合程序的情况"，但是仍有0.9%表示"经常不按程序执行"（见图9）。可见，大多数党支部通常能按要求严格执行党员发展中的各项程序，但不排除有部分经常不按程序或偶尔不按程序执行的情况存在。

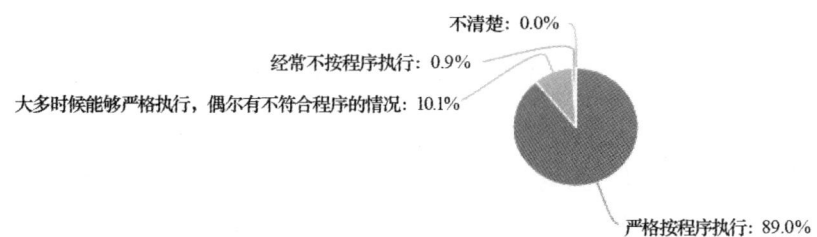

**图9 所在党支部对党员发展程序执行情况**

8. 党员在日常学习工作和教学科研等方面发挥先锋模范带头作用的情况如何

对于所在党支部的党员在日常学习工作和教学科研等方面发挥先锋模范带头作用的调查结果显示，72.3%的党员认为"充分发挥了先锋模范带头作用"，22.6%认为"发挥作用比较明显"，而5%的党员认为"发挥作用不太明显"（见图10）。可见，各党支部的党员在日常的学习工作、教学科研等方面通常能发挥先锋模范带头作用。

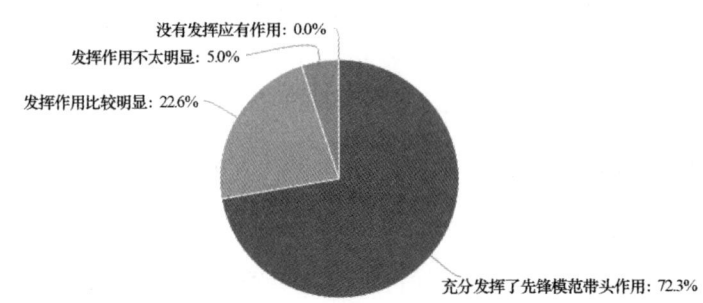

图10　党员发挥先锋模范带头作用的情况

9. 对所在党支部的组织生活是否满意

在对所在党支部的组织生活是否满意的总体评价方面，调查对象基本上给出了肯定的评价，67.9%的非常满意，29.9%的比较满意，分别只有1.9%和0.3%的比较不满意和很不满意（如图11）。可见，绝大多数党员对其所在党支部组织生活是满意、认可的。

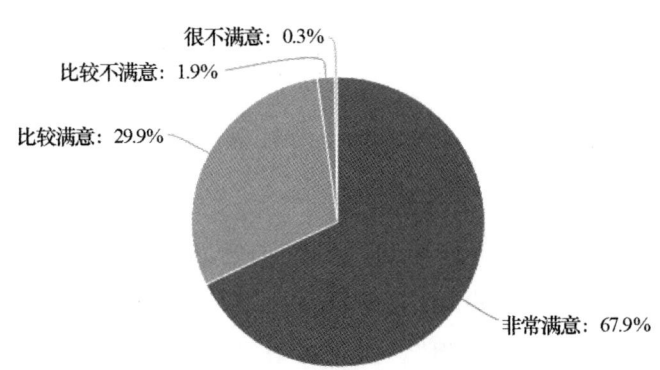

图11　对所在党支部的组织生活的满意度

10. 当前党支部组织生活存在的最主要问题是什么

对于当前党支部组织生活存在的最主要问题调查发现，高达

67%的调查对象认为"形式单一,缺乏新意和吸引力";其次是"照本宣科,没有联系党员及其学习工作实际",占13.8%;再次是"制度不健全,执行随意",占2.5%;最后0.6%的人认为"追求娱乐化,缺乏政治性、思想性"。此外还有16%的人选填了"其他",主要包括:"开会和学习生活比较固化"、"开会只有线下,不知变通"、"开会时间与工作时间稍有冲突"等(见图12)。可见,丰富组织生活的形式、注意联系党员实际是目前党支部组织生活需要着重加强和改进的地方。

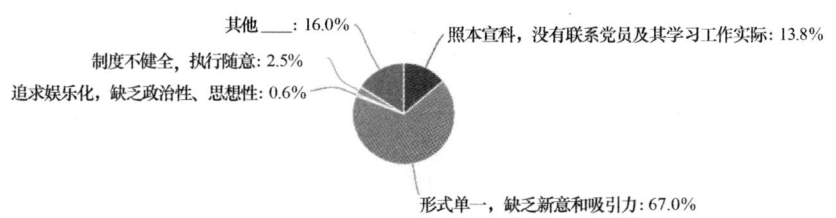

**图12 当前一些党支部组织生活存在的最主要问题**

11. 所在党支部的党员之间能否做到主动认真地开展批评与自我批评

对于所在党支部的党员之间能否做到主动认真地开展批评与自我批评的调查,高达72.6%的党员认为"都能开展批评与自我批评",23.9%的党员认为"自我批评可以,但批评别人难",分别仅有1.3%和2.2%的人认为"背靠背可以,当面批评难"和"开展不起来"(如图13)。由此可见,党员之间基本上能够做到主动认真地开展批评与自我批评,但对于部分自我批评可以、批评别人难和背靠背可以、当面批评难的情况,也需要采取相应工作艺术和方法,使得党员间的批评与自我批评能够顺利开展。

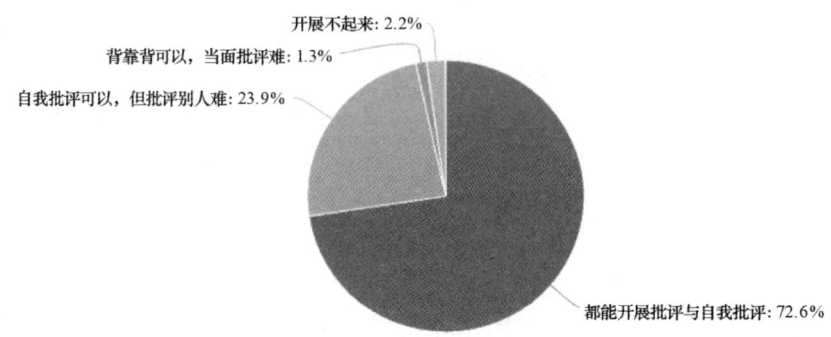

**图 13　所在党支部的党员之间主动认真地开展批评与自我批评情况图**

12. 目前党支部的工作经费使用情况

对于目前党支部的工作经费情况，39.6%的调查对象认为"很充足，可以保障活动顺利开展"；31.8%认为"充足，但经费使用受限制"；9.1%的人认为"不充足，无法支持活动顺利开展"；另外，19.5%的人对经费情况"不太了解"（见图14）。由此可见，目前党支部的工作经费的使用情况还存在较大问题，认为经费使用受限的党员人数占比较大，此外还有部分的党员对经费的使用情况不太了解，这说明党支部在经费的公开、透明管理方面还存在一定的问题。

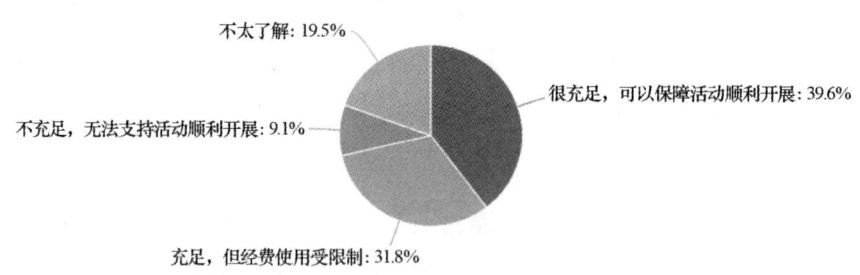

**图 14　党支部的工作经费使用情况**

## (三) 党支部活力提升的必要性的认识及可行方法

1. 所在党支部是否有活力

对于所在党支部是否有活力的调查，53.1%的调查对象认为"充满活力"；38.7%认为"比较有活力"；分别有7.5%和0.6%的人认为"不太有活力"和"没有活力"（见图15）。由此可知，在对于所在党支部是否有活力的宏观评价上，绝大多数人持满意、肯定的态度。

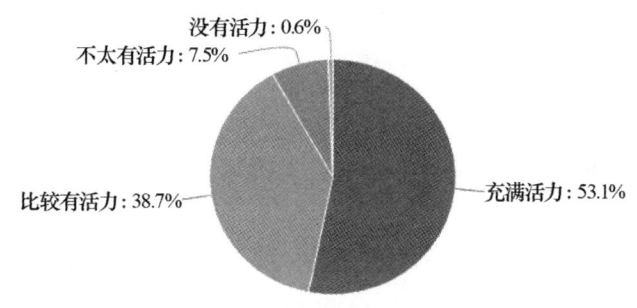

**图15 所在党支部活力情况**

2. 一些党支部活力不足的主要原因

对于一些党支部活力不足主要原因的调查发现，48.1%的调查对象认为"党支部活动流于形式，缺乏新意和吸引力"；23%的调查对象认为"党支部日常交流不充分，缺乏凝聚力"；16%的调查对象认为"党支部工作缺乏目标感和计划性"；4.7%的调查对象认为"党支部工作制度不健全、流程不清晰"；8.2%的调查对象填写了"其他"，集中反映缺乏线上交流也是当前党支部活力不足的原因之一（见图16）。由此可见，党支部活动流于形式、缺乏创意，党支部日常交流不足是导致党支部活力不足的主要原因。

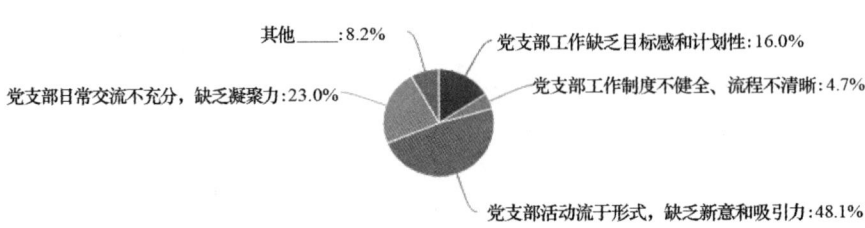

图16　党支部活力不足的最主要原因

3. 认为提升党支部活力是否有必要

对于提升党支部活力的必要性调查结果显示，67.3%的调查对象认为"很有必要"，28.3%认为"比较必要"，分别有4.1%和0.3%的人认为"不太必要"和"没有必要"（见图17）。可见绝大多数的被调查对象普遍认为提升党支部活力是必要的。

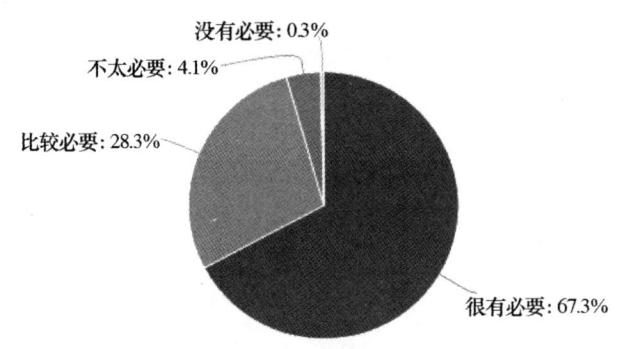

图17　提升党支部活力的必要性

4. 党支部活力最显著的特征

对于党支部活力最显著特征的调查显示，认为"有明确的工作目标和工作计划是党支部活力"需具备特征的，所占比例为31.4%；认为党员"信念坚定、组织观念强，党支部有凝聚力和战斗力"的占28.6%；认为"党支部组织生活联系实际，形式创新"的占20.1%；还有19.5%的党员认为"党支部制度健全、流程清晰、执行到位"是党支部活力最显著的特征。此外，仅有0.6%选择其他项（见图18）。由此可见，对于何为党支部活力最显著的特征各调查对象的观点相差较大，但其中党支部有明确的工作目标和工作计划、党支部党员信念坚定、组织观念强，党支部有凝聚力和战斗力仍占据相对较大比例。

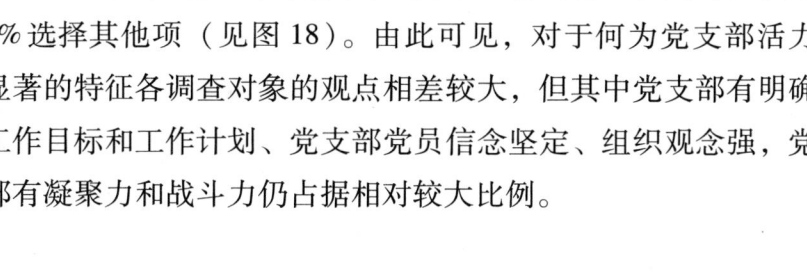

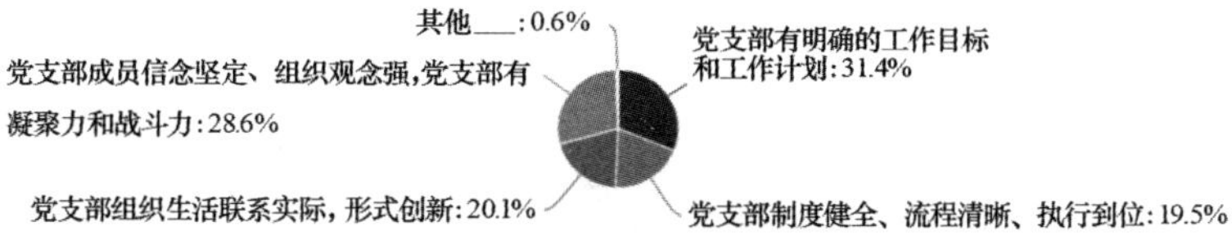

**图18　党支部活力最显著特征体现**

5. 提升党支部活力实践中最应该加强的方面

对于提升党支部活力实践中最应该加强的方面，38.4%的调查对象认为应当"不断创新组织生活的内容形式"；25.5%认为应当"提升党员的思想教育的实效"；23.6%认为应当"紧密联系群众，经常性听取党员和群众的意见建议"；11.3%认为需要"提升党支部的制度化、规范化、科学化管理"；仅有1.3%的人选择了其他项（见图19）。由此可见，大多数党员认为创新组织

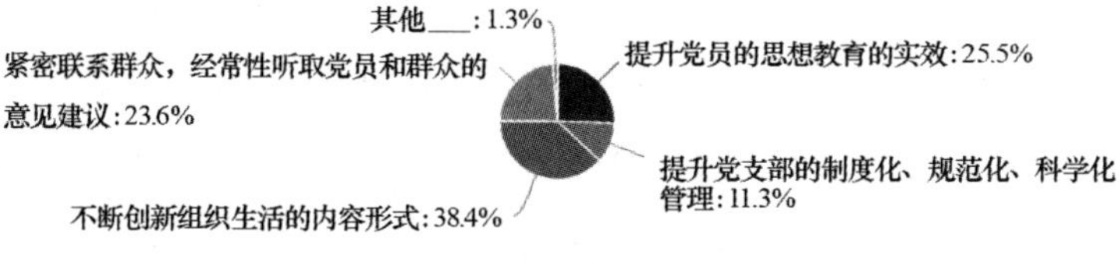

**图19　提升党支部活力实践中最应该加强的方面情况**

生活的内容形式是目前党支部活力建设中应加强的方面，联系群众、进行制度规范科学化管理，也是应当注重和加强的方面。

6. 提升党支部活力实践中最应加强党员教育哪方面

对于提升党支部活力实践中最应加强党员的教育方面的调查显示，45%的调查对象认为是"理想信念教育"；28.9%认为是"组织观念教育"，认为"科技文化知识教育"的占17.6%；认为"法律道德教育"的占7.9%；0.6%的选择其他（见图20）。由此可见，理想信念教育应作为党员教育的重点，被予以重视。

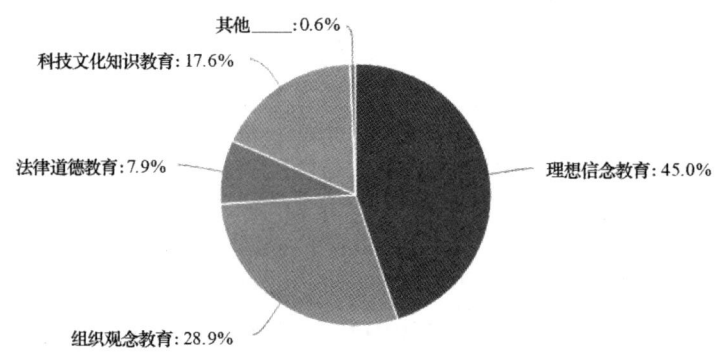

图20　提升党支部活力实践中最应加强党员教育的方面

7. 最能体现党支部活力的党员教育形式

对于最能体现党支部活力的党员教育形式调查发现，40.3%的调查者认为是参加"社会实践和志愿服务"；35.2%认为是"外出参观学习调研"，"专家形势政策报告"和"党员专题交流座谈"则分别占12.9%和10.7%；另外还有0.9%选择"其他"（如图21）。由此可见，参加社会实践和志愿服务和外出参观学习调研等实践性的活动更受党员的青睐。

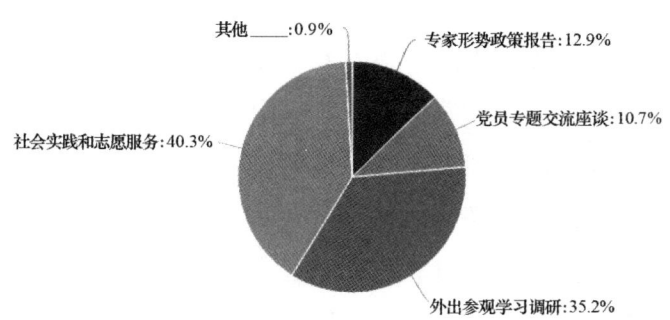

**图21 最能体现党支部活力的党员教育形式图**

8. 上级党组织在提升党支部活力中最应给予的支持

对于上级党组织在提升党支部活力中最应给予的支持调查显示，39.3%的调查者认为是采取"多种措施，鼓励党支部联系实际，积极创新"；35%认为是"深入调研，了解党支部工作需求"；13.5%认为需要"加强工作指导和经费保障"；9.1%认为应当"建立激励机制，表彰先进，树立典型"；2.2%选择其他（如图22）。由此可知，上级党组织需要联系实际，积极创新，同时在调研的基础上了解党支部工作的需求，这对于提升党支部活力会起到相当大的作用。

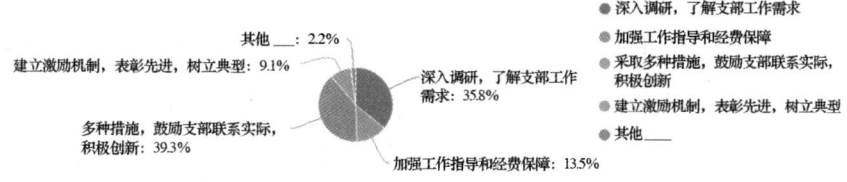

**图22 上级党组织在提升党支部活力中最应做好的方面**

9. 在提升党支部活力实践中最愿意承担的角色

对于在提升党支部活力实践中最愿意承担的角色调查中，47.5%的调查者愿意作为"参与协作者"；24.8%愿意作为"组织策划者"；16.4%愿意成为"沟通协调者"；另外11.3%的调查者愿意作为"建言献策者"（见图23）。由此可知，在提升党支部活力的实践中，所有的党员都从不同方面体现了自身的价值，但是参与协作者占到了最大比重，说明党员的主人公意识还没有得到最大程度的加强，还应采取措施提升各党支部党员的主人翁意识和参与度。

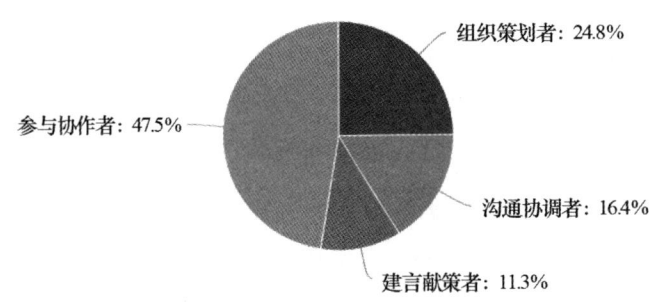

图23　提升党支部活力的实践中最愿意承担的角色

10. 调查对象对于提升党支部活力的建议或意见

对于第25题开放问题，在回收的318份调查问卷中，共有227份问卷对党支部活力提升给出了建议和意见。总体结果显示，丰富党支部活动形式、加强沟通交流、提高创新能力等内容被提及多次，从不同层面表达了基层党员对组织的期望和要求。具体来看，主要包括以下几个方面：①创新党支部活动内容和形式，是本次调查反馈建议最多的一方面，约一半的建议与之相关，调查对象给出的具体建议包括多开展一些外出学习调研的活动，多组织户外拓展的活动以及举办以志愿服务、社会实践为主要形式的活动；②在党支部的管理过程中，支委应该积极听取党员的建议和意见，激发党员的积极性，增加党员内部的交流，同时应当加强党支部之间的沟通交流，增强党员的组织意识和党支部的凝聚力；③进一步加强党支部的制度建设，各基层党支部应当有明确工作目标和计划，在党支部工作中，要建立更加清晰的工作规则和制度流程，严格依照党章党规开展工作；④加强上级党组织对基层党支部的指导和管理，给出一些更加具体的工作标准和要求，同时也要给予基层党支部更多的支持，包括需配备相应的专职工作人员，给予充足的经费支持，拓宽活动空间等，进行相关的保障；⑤能够充分利用互联网提升工作的效率，例如建立在线学习机制，建立网上的互动交流以及公共的学习平台；⑥加强党支部自身建设，包括党支部书记的选拔和培训在内的机制需要更加完备，学院领导也应该以身作则，积极参与支部的各项工作等。

## 五 结论与建议

### （一）结论

1. 党员们对党支部工作现状的总体评价较高

通过本次问卷调查，我们看到在深圳大学党委在近年落实从严治党、加强基层党组织建设方面取得了较大的进展，基层党支部在总体工作评价、战斗堡垒作用发挥、支部班子工作评价、组织生活满意度等方面的工作成效也得到了师生党员的普遍认可，大家对支部工作的现状基本满意。

2. 党支部在作用发挥、职责落实方面基本到位

调查还显示，广大党员对党支部在宣传执行党的方针政策和

上级党组织决议、"三会一课"制度的落实、党员发展中程序执行以及支部党员作用发挥等方面的工作成效也都予以认可，认为党支部在履行职责和发挥作用方面还是比较到位的。

3. 党支部工作中仍存在需要改进的问题

调查中发现，对于党支部组织生活中存在的形式单一、缺乏新意和吸引力是师生党员们普遍关注的问题；在党员之间能否做到主动认真地开展批评与自我批评这一问题上，约27.4%的调查对象认为存在一些困难；在党支部的工作经费使用方面，也有党员反映经费使用受到限制，对经费使用情况不了解。这说明在改进支部工作中还有许多需要加强的环节。

4. 提升党支部活力很有必要，势在必行

调查中，绝大多数被调查的党员都认为提升党支部活力很有必要。对于党支部活力不足的原因，党员们认为"支部活动流于形式，缺乏新意和吸引力""缺乏目标计划""制度不健全""交流不充分"都是需要关注和改进的问题。在"支部活力最显著的特征"这一问题上，党员们也有多方面的理解，包括"有明确的工作目标和工作计划""制度健全、流程清晰、执行到位""组织生活联系实际，形式创新""党员信念坚定、组织观念强，党支部有凝聚力和战斗力"等。

5. 提升党支部活力需要多方考虑，多管齐下

对于如何改进提升党支部活力，党员们普遍认为需要多方考虑，多管齐下。在提升支部活力的实践中，多数党员认为应该进一步创新组织生活的内容形式和深入联系群众；在党员的教育方面，多数党员认为加强理想信念教育和组织观念教育重要而紧迫，同时也应加强法律道德和科技文化知识教育。另外，对于"最能体现支部活力的党员教育形式"，多数党员选择了外出参观

学习"和社会实践和志愿服务。此外,多数党员认为在提升党支部活力的过程中,上级党委应采取多种措施,鼓励基层党支部联系实际,积极创新,同时深入调研,了解党支部的工作需求。

## (二) 建议

1. 高校基层党支部应当继续加强制度建设,发挥战斗堡垒作用

从本次调查结果看,绝大多数的党员认可了党支部的工作,肯定了其在党支部组织生活建设方面所发挥的作用。因此,高校基层党支部应当完善制度,形成长效机制,健全组织机构,按期换届选举,继续努力打造坚强的领导班子,宣传执行党的方针路线政策和上级党组织决议,落实"三会一课"制度、组织生活会,谈心谈话、民主评议党员等党的组织生活基本制度,严格执行党员发展中的各项程序;党支部应当有明确的工作目标和工作计划,以保障党支部各项工作的顺利进展。要积极鼓励党支部党员在日常的学习工作、教学科研等方面发挥先锋模范带头作用,提升党支部的影响力。

2. 高校基层党支部应当提高工作执行度,保障各项工作顺利进行

问卷中反映出高校基层党组织党员之间主动认真地开展批评与自我批评的工作仍存在一些问题,同时,党支部经费的使用情况也出现使用受限或运作不透明的现象。对此,各高校基层党支部应当在加强同其所在支部党员密切联系的前提下,丰富党支部活动形式,积极号召党员参加;对于党支部经费的运作,应当采取更加透明和科学的管理,进行定期报告和规划的制度,使党员对经费的运作更加清晰明确。

3. 高校基层党支部应当紧密联系群众，经常听取党员和群众的意见和建议

高校基层党支部应当紧密联系党员和群众，经常听取党员和群众的意见建议，深入调研，了解支部工作需求，掌握、分析并反映师生党员的思想情况，维护党员和群众的正当权益，有针对性地做好思想政治工作。同时还应当加强工作指导和经费保障，采取多种措施，鼓励党支部联系实际，积极创新，建立激励机制，表彰先进，树立典型。

4. 高校基层党支部应当重视党员日常教育，注重加强党员理想信念教育

高校基层党支部在党员的日常教育中，要坚持把政治标准放在首位，理论信念教育是重中之重，严格把握党员发展的质量关，规范发展程序，定期发布"三会一课"主题内容指引，开展以学习贯彻习近平新时代中国特色社会主义思想为主要内容的"不忘初心、牢记使命"主题教育，完善党员考核评价机制，开展党员党性定期分析、党性训练和主题党日活动。同时，还应进一步加强党员的组织观念、法律道德教育和科技文化知识教育。在教育的形式上，尽量采取社会实践、志愿服务、外出参观、学习调研等更为广大基层党员所推崇的方式，以提升教育的实效性。

5. 高校基层党支部应当积极创新，丰富支部活动形式

对于调查问卷中相当部分的党员反映的党支部活动流于形式，缺乏新意和吸引力的问题，基层支部在日常组织建设和支部活动中应关注党员需求，创新活动内容和活动形式。例如可以以重大节庆日、重要活动、重要节点为契机，开展交流座谈会、举办形势报告活动等，还可以开展红色景点参访、志愿者活动等实

践类活动,也可以贴近学生生活,举行户外拓展徒步、文体比赛等活动。通过以上各种形式的教育载体,贴近党员学习生活实际,从而使党组织的活动既严肃认真,又生动活泼,有利于提高党员的积极性和参与度;此外,在"互联网+"时代,党建工作还应当充分利用网络平台和资源,拓展理论学习的渠道和途径,实现网络功能与组织功能的深度融合。

# 附录

# 深圳大学提升基层党支部活力的必要性及可行性调查问卷

亲爱的老师、同学：你们好！

  高校党支部作为党在高校的组织基础，是开展高校党的活动的基本单元，是党在高等学校基层组织中的战斗堡垒。为了进一步提升深圳大学基层党支部活力，总结经验，查找问题、研究对策，特组织此次问卷调查。问卷仅为研究之用，答案无对错之分。问卷所有问题均为单选，填写采用无记名方式，对您填写的内容我们将予以保密，请您真实填写。感谢您的大力支持！

  1. 您所在的学院（或部门）是_____。

  2. 您是（　　）

  A. 学生党员　　　　　　B. 教职工党员

  3. 您目前是（　　）

  A. 正式党员　　　　　　B. 预备党员

  4. 您对所在支部工作的总体评价（　　）

  A. 很满意　　　　　　　B. 比较满意

  C. 不太满意　　　　　　D. 很不满意

  5. 您认为所在党支部战斗堡垒作用发挥得（　　）

A. 很好　　　　　　　B. 比较好

C. 不太好　　　　　　D. 差

6. 您认为所在支部委员会（或书记）的工作（　　　）

A. 很到位　　　　　　B 比较到位

C 不太到位　　　　　D 不到位

7. 您所在支部组织生活通常多长时间进行一次（　　　）

A. 每个月　　　　　　B. 每两个月

C. 每个季度　　　　　D. 每学期

E. 不定期

8. 您所在支部在宣传执行党的方针路线、政策和上级党组织决议方面（　　　）

A. 非常到位　　　　　B. 比较到位

C. 不太到位　　　　　D. 不到位

9. 您所在党支部在"三会一课"制度（即定期召开支部党员大会、支部委员会、党小组会；按时上好党课）方面（　　　）

A. 严格按要求落实

B. 有时能够落实，有时落实不到位

C. 经常落实不到位

D. 没有落实

10. 您所在党支部对党员发展中的各项程序执行情况是（　　　）

A. 严格按程序执行

B. 大多时候能够严格执行，偶尔有不符合程序的情况

C. 经常不按程序执行

D. 不清楚

11. 您所在支部的党员在日常的学习工作、教学科研等方面

发挥先锋模范带头作用的情况是（　　）

　　A. 充分发挥了先锋模范带头作用

　　B. 发挥作用比较明显

　　C. 发挥作用不太明显

　　D. 没有发挥应有作用

12. 您对所在支部的组织生活（　　）

　　A. 非常满意　　　　　B. 比较满意

　　C. 不太满意　　　　　D. 很不满意

13. 您认为当前一些支部组织生活存在的最主要问题是（　　）

　　A. 照本宣科，没有联系党员及其学习工作实际

　　B. 形式单一，缺乏新意和吸引力

　　C. 追求娱乐化，缺乏政治性、思想性

　　D. 制度不健全，执行随意

　　E. 其他

14. 您认为所在支部的党员之间能否做到主动认真地开展批评与自我批评（　　）

　　A. 都能开展批评与自我批评

　　B. 自我批评可以，但批评别人难

　　C. 背靠背可以，当面批评难

　　D. 开展不起来

15. 您认为目前党支部的工作经费（　　）

　　A. 很充足，可以保障活动顺利开展

　　B. 充足，但经费使用受限制

　　C. 不充足，无法支持活动顺利开展

　　D. 不太了解

16. 您认为所在支部（    ）

   A. 充满活力      B. 比较有活力

   C. 不太有活力    D. 没有活力

17. 您认为一些支部活力不足的最主要原因是（    ）

   A. 支部工作缺乏目标感和计划性

   B. 支部工作制度不健全、流程不清晰

   C. 支部活动流于形式，缺乏新意和吸引力

   D. 支部日常交流不充分，缺乏凝聚力

   E. 其他

18. 您认为提升支部活力（    ）

   A. 很必要        B. 比较必要

   C. 不太必要      D. 没必要

19. 您认为支部活力最显著的特征是（    ）

   A. 党支部有明确的工作目标和工作计划

   B. 党支部制度健全、流程清晰、执行到位

   C. 党支部组织生活联系实际，形式创新

   D. 党支部党员信念坚定、组织观念强，支部有凝聚力和战斗力

   E. 其他

20. 您认为在提升支部活力实践中最应该加强的是（    ）

   A. 提升党员的思想教育的实效

   B. 提升支部的制度化规范化科学化管理

   C. 不断创新组织生活的内容形式

   D. 紧密联系群众，经常性听取党员和群众的意见建议

   E. 其他_____

21. 您认为在提升支部活力实践中最应加强党员教育哪方面的教育（    ）

A. 理想信念教育

B. 组织观念教育

C. 法律道德教育

D. 科技文化知识教育

E. 其他_____

22. 您认为最能体现支部活力的党员教育形式是（    ）

A. 专家形势政策报告

B. 党员专题交流座谈

C. 外出参观学习调研

D. 社会实践和志愿服务

E. 其他

23. 您认为上级党组织在提升支部活力中最应做好的是（    ）

A. 深入调研，了解党支部工作需求

B. 加强工作指导和经费保障

C. 采取多种措施，鼓励支部联系实际，积极创新

D. 建立激励机制，表彰先进，树立典型

E. 其他

24. 在提升支部活力的实践中你最愿意承担的角色是（    ）

A. 组织策划者　　　　B. 沟通协调者

C. 建言献策者　　　　D. 参与协作者

25. 您对进一步提升党支部活力有什么好的意见或建议？

_____

_____

# 新时期深圳高校毕业生党员组织关系管理困境探析

戴纪锋　薄迎迎[*]

**摘　要**：随着经济体制和管理模式的转变，深圳地区部分大学毕业生党员出现了组织关系转接困难的问题。本文剖析了目前存在的主要问题、成因，并提出相应的对策，希图对改善深圳高校部分毕业生组织关系管理困难提出可行性建议。

**关键词**：毕业生党员；组织关系；地域性；党务系统

伴随着高校学生党员数量的进一步增加，毕业生党员队伍不断壮大，毕业生党员组织关系接转难的问题日益严重。《中共中央组织部关于做好高校毕业生党员组织关系管理工作的通知》《关于开展党员组织关系集中排查的通知》等文件明确提出要严

---

[*] 深圳大学组织部。

格党员日常教育管理监督和将每名党员纳入党组织有效管理的要求。因此，做好新形势下高校毕业生组织关系接转工作，是高校党员管理部门的一项重要职责。

## 一 部分深圳高校毕业生党员组织关系存在的管理困境

当前深圳毕业生党员组织关系转接过程中存在的问题是多种因素造成的。既有党员自身的原因，也有管理制度方面的问题。

### （一）"数字党员"缺乏对称接转方

党员档案组织关系的接转与其用人单位的性质、地点密切相关。深圳地理位置优越，毗邻港澳，外资企业众多，提供了许多的就业机会。但在有些外资企业或者香港工作的同学因其单位本身不具备接受组织关系的条件，所以为方便起见，这些同学选择将组织关系留在学校，时间一长，成为只有在党内统计时才发挥作用的"数字党员"。如深圳大学毕业生党员毕业后应聘到香港凤凰卫视工作，工作地点在香港，无法将组织关系转移至工作地，综合考虑之后只能保留学校。起始时还可以保持与学校的联系，力所能及参加学院组织生活，但是随着工作重心的转移，逐渐脱离了联系。

### （二）"口袋党员"转接不及时

深圳是就业大省、移民大省，外来就业、求学者众多，有些外来党员在组织关系转接时没有遵照组织关系介绍信规定的接转时间办理接转工作，或者由于转入地根据工作需要，需核实档案信息无误后方接收，致使介绍信超期。大多数党员由于缺乏更换介绍信的经验或者更换较为不便等原因，而搁置转接，将介绍信留在自己手中，成为"口袋党员"。根据中央组织部1977年下发的《关于转移党员组织关系手续的通知》要求，介绍信、党员证明信的有效期一般不应超过3个月。但是在实际工作中发现，每年都有相当比例的党员因为转接不及时，将组织关系保留在自己手中，没有及时"落地"，成为"口袋党员"。

**（三）"档案党员"联系困难**

毕业生党员档案存放地与工作、生活地分离，不能按时有效参加组织生活，成为"档案党员"。目前主要存在两种情况。一是部分学生党员因暂缓就业或未及时转出等，将人事档案和组织关系存放在学校，存放初期能与学校保持一定的联系，但时间越长，组织生活参与度越低，发展到最后只有档案是实在的，党员个人先锋模范的发挥已经虚化。二是"两新"组织发展不健全影响组织关系转接。我国经济体制改革日益深化，新的社会及经济组织发展迅速，但地区间"两新"组织党建工作的落实情况参差不齐。

## 二 部分深圳高校毕业生党员组织关系转接困难原因探析

为了保证组织关系转接的及时性，在毕业生离校前，基层学院（系）一般会配合学校组织部门开展组织介绍信转接工作，以保证学生在规定的时间内，将介绍信交到对方党组织。但是在实际转接过程中，主要存在如下问题。

## （一）跨省异地转接，成本高

中国共产党党员组织关系介绍信为目前跨省异地党员组织关系接转的唯一载体。2006年12月8日中共中央组织部发出的《关于印发〈中国共产党流动党员活动证〉和〈中国共产党党员组织关系介绍信〉修订式样的通知》（组通字〔2006〕45号），对《中国共产党党员组织关系介绍信》的填写使用和印制做了明确规定。2007年，为了扭转转入地和转出地党组织信息不通的局面，中组部对《中国共产党党员组织关系介绍信》式样进行了修订，增加了"回执"环节。

因此，党员组织关系介绍信虽然只有一页纸，但要准确无误地由转出地党组织传递到转入地党组织，需要涉及党员本人、党支部、党委（党总支）、校党委组织部、学校上级具有全国接转权限的党组织、转入地具有全国接转权限的党组织、转入地相对应的上级管理部门等十几个行为主体，经过沟通填报、多重审核、开具介绍信、发放介绍信等多个环节。一旦介绍信信息出错或超期，全部过程就要重新来过，时间以及财务、人力成本耗费较大。

从转出情况来说，受党务系统限制，深圳地区学校开出转往异地的组织关系介绍信，只能"追踪"到市委这一步，至于转入地能否有效接收，需要转接到当地才能确认。这样的操作"盲点"使党务系统的使用"大打折扣"。从转入情况来看，以2018年深圳大学某学院新转入研究生介绍信统计情况为例，新转入学生党员50人，因信息错误重开人数为5人，错误比例为10%；另一学院新转入学生党员42人，因信息错误需重开人数为2人，错误比例为4.7%。而且组织关系转接存在一定的专业性，毕业生对转接手续及转接地不熟悉，经常处于多次往返转接仍不能有效解决的状态。主体广泛，环节众多，过程复杂，内容专业，是目前党员组织关系接转工作的基本特点。

## （二）缺乏有效的指导性接转信息

党员组织关系的接转与转入单位的性质、地点关系密切。新一轮全球产业大转移正在形成，作为重要的产业转移策源地和转出地的深圳，多元化的广阔就业市场，多样化的用人单位，对党员档案、组织关系接转工作存在重要影响。当前深圳企业种类众多，大的而言有公有制企业和非公有制企业之分，其中公有制企业包括国有企业（央企和地方政府所属企业）和集体企业（股份合作制，主要在农村和乡镇，以及深圳的社区）以及中外合作中的国有部分；非公有制企业，就有中外合资、外商独资、私营企业（俗称民营经济）以及个体户等。另外还有混合所有制企业，以上的所有企业可以相互混合，各自占有一定股份。比如平安保险，就是各方出资的非公有制企业。不同性质的企业之间，转接组织关系缺乏有效的指导性转接信息。

## （三）毕业生党员留校参加组织生活制度难以落实

根据中共中央组织部《关于进一步加强党员组织关系管理的意见》（中组发〔2004〕10号）规定，尚未落实工作单位的，按国家有关规定选择将户口两年内继续保留在原就读学校的，也可将党员组织关系保留在原就读学校的党组织，原就读学校党组织要承担对其教育管理的责任，党员本人要主动与原就读学校党组织保持联系，按规定交纳党费。但是毕业生党员留校参加组织生活这项制度，在实际执行中遇到很多问题。因为一旦毕业，学校便非毕业生党员主要的工作生活区域，而且这一方面并非学校党建的核心关注领域。

为了便于保持与毕业生党员的联系，多数高校采取的是将毕业生同学放在原学院党支部，或者是同专业师弟妹所在的支部的做法。但是在实际开展活动时发现，一是党支部由决定开展活动时间到实践执行时间间隔短，部分毕业生党员无法及时通知到位或已通知的党员由于工作等诸方面的原因来不及调整时间导致不能及时参加组织生活。二是毕业生党员返校参加组织生活时间成本大。一般情况下，有正式党员3人以上、不足50人的基层单位，经上级党组织批准，可成立支部委员会。学校党支部会议内容相对单一，开会时间不长，而在深圳等一线城市，路上交通成本高。所以部分学院只有在党员大会等必须全体党员出席的会议才会联系毕业生党员参加，导致毕业生参加组织生活不及时。三是党支部会议议题与毕业生党员关联度低。学校党支部开展支部活动，会议议题一般会结合学校教学、科研、学生培养等与学生、教工自身密切的方面，与毕业生党员目前工作生活状态关联度低，不易产生共鸣，影响毕业生党员参加组织生活的积极性。而且根据多数高校工作的实际，很少有单位配备专门的人力、物力等资源从事毕业生党员的管理。

## （四）部分毕业生党员组织意识淡薄，党务工作者能力有待提升

本科毕业生的年纪一般是22岁，研究生的年纪一般在25岁。但是按照《中国共产党发展党员工作细则》要求，必须年满

18周岁才可以提交入党申请书，由积极分子到发展对象需要至少1年的培养考察期，预备党员到正式党员需要至少1年的预备考察期，所以，即便是按照最顺利的发展流程，从提出申请到成为正式党员，本科生的年纪一般为21岁，到毕业时党龄为1年左右，研究生毕业时的党龄3年左右。由于学生党员的年纪以及党龄较轻较短，在校接受党的基本理论和相关知识有限，因此有些学生的组织意识淡薄，忽视了组织关系的重要性。

根据当前党建工作的需要，全国许多单位以及高校招纳党建组织员专门从事党建工作。虽然有些单位在招聘时已经明确要求应聘人员需具体一定的党务经验，但在实际操作中比较难以考量，使得此项要求成为虚设，存在部分党务工作者责任心不强、党务工作基础知识掌握不牢的问题。并且有的单位以练代训，没有对新招聘的人员进行党建业务的系统培训便直接投入实际工作，希冀在工作中提高。因而在党组织关系转接过程中，组织关系转入地/转出地名称开错的、介绍信党员个人信息出错（如填错性别、预备党员或正式党员）、党务系统中党员个人信息录入不全或者有误等问题时有发生，一旦出现如上等问题，将给毕业生党员转接组织关系带来很大障碍。同时，有的党务工作者在开展工作中缺乏系统性以及创新性，不能及时总结经验，应对工作中出现的新问题，影响了党建工作的有效开展。

以深圳大学为例，根据《广东省教育系统2018年党建工作要点》要求，为加强院（系）领导体制和工作机制建设，每个院（系）至少配备1—2名专职组织员。学校积极落实文件精神，结合本校实际情况，在原有辅导员等兼职从事院（系）党务工作的基础上，规范了管理模式，厘清分工，面向社会统一招聘了29位专职党建组织员，全力开展学校党建工作。

## 三 关于做好高校毕业生党员组织关系管理工作的对策

当前,在组织关系转接方面我们看到了一些可喜的进步。如由中组部统一部署,建立全国党员数据库,逐步探索实现党员组织关系转接的网络化。在这一工作指导下,广东省内的党员组织关系已经实现无纸化操作,减少了组织关系转接过程中的环节,提高了组织关系转接的速度。并且,转接系统中标注了各转接环节的负责人以及联系方式,如果介绍信在转接过程中存在问题,可以实现有效沟通、在线修改、调整。但是,做好高校毕业生党员组织关系转接工作还需要多方面的努力,本文拟从如下几方面提供可能的对策建议。

### (一)进一步强化党务系统管理标准化,优化毕业生党员组织关系接转流程

党务系统的使用,有效改善了本省范围内组织关系转接情况。但是在"异地转接"功能上,党务系统不能发挥有效的作用,异地转入人员个人有效信息不能网上转接,仍需要工作人员手工录入包含姓名、身份证号、出生日期、民族、籍贯、出生地、民族、家庭住址(精确到门牌号)、手机号码、学历学位、入党时间、个人身份等12项必填信息。

由于信息的隐私性,一般需要本人在场的情况下转接录入最为准确,而且新系统在使用过程中有时间限制,如因其他事务影响,20分钟左右的时间没有操作,系统会自动推出,原本未录完的信息就要重新录入,如此往复,无形中耗费的大量的人力和

时间成本。如果可以实现全国党务系统一体化，畅通不同地区省、市组织人事部门组织介绍信的转接渠道，有效改善异地转接存在的问题，减少人力、物力的投入，切实提高工作效率，使各方面功能真正实现最大化，党员组织关系转接工作将更加便利。

## （二）进一步加强教育培训，提高主体意识

部分毕业生党员存在党组织观念淡薄的现象，这在一定程度上体现了高校党员教育管理工作的缺失。高校各级党组织必须充分重视学生党员发展各阶段的教育管理。以深圳大学为例，学校每年有2期发展对象培训班，联合学校组织部、基层党委诸单位，结合时事热点和党建基本知识开展培训，既提高了发展对象的理论素养又增强了学生的社会关注度。

而且，在今后的培训班以及培训结业考试中，可以与时俱进，调整和完善考察内容。近几年可以适度增加组织关系的知识及考题，提高学生的重视度。发展为党员后，各级党组织要引领党员认真落实"三会一课"制度、民主生活会制度等，按时开展组织生活，积极开展谈心谈话活动，加强学生党员自我管理与教育。高校党务工作者肩负高校党建工作的重任，他们的工作影响高校党建工作能否切实有效的开展，因而提高其自身业务素质亦是必须且重要的。

## （三）进一步完善党员管理，实行切实可行的惩罚机制

高校应按照国家相关规定，对毕业生党员自身原因导致的问题实施切实可行的惩罚机制，畅通党员出口。根据中共中央组织部印发《关于进一步加强党员组织关系管理的意见》（中组发

〔2004〕10号）要求，如果没有正当理由，连续6个月不参加党的组织生活，或不缴纳党费，或不做党所分配的工作，就被认为是自行脱党。支部大会应当决定把这样的党员除名，并报上级党组织批准。如果不采取有效的惩罚措施，会有越来越多的党员效仿这种不良举措，基层党组织工作更加难以有效维系。

# 新时期高校基层党建信息化工作的探索

林志雄　邓　琳[*]

**摘　要**：面对"以改革创新的精神不断推动党的建设新的伟大工程"的新要求，深圳大学党委在第五次党代会上明确提出了"探索智慧党建新平台新方式，积极推动基层党建与互联网技术相融合，构建党建大数据，打造党建服务品牌；突出党建工作对其他工作的鲜明指引，建设先进的政治文化，坚持正确办学方向，确保党的路线方针政策和决策部署在学校得到落实"。推进基层党建工作信息化，不断增强基层党建工作的时代性和有效性，以信息化促进党的建设科学化水平是我们需要探索的课题。本文结合学院党员的信息化教育管理，以"互联网＋党建"对如何加强和推动基层党建信息化建设进行了探索。

**关键词**："互联网＋"；高校党建；信息化

---

[*] 深圳大学信息工程学院。

# 一 "互联网+"背景下,党建信息化工作是高校值得探索的课题

随着互联网等信息技术的飞速发展,互联网对社会政治、经济等方面的影响日益凸显。习近平同志早在 2011 年全国组织部长会议上提出:"各级党委要高度重视信息化发展对党的建设的影响,做到网络发展到哪里,党的工作就覆盖到哪里,充分运用信息技术改进党员教育管理。"在党的十九大报告中,习近平同志又强调党要"善于运用互联网技术和信息化手段开展工作"[1]。可见,十九大对党的建设提出了全新的要求,对于如何将互联网应用到党的建设工作中也做出了极具前瞻性的部署。所以,在"互联网+"背景下,党对互联网技术的运用程度,已经逐渐成为衡量党执政能力的重要体现。

改革开放 40 年来,高校党建工作经历着一个较快发展的历程。高校是高层次人才的聚集地,是应用和普及互联网的先锋队和主力军。随着计算机、网络等信息技术的飞速发展,网络信息化渗透着高校师生生活的方方面面,各高校都有自己的校园网并将其作为学校工作的重要载体和自我宣传的重要窗口,互联网时代加强党建工作的应对策略无疑也成为各高校不可忽视和必须研究探索的新课题。网络信息化建设是时代赋予高校党建工作的现实需求,其主要表现在以下几个方面。

---

[1] 习近平:《决胜全面建成小康社会 夺取新时代中国特色社会主义伟大胜利》,人民出版社 2017 年版,第 68 页。

## （一）创新高校党务工作特别是信息化建设是新时期党建工作的需要

近年来，随着信息技术的迅猛发展，我国电子政务的发展也进入了快车道，电子政务的快速推广不但提高了党务工作的透明度，更好地发扬了党内民主，也更好地服务了广大党员，但同时向党务干部提出了挑战。将网络信息技术引入党建工作，以数字化方式提高工作效率，实现党的建设和党务工作管理服务的综合运行新模式，不仅是手段和方式创新的问题，更重要的是可拓宽一个全新的工作领域，为党建工作开创富有生机的新天地。

## （二）高校党建工作的网络信息化水平的提高，是凝聚党内组织的重要方式

高校师生是主要的网络受众群体，对网络具有浓厚的兴趣，并以此作为主要的交流和获取信息渠道。因此，改变传统党建工作的相对封闭性，需要以网络技术为手段，用易于师生接受的方式宣传马克思主义思想、宣传爱国主义思想、宣传社会主义核心价值观，这有利于提高他们的思想觉悟，坚定他们对党的信念；另一方面，我们还可以利用网络互动性的特点，更加方便广大师生员工通过网络了解高校党建工作的内容，及时表达自己的意见，直接参与决策过程，进一步密切党和群众的联系，有助于提高党在群众中的威信，有利于加强和谐校园的建设。

## （三）推进网络信息化有利于进一步加强党的领导、提高党的执政能力

中国共产党要巩固自己的执政地位，就要做到与时俱进，以

创新精神推动和改进党的领导方式和执政方式，把执政党的意识形态内涵同党建工作创新的内涵统一起来，把执政党的合法地位同信息时代发展的内在要求结合起来。通过网络提高党的工作的时效性、扩大覆盖面、增强影响力，创新党在高校执政领导的方式，是加强党的先进性建设的重要举措。

### （四）提升高校党建科学化水平的必由之路必须基于党建工作的网络信息化

高校党建是党的十九大报告提出的"深入推进党的建设新的伟大工程"的重要组成部分。网络信息的开放性和便捷性更有效地助力党建工作的互动。高校党建工作只有保持与时俱进的心态，紧跟信息化时代的步伐，同时要富于创新性，才能更加全面地研究网络信息新情况，妥善解决互联网出现的新问题。我们要通过互联网和大数据平台等技术，使之服务于党建工作，把高校党务管理、党员管理、组织生活等信息进行高度整合，为高校党组织决策提供准确的数据支撑，有助于党建工作的精确化和科学化水平的提高[1]。

## 二 互联网发展背景下新时期高校党建信息化的挑战与机遇

在网络信息化的新形势下，我们要加强党建工作的信息化建设，就是以计算机信息技术为基础，以网络为平台，来加强党的

---

[1] 赵德金、蒋元春：《"互联网+"背景下高校党建信息化建设探析》，《大理大学学报》2018年第9期，第3页。

思想、组织、作风、制度建设和其他日常工作管理，从而实现"党建工作的网络信息化"，这是党建工作与网络信息技术相结合的产物。

一方面，西方发达国家借助经济全球化取得的经济优势，并凭其雄厚的科学技术，利用互联网，在网上推行新的"信息殖民"扩张；另一方面，党员干部的政治信仰和价值追求被网上政治舆论和社会信息所影响。越来越多的党员干部通过互联网获得信息已是常态，但是各种跨越国界的思想政治理念和文化也在网上自由传播，其中掺杂一些虚假有害信息，该信息具有很强的迷惑性和渗透性，对党员和干部的思想、信念，甚至政治立场起着不可忽视的负面作用。同时中国共产党基层党组织也一定会面临严峻的考验。因此，基层党组织必须抓住机会，使用新手段提高执政能力，积极应对互联网和信息技术带来的挑战。

电子党建和网站党建是党建信息化的前两个阶段，随着互联网发展的日新月异，新时期党建工作在面临新的挑战的同时，也暴露出以往党建工作的不足。①信息孤立化。党建工作开展中人员分散、地域广、基层分级多，存在共享资源、互通互联、信息宣传方面的局限性。②手段传统化。教育培训、组织生活、意见征集、党费缴纳、台账梳理等党建工作存在手段单一、耗时费力的问题。③管理粗放化。党内活动单一的循环状态使其相对封闭，不能及时了解与实时掌握各基层党组织的管理信息与现状，也无法实现各基层党组织的联合。

面对挑战，我们高校的党建工作必须与时俱进，改变传统的思想政治教育方法，突破只停留在资料印刷、分发及存档等环节的限制，增强思想政治教育的效果。我们要利用网络的互动性和开放性，使传统的自上而下的传播方式变为双向互动甚至是多向交流，更好地疏通和拓宽党内民主渠道，优化党内民主程序，使各级党组织和广大党员能够及时了解、掌握党内事务的情况，平等地表达自己的愿望和发表自己的意见，以主人翁的姿态积极参与党内事务，实现对党内事务的有效管理和积极监督。

充分运用互联网快速发展的信息化技术，能够对电子党建和网站党建中的不足做出有效弥补，这对党建工作有着重要意义：其一，规范党的工作，使其公开透明，并实时接受线监督；其二，实现党建活动效果可量化、数字化和系统化，提升组织活力；其三，实现党员教育培训在线化和常态化，推进"两学一做"；其四，有效加强党员和党组织、党组织间、党员和党员以及党员和群众的联系；其五，实现党建工作的事前的未雨绸缪和事中的运筹帷幄，促进到线上线下、局部整体、党务政务之间的有效融合。

## 三 学院基层党支部的特点及党务信息化的实际需求

学院基层党委，涵盖本科生、研究生、博士后、教师等不同人员，存在群体的相对独立性和群体内个体的差异性，每个支部都有各自的特点，主要表现在以下几个方面。

### （一）支部成员身份存在群体性差异

教工支部党员以教学、科研、管理工作为主，服务于高校的教育体系；博士后的党员以研究为主，跟随导师和实验团队主攻某些研究方向；本科生和研究生党员以学业为主，接受高等教育知识的传授和人格的熏陶。党员的身份不同，教育程度不同，对党的理论知识看法和重视程度也不同，对社会关注的热点也不一样，群体性存在差异，导致我们的党建工作不能只是上传下达，而应该针对群体的不同特点，开展灵活多样、丰富多彩的教育活动。以博士后支部为例，在工作上，博士后党员往往分布在不同的实验室或科研团队中，这就导致博士后与合作导师交流较多，与同单位其他教师的合作与交流较少；与主管部门的老师们接触较多，博士后之间的联系较少。这样一个缺乏相互沟通的环境给博士后党建工作带来了一定的困难。通过信息化的建设，使博士后党员更多的与院内老师进行交流，相互之间进行学术研讨，更有利于促进他们投身祖国的建设事业。

### （二）党员接受党性教育学习存在时间、空间的差异

教师有固定的上班时间，学生选课不同，业余时间也不一致，如用传统的讲座或授课形式难以覆盖全体党员，且难以经常性的组织，在"互联网+"时代，我们通过信息化，就能够让党建工作不受特定的时间、特定地点、特定形式的约束，实现信息的传达、党员的互动，党员参与组织生活、日常行为数据信息的记录、集成、挖掘、跟踪、分析，可以极大提升全体党员党性修养。

### （三）党员存在一定的流动性

教工党员是职业，基本稳定；学生党员每年都有新发展和毕业的，存在组织关系的转入和转出问题；博士后党员的研究周期一般为2年，流动性更大；传统的管理容易出现党员长期不参加组织生活、组织关系不确定、不交党费、不重视党员身份、不履

行党员义务等的行为。通过信息化建设以及大数据的管理,每一名党员从他的身份,到他每年参与的组织生活、政治学习都有详细的记录,这既强化党员的党内生活,增强纪律观念,重视党员身份,同时也减少了党务工作者的工作量,提升效能。

## 四 高校基层党建工作信息化的具体思路、做法和工作的成效

深圳大学在第五次党代会上,校党委明确提出:探索智慧党建新平台新方式,积极推动基层党建与互联网技术相融合,构建党建大数据,打造党建服务品牌。突出党建工作对其他工作的鲜明指引,建设先进的政治文化,坚持正确办学方向,坚持人才培养中心地位和立德树人的核心人物,把握学校改革发展稳定大局,确保党的路线方针政策和决策部署在学校得到落实。

"互联网+"的发展引发党建工作思维的深层次变革,必然要求党建信息化要变传统"封闭式、命令式"党建模式为"开放式、民主化"党建模式①。借助互联网平台,运用互联网思维对传统的党建思维模式和运行体制进行创新提升,利用互联网增强广大师生对党的思想认同,探索破解党建难题之方,推进党建工作创新发展。学院基层党委党建工作也结合互联网技术采取了一些做法,并取得了一定的成效。

---

① 赵德金、蒋元春:《"互联网+"背景下高校党建信息化建设探析》,《大理大学学报》2018年第9期,第3页。

## （一）互联网＋组织工作，构建顺畅的信息传达系统及完善的信息管理系统

1. 党支部架构网络化，每个党支部建一个微信群，党支部成员都加入该群，学院党委建一个群，学院各党支部加入该群

这样做的目的是使组织生活信息化，可以不受时间、空间的限制，即便是在寒暑假期间，组织生活也可以在网上通过群的方式随时随地开展。这很好地解决了学生党员——尤其是研究生群体流动性大、党员之间沟通少和组织生活难开展等问题，使党组织真正实现与党员之间的零距离互动。

2. 做好党建系统管理

学院党委及时开展省党务信息系统维护工作，对基层党组织和党员信息进行维护，重点审查党员身份证号、家庭住址和联系电话等基本信息，确保党员档案、《党员基本信息采集表》和省党务信息系统三者信息统一，做好动态跟踪。对党员的发展、转正实时跟踪，确保材料的完整和程序的合法，对党员关系的转入及转出都严格按照制度和程序办理，避免出现空挂党员和口袋党员问题。简化日常党建流程的工作量，提高工作效率和时效性。

3. 开展"深圳智慧党建"系统的维护工作，核查支部的系统信息，及时上传和更新支部党建活动情况，确实落实"三会一课"制度，规范党内政治生活，使党员经常性参与组织生活，打造活力支部

学院现在也已建有3个"学习型、创新型、服务型"支部，很好地打造了先锋示范作用，扩大党员对群众的号召力和影响力。

#### 4. 建设学院党建网站

已搭建并不断地完善学院党建网站，分别对入党积极分子、党员、基层党务工作者进行专题教育，重点介绍支部党员培养、发展、转正等工作，同时在网上公布一些优秀的入党申请书、思想汇报范例及党课教材，供广大党员、入党积极分子进行交流，方便快捷地获取入党方面的知识。通报学院各支部的党建活动亮点，供各支部进行交流学习。

### （二）互联网+舆论宣传，做好意识形态工作，确保校园环境安全稳定

1. 习近平总书记指出"办好我国高等教育，必须坚持党的领导，牢牢掌握党对高校工作的领导权，使高校成为坚持党的领导的坚强阵地"

因此，学院基层党委认真学习并贯彻新时代中国特色社会主义思想和党的十九大精神，掌握习近平总书记网络强国的核心要义，加强网络阵地和网络队伍建设，健全网络舆情监控机制，壮大主流舆论，增强正能力的传播力、引导力和影响力。在今年发生的深圳佳士公司工人"维权"事件，学院党委也始终关注事件的进展，将"维权"的事实真相通过各途径告知全院师生，主导舆论，避免不明真相的师生卷入该事件。

2. 利用大数据对"互联网+党建"领域进行综合性分析和全局性分析

校党委在第五次党代会上提出：必须深刻认识地处"两个前沿"的复杂形势和面临的新问题，不断增强风险防范能力，严格落实意识形态和政治安全"六项责任制"，进一步加强对报告会、论坛、讲座、原版教材等的管理，加强互联网阵地建设，筑牢上

级有关安全工作的各项部署要求，健全工作机制，夯实工作基础，确保校园安全稳定。学院党委也发挥专业技术优势，经常通过大数据，从后台数据中找出可能引发网络舆情的高发区域、集中区域和危险区域，进行舆情监控，对网络上过于激烈的言论进行有效分析、研判及疏导，把网络舆情向可控、可防和可治的方向发展。在意识形态会议上，也结合每一阶段的舆情做出正确的引导，对教师的教材、课堂纪律、学术报告，对学生的微博、论坛言论也提出要求，主导主流方向，加强党对网络意识形态的领导权、管理权和话语权，巩固马克思主义意识形态领域的指导地位。

### （三）互联网＋教育学习，推进"两学一做"常态化、制度化，多途径加强政治理论学习，不断提升全体党员党性修养

1. 加强党务工作者的教育培训，提升业务水平

党建信息化工作需要既懂得网络信息技术，又懂得党务工作的新型复合型人才。新型党务工作者不仅要熟练掌握马克思主义理论知识，准确理解习近平新时代中国特色社会主义思想的内涵与实质，还应该具备互联网领域的相关知识与能力。这就要建立健全培训机制，加强对党务工作者的培训力度，在培训课程中增加"互联网＋"相关知识，包括集整理分析信息的能力、网络研判能力、与师生互动的能力等。党务工作者须与时俱进，及时把握最新舆论动向，善于利用互联网进行信息传播，才能不断提升自身的网络素养，保障党建工作更具科学化。学院的党务工作者多次参与业务培训，政治理论学习，业务水平和理论水平都得到较大的提升，能很好地履行党务工作者的角色，配合书记抓好支

部党建。

2. 搭建虚实结合的党建活动平台，创建网上党校

学院充分发挥新媒体作用，利用"两微一端"新媒体平台构建理论学习宣传阵地，搭建更具时代感和生命力的党建载体平台，加快基层党建信息化建设。以"微课堂"的形式，将学习教育资料在群内上传，集中组织线上学习并分享心得，实现了党员交流零距离，进一步增强了党支部凝聚力，提升了"两学一做"学习教育的参与度和灵活性。开展党建活动创新，既充分利用现实物理空间开展形式多样的党建活动，也利用互联网营造的虚拟空间吸引党员干部投身党建活动。开通各支部党员微信群，建立学院党建公众号，实施网上远程教育。微信群主要是发放通知，将相关的活动材料和精神告知全体党员，突破对象单一、功能单一的局限，扩展功能和服务群体；而微信公众号主要是对政策的了解和学习，发布国家一些重大新闻及习总书记重要系列讲话精神，建立网上新闻信息发布渠道，使学院基层组织全体党员以最快速度了解国内外政治、经济和社会生活信息，了解党和国家的重要新闻，确立正确的舆论导向；学院党委围绕党和国家的新政策、新战略和新思路开展学习和研讨，开展了十九大精神、习近平新思想、四个走在全国前列、全国教育大会精神等大学习和大讨论。增强党员网络空间情感交流，以更精彩的形式，更精湛的内容，更精致的设计，更精准的投放，让党性原则深入大脑[①]，使党员干部学懂弄通做实，改变传统填鸭式教育方式，同时建立网上党建理论研讨阵地，定期发布党建理论研究成果等，引导党

---

① 曾铮、余俊渠、卢建红：《新时代高校"互联网+党建"的问题与对策》，《佛山科学技术学院学报》2018年第36卷第3期。

组织和党员关注理论热点，掌握最新研究成果，指导具体工作实践。

3. 加强网络新媒体思想政治工作载体建设，不断增强思想政治工作时代感和吸引力

学校第五次党代会上提出：坚决贯彻党的十九大实现高等教育内涵式发展的总要求，加快推进"双一流"建设，牢牢把握高等学校立德树人的根本任务和"四个服务"的根本要求，立足新时代，聚焦新矛盾，转变发展方式，优化结构，潜心练功，注重办学绩效，大力提升创新能力、服务国家战略和区域经济社会发展的能力，将党和国家的各项政策，上级对学校的各项要求落到实处。院党委以"三会一课"为抓手，推进两学一做常态化、制度化，用先进的文化引导网上党建，高扬时代主旋律，开展"弘扬爱国奋斗精神，建功立业新时代"为主题的研讨学习，开展《习近平新时代中国特色社会主义思想三十讲》《近平总书记视察广东重要讲话精神》的大学习，大讨论，帮助师生树立远大理想和正确的世界观、人生观和价值观，提高其思想政治素质和理论思维能力，使他们自觉地将个人成长与党和国家的需要结合起来，与改革开放和中国特色社会主义现代化建设的伟大实践联系起来。用健康向上的内容充实网上党建。支部通过建立网上新闻发布渠道，在第一时间发布即时新闻，及时反映各级党组织在加强和改进党的建设方面的新成果、新做法，使各级党组织、党员能以最快的速度了解党和国家的重要新闻，发挥网络的"多媒体"特性和优势，增加各种下载和在线欣赏服务，将具有较强教育意义的影视作品如《大会师》《厉害了，我的国》等供党员观赏，这使党员在欣赏浏览中愉快地接受主流文化价值观的熏陶和灌输，真正做到寓教于乐。用专业化的技术支持网上党建。充分

利用学院专业的自身优势和技术手段，对网上舆论和信息进行收集、整理和分析，及时掌握网上舆情动向，发现师生关注的热点、难点问题，尤其是倾向性、群体性问题，发现苗头及时采取有效措施，有针对性地做好化解工作，将不良信息的负面影响降到最低限度。

### （四）"互联网+服务群众"，密切师生关系，提升党员服务意识

1. 选派优秀骨干担任支部书记，加强领导

学院选派教师管理骨干担任本科生支部书记，选派教师骨干担任博士后支部书记，选派学科带头人担任教师支部书记，强化支部书记的领头作用，教师骨干是我们学科发展的核心力量，在学术上、思想上、行动上都始终与学院党委保持一致，通过支部书记的带动，使师生上下共同一心，不断地推动高水平大学学科发展，也为创建"双一流"学科凝心聚力。

2. "互联网 + 党建"是我党制胜法宝"密切联系群众"的升级版

将"互联网 + 党建"和"密切联系群众"有机结合可将我党党建工作的优良传统发挥得淋漓尽致①。"互联网+"方便党员没有任何时间、空间限制，公平、公正、公开地沟通和交流，联系和互动。深化和密切了校园党建体系，让彼此在一个学习氛围内，一个共同信仰中相互认识、相互了解、相互交流。

3. 积极构建良性党建网络共同体

为避免网络个人主义阻碍党建信息化工作的推进，学院党委

---

① 焦娇：《高校学生党建工作的信息化建设》，《内江科技》2012年第10期。

积极构建具有强烈归属感和认同感,能够通过扁平式互动形式对各方利益诉求进行适应性调整的党建网络共同体。在这一共同体中,集教育、管理、交流、宣传于一体的党建信息在互联网上直观呈现,广大师生党员及群众具有强烈的网络自律意识,他们广泛参与到党的各项活动之中,形成和谐向善的网络风气。通过线上互动、线下沟通,推动党建传统优势与信息技术深度融合,实现互联互通,使党员、群众、党组织之间形成一种多向良性互动,使信息传达、意见征求、建言献策等变得更为直接、广泛和便捷,各方协同联动,共同推动党建信息化工作不断向前。

4. 利用"互联网+"提升服务意识

在支部中灌输党的宗旨,提高党员对群众的服务意识和先锋示范作用,创设志愿服务岗,特别是面向学生支部,倡导"奉献、友爱、互助、进步"志愿服务精神,让学生党员不仅掌握扎实的知识技能,同时具备共产主义远大理想和服务社会的宽广情怀。学生支部经常性地开展社区"四点半"课堂服务、AID培训推广、义修服务等,深入宝安北辰特殊儿童康复中心关爱特殊儿童的成长,并发动院内师生为他们捐赠阅读书籍。这些行为都为党组织在基层学生中树立了良好的形象,是对党建工作阵地的延伸和开拓。

"互联网+"对于党建信息化工作来说,既是机遇,也是挑战,高校党建工作网络信息化建设任重而道远,基层党委也必须迎合时代发展的需求,加强党建网络信息化进程,促进党建,筑牢思想基础和阵地建设,以党建引领学院高质量发展,建设新时代人民满意的高水平大学。

# 第四章 党的队伍领导

## 职称评聘中师德师风考评机制探析

陈智民　张昌群*

**摘　要**：教师在高校的建设与发展中发挥着中流砥柱的作用，而教师职称评聘也同时是教师发展的重要"发动机"和"指挥棒"。习近平总书记在党的十九大和全国高校思想政治工作会议等系列重要讲话精神，为新时代教育事业发展指明了方向、提供了根本遵循。深圳大学抓住全面深化新时代教师队伍建设改革的机遇，在职称评聘过程中，把立德树人融入人事工作各环节，健全立德树人落实机制，加强师德师风建设，扭转不科学的教育评价导向，坚决克服唯论文、唯帽子、唯职称、唯学历、唯奖项的顽瘴痼疾，当前师德师风建设取得了一定的成绩。

---

\* 深圳大学党委教师工作部。

**关键字**：职称评聘；师德师风；机制

实现中华民族伟大复兴的中国梦，关键在人才，基础在教育，根本在教师。教师是人类灵魂的工程师，教师的思想政治素质和职业道德水平直接关系青年学生的健康成长，关系到国家的前途命运和民族的未来。同时，教师在高校的建设与发展中发挥着中流砥柱的作用，而教师职称评聘作为教师发展的重要"发动机"和"指挥棒"，职称评聘制度也亟须改革。

习近平总书记在党的十九大和全国教育大会发表等系列重要讲话精神，为新时代教育事业发展指明了方向、提供了根本遵循。学校抓住全面深化新时代教师队伍建设改革的机遇，在职称评聘过程中，坚持把立德树人融入人事工作各环节，健全立德树人落实机制，加强师德师风建设，扭转不科学的教育评价导向，坚决克服唯论文、唯帽子、唯职称、唯学历、唯奖项的顽瘴痼疾，从根本上解决教育评价指挥棒问题。

## 一 充分认识加强师德建设的重要性

加强和改进师德建设，是全面贯彻党的教育方针的根本保证，充分认识新时期加强和改进师德建设的重要意义，全面提升学校教师的师德素质，对确保党的事业后继有人和社会主义事业兴旺发达，具有重大而深远的意义。为深入贯彻落实党的十九大和全国高校思想政治工作会议精神，加强师德师风建设，深圳大学在职称评聘过程中严把选聘考核晋升思想政治素质关，将师德师风作为评价教师队伍素质的第一标准，打造有理想信念、道德情操、扎实学识、仁爱之心的教师队伍，建成师德师风高地，为建设新时代人民满意的高水平特区大学做出新贡献。

## 二　学校关于师德师风的总体部署

### （一）一个统领：以文化发展纲要为统领，构建师德建设长效机制

在经过校领导、全校师生和外国专家的论证后，深圳大学于2017年9月决策发布《深圳大学文化发展纲要》。在《发展纲要》中，将师德师风建设作为学校内涵式发展的重点工作，纳入深圳大学文化创新发展的十大工程，将师德师风建设贯穿教学、科研等各个环节，开创师德建设全方位工作新局面。

### （二）两组抓手：以思想政治工作为抓手，探索师德师风建设新途径

一方面，学校成立了由党委书记、校长任组长、分管校领导任副组长的思想政治工作领导小组，负责统筹推进教师思想政治工作，同时也需对职称申报教师作出重要评价；另一方面，学校成立了党委教师工作部，负责统筹我校师德师风建设工作。在实践中，将师德教育摆在教师培养首位，以青年教师思想政治工作为重点，贯穿教师管理全过程。

### （三）三项机制：以制度建设为保障，形成立德树人规范

一是制定《深圳大学教师职业守则》，对教职员工的职业价值标准和行为准则进一步予以明确，职称申请人需严格遵守教师职业守则，受聘现职期间考核合格以上，无负面情况发生；二是

出台《关于加强和改进新形势下思想政治工作的实施意见》，将师德教育作为教师立身立学施教的基本要求；三是成立学术道德专门委员会，委员会作为校内学术道德规范的权力机构，对于查实的违反学术道德行为，委员会可以直接撤销或者建议相关部门撤销当事人相应的学术称号、学术待遇，并可以同时向学校、相关部门提出处理建议。

## 三 当前职称评聘中师德师风考评的主要做法

当前职称评聘实行师德师风一票否决制，在职称评聘中首先考核申请人的思想政治表现；对教师本科教学效果提出明确要求，并作为必须满足的条件之一；对申请人师德师风考察贯穿评聘全过程，层层考核，环环监督，利用好其他部门或组织的考评结果。具体做法如下。

第一，在学校职称申报条件中，第一条规定的是对该职称的整体要求，而思想政治条件是作为申报条件的第二条体现的，是考核申请人的首要条件，对出现年度考核基本合格以下、受行政处分者、发生二级以上教学事故或已定性为技术责任的直接责任人、弄虚作假、剽窃他人成果者及其他经学校学术委员会认定违反学术道德的等情况的教师，1—3年内不得申请职称。申请人申请职称评聘时要求填写负面清单，显示在评聘评审表格的首页，本人需主动申报并签名确认，同时与教务部门、纪检监察部门、组织部等考核结果进行核对核查，发现弄虚作假的、故意隐瞒等违反师风师德行为的，一律取消申报资格。

第二，2018年职称评聘，对教授副教授的本科教学提出要求，利用教务部本科教学测评统计结果，要求近三年申请人讲授的60%本科课程的教学测评相对排名在前80%，或30%本科课程的教学测评相对排名在前30%，或本科课堂教学测评总评分的平均值不低于全校80%分位点的平均值。申请人必须满足以上本科教学要求才能提出职称申报，进一步加强教师对教学工作的重视，树立立德树人的方向标。

第三，健全学术不端行为惩处机制，对于认定学术不端行为的教师采取通报批评、撤销项目、奖励或荣誉称号，降低或撤销专业技术职务，直至开除或解聘等。在职称评聘不同阶段分别设置公示环节，在单位评审阶段及学校评审阶段皆做到申请人申报材料评前公示及评审结果评后公示，接受本单位及全校教职工的监督。对申报材料或评审结果有异议的可实名投诉或举报，收到投诉或举报后，联合纪检监察部门，对陈述的事情进行调查研究，根据所反映问题性质提请学校学术委员会或学术道德专门委员会评议，被认定为学术不端行为的，将取消申报资格或撤销评审结果等。

第四，为强化师风师德建设，强调师风师德的重要性，2017年对原有专业技术职务评聘办法进行修订，申请人所在学院（系、部、所）需对申请人思想政治条件进行评价，申请人进入学科评议组评聘之前需经所在单位人力资源工作委员会推荐，各单位人力资源工作委员会需对申请人的师德师风、教学工作、公共服务等进行综合评价，以无记名方式进行投票推荐。同时，在评聘表格设计上将负面清单及申请人教学教研工作情况放在了科研业绩情况的前面，首先考核申请人的思想政治表现及教学教研工作情况。

# 四 加强新时代教师职称评聘中师德师风考评的路径探析

进入新时代，高校职称工作面临着全新的外部发展形势和内部发展要求，职称评聘的下一步工作将继续全面贯彻党的教育方针，围绕立德树人根本要求，将师德师风建设须摆在教师队伍建设工作的首位，将师德师风贯穿于职称评聘工作的全过程，加强领导，统一规划，整体推进，积极探索多种形式的师德师风建设途径，从制度上形成规范。

## （一）大力推动师德师风建设工程

意识决定行动，新时代教师队伍的建设，更需要教师坚定立德树人的职业信仰。加强教育引导，升华师德境界，要通过一定形式的学习教育，引导教师站在新的高度理解立德树人的责任感、使命感，以高度的敬业精神和职业素养，增强师德影响力。鼓励、引导教师以更高的事业追求做好后职称时期的职业生涯规划，设立更高的目标，追求更高层次的"自我实现需求"，升华价值观、道德观，实现作为教师的真善美的人生境界和人生价值。

## （二）构建多方参与的师德监督体系

建立考核协同联动机制，分析制定师德考核标准。在职称申报工作中，开展师德考察，通过档案审核、个别谈话、二级党组织鉴定等方式，全面了解候选人思想政治和师德师风情况。把思想政治表现和课堂教学质量作为教师考核的首要标准，将考核结果存入教师档案。设立师德师风投诉举报平台，开通电子邮箱、微信举报平台和线下投诉信箱，及时掌握师德信息动态。加大督查督办力度，构建学校、教师、学生和社会多方参与的师德监督体系。对师德问题做到有诉必查、有查必果、有果必复。

### （三）完善师德师风考核制度

在原有管理制度的基础上，不断完善高校教师的考核制度，将教师的师德师风作为新时期教师考核的重点内容，加强专业素养与政治思想考核力度，将师德评价贯穿于日常工作中。建立师德师风负面问题档案，明确违反师德师风、职业守则等情况，对于出现相关违纪行为的情况登记归档。

近年来我校师德师风建设取得长足发展外，也发现了一些问题，在 2017 年职称评聘，有 6 名教师因教学事故未如实填报负面清单而被一票否决。师德师风建设永远在路上，我校将继续把贯彻落实师德建设长效机制和教师践行职业道德规范作为学校的中心工作，积极探索，不断深化，努力营造崇尚师德、争当典型的良好校园氛围，为建设新时代人民满意的高水平特区大学努力奋斗。

# 以基层党建为核心的科研、教学三位一体的青年教师培养模式研究

边文娟\*

**摘　要**：本文针对如何借助基层党建工作既能助推青年教师培养机制的完善，又能缓解青年教师身心双重压力等问题，以协同、创新，跨界为指导原则，提出以基层党建为核心、科研、教学三位一体，渗透融合、环环相扣、层层递进、循序渐进、多管齐下的青年教师培养模式，从而打破原有基层党建与科研教学各自独立的现状，提高教学、科研效率，完善青年教师培养体系，壮大基层党员队伍。

**关键词**：党建；科研；教学；三位一体；青年教师；培养模式

---

\* 深圳大学建筑与城市规划学院。

# 前　言

当前，高校内部管理模式正处于由传统向现代转换的过程中，管理体制创新和改革的步伐日益加快，给高校教师队伍的基层党建工作带来新的机遇和挑战。随着青年教师逐步成为高校教师队伍的主体，青年教师的理想信念教育事关学校的长远发展，也影响到大学生理想信念教育。近几年，为促进青年教师成长，提升教学能力，教务部面向全校持续开展了"青年教师教育教学能力培养提升计划"，通过师学课堂教学观摩活动、师术讲座论坛等方式为青年教师在课堂教学中的授课方法、师德师风建设等问题进行答疑解惑，这一教学培养计划为青年教师入职教育工作、终身职业发展奠定了良好的基础，但是教学不能独立于党政思想建设以及科研发展、否则将无法保障青年教师人才的全面发展。此外，青年教师深陷教学、科研双重压力的问题始终难以缓解，也导致青年教师基层党建工作的松懈等问题，目前，各大高校已将基层党建和学科建设、科研结合，或是将基层党建实践活动结合专业学科发展，但是党建、科研、教学三方面内在仍缺乏紧密联系，因此，如何借助基层党建工作既能助推青年教师培养机制的完善，又能缓解青年教师双重压力是目前亟待解决的核心问题。

## 一　现状问题

目前建筑与城市规划学院党委总支共有 61 名党员，处于 30—35 岁年龄段区间的青年教师党员共有 34 人，女性 17 人，男性 17 人，为主要研究对象，其中 5 人为学生支部书记，学历构成包括博士 18 人，硕士 7 人，本科 6 人（见图 1），通过对基层党支部党员构成、青年教师党员思想心理状态、教学质量评价、科研成果评价（不含教辅人员）、在学生党支部活动中的作用与影响、对基层党建的认识、对十九大精神等的了解程度以及青年教师培养计划成果等进行问卷调查、访谈等深入调研，并最终进行评价打分（见图 2），综合评价发现：青年教师整体思想心理状态较优，个别党员态度不够端正，作风散漫，存在一定问题；教学质量整体较优，占比 68%，仍有部分教师存在教学质量问题，并形成一定的心理压力，21% 的青年教师在科研成果数量质量上能够达到优秀，47% 处于良好水平，整体科研水平处于中等，是大部分青年教师心理压力根源所在。在学生党员印象评价中，21% 为优秀，80% 为良好，大部分学生党员反应与青年教师的接触较少，甚至没有印象。在对青年教师的基层党建了解程度以及对十九大精神领会程度的调研中，整体水平较高，存在个别青年教师懈怠等问题，青年教师培养计划成果评分中，基本处于良好水平，从以上数据中，总结归纳为以下几个问题。

一是青年教师整体党建思想水平较高，但由于时间精力有限，未能在日常教学工作、中深化延展，容易产生懈怠等情绪问题。

二是科研与教学占据绝大部分青年教师工作时间，并难以平衡，仅有极少数青年教师达到较高的科研水平，但在党建思想认知、学生党员评价、教学中评价较低，失衡的状态将影响未来职业生涯的全面、健康发展。

三是由于青年教师经验不足、时间分配有限，难以兼顾教学与科研以及党建活动，大部分青年教师与学生党员的接触较少，

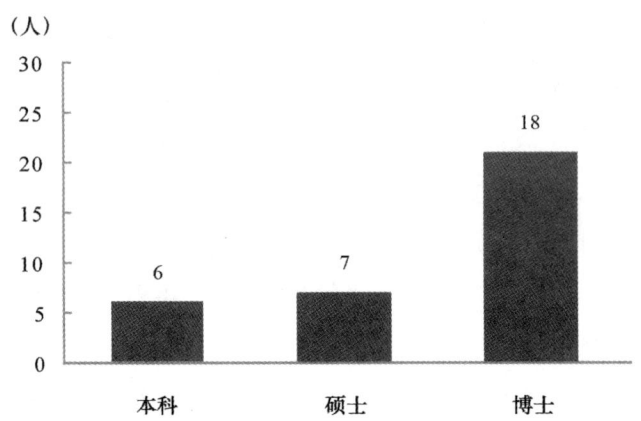

**图1　青年教师党员学历构成**

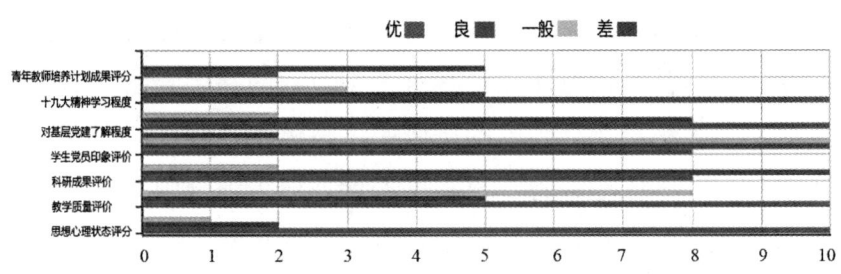

**图2　青年教师党员调研综合评价**

平时的党日活动、支部建设、支部大会等趋于形式，逐渐使师生在基层党建中形成懈怠、松散的作风，师生关系疏远。

四是在教学上，大部分青年教师在学校教务部门的培养计划中提升了自身的教学水平、获得了相应的教学技能，初步建设了师风师德，但缺乏综合的党建思想水平提高，不能从根本上缓解青年教师身心双重压力，因此，这样的青年教师培养计划仍缺乏全面性、平衡性、稳定性、持久性，最终影响教师职业生涯的可持续发展。

基于以上问题，如何借助基层党建工作，既能助推青年教师培养机制的完善，又能缓解青年教师身心双重压力是目前亟待解决的问题。

## 二 策略研究

（1）新时代背景下的新型党建工作，分析以上高校青年教师发展现状，针对目前存在的问题，依据协同创新、跨界等原则，打破原有基层党建与科研教学各自独立的现状，形成全方位、立体式、多维度发展的党建工作模式，即以党建为灵魂、核心，教学为基础平台、科研为创新动力的三位一体（见图3），互相渗透融合发展。将基层党建工作与青年教师教育教学能力培养工作以及学科科研紧密结合，形成环环相扣、层层递进，循序渐进、多管齐下的三位一体青年教师培养模式，并最终形成党建、教、研的发展共同体，借助基层党建的核心力量使青年教师党员在政治、思想始终与党保持高度一致，逐步分解青年教师各方面压力，培养教学自信，调动教学积极性与主动性，缓解教学、科研双重压力，注入正能量，并全面、立体、多维度促进青年教师培养机制完善。

（2）将基层党建中的两学一做、三课一会、党课学习、党日活动、交流学习活动等与教学科研渗透融合、跨界发展、有机结合，协同创新，形成动态有机发展，互相促进、互相辅助的培养模式，一方面为学科建设、科研工作积累资料，夯实研究基础，一方面成为师德师风建设、教学考核的标准，并逐步使之常态化。

（3）建立以基层党建为核心，助推教学、科研并行的青年教师培养模式，明确三者之间的关系，互相推动、兼容有序，确定三项工作的衔接部门，以党的发展目标为核心宗旨，共享学科、科研资料背景、最终融入高校教学共同体中，实现责任清晰化、党建考核工作精细化管理。

（4）以基层党建为核心，旨在促进培养，坚定青年教师队伍的信仰信念、不忘初心、牢记使命，确保青年教师无论在基层党建工作、还是教学、科研工作中都能严格自觉遵守党章、党规，党纪。

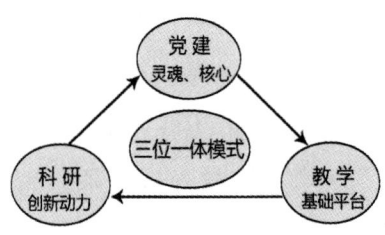

**图3　三位一体模式结构示意**

# 三　具体措施

## （一）"三微一体"两学一做新模式

以"勇做表率、创新担当"为支部建设的理念，带着问题学，针对问题做，以学促行，以行固学，力图全面强化党员教育学习效果，确保每个党员都不仅符合合格标准、并能充分发挥先锋模范作用，力图通过组织生活、查摆问题，准确把脉党员在

"学"与"做"中存在的普遍问题,深入调研讨论,并提出针对性的解决方案:结合实际"学",基于群众需求"做",以学促行、行中思学。以"微学习"为龙头,逐渐形成以"微活动""微小组""微党课"为主体的"三微一体"党员教育新模式,充分利用信息时代传媒工具,如微信、小程序、小测试、微博等将党建知识宣传融入生活,成为常态化。此外,与学院研究生会学术部等更多组织部门合作举办专业课分享会、实习工作经验交流会等把"两学一做"中做好本职工作作为发展重心,发力推进每个党员的基本学习科研能力,争取做到政治上争第一,本职工作更第一的学习效果。

## (二)具有专业特色的党日活动报告

由于所在学院专业特殊性,申请人所在研究生基层党支部开展了具有建筑学、城市规划、风景园林等专业特色的党日活动,对岭南园林以及乡村古镇风貌等进行实地考察调研,同学不仅丰富了专业视野,也参观了邓小平改革开放展览馆,与此同时青年教师也进行了科研工作调研,从而提升了室外授课的教学水平与组织能力,针对此类活动,逐渐形成结合当地乡村社区党员服务中心,提出响应乡村振兴政策,发挥研究生专业特长、为提升农房、乡村整体风貌提出规划建议,贡献学术力量的同时也为师生提供了将理论结合实践的研究平台,建设独具专业特色的党日活动是基层党建、科研、教学三位一体发展模式的初探,也是该课题的微观样本,我们需要在此基础上进一步研究,以探寻适合更大范围的三位一体创新融合模式。

### (三) 贴近生活的师生交流会

在研究生支部分别成立党史学习小组、党章学习小组、系列讲话学习小组等三个专题学习小组，定期组织开展不同形式不同主题的小组学习交流会，为了提升学生的学习积极性，将基层党建交流会结合研究生科研学习，例如论文写作、研究方法等，此外不定期采用匿名倾诉、草坪会议等接地气的方式对研究生心理状态进行了解并及时疏导，交流会的过程不仅使青年教师的注重师德师风的塑造，提升教学能力，同时师生之间互相探讨研究课题，提高了科研水平，将基层党建、科研、教育教学三个环节细微渗透，融合于一体，间接地缓解了青年教师的双重压力。

三位一体的工作模式首先以研究生党支部为微观样本进行实践，通过对过程中的优缺点进行分析，再逐步扩展到其他支部青年教师、学院全体青年教师、其他专业学院的青年教师群体中，以期在学校教务部、各基层党支部、科技部、各个不同专业学院共同作用下，为推动完善青年教师培养体系提供参考。

## 结　语

通过基层党建工作与科研、教育工作的有机结合，围绕党建在提高学院科研水平、教学能力中发挥的作用进行实践研究，初步提出三位一体培养模式，对加强学院党员青年教师队伍建设；提升教师教学、科研水平具有理论意义和现实意义。有利于全方位培养青年教师党员政治思想、科研、专业能力，从而不断提高基层党组织的战斗力、凝聚力和吸引力。通过深入推动贯彻党的十九大新要求新部署，将十九大精神融入教学过程、学生基层党支部活动中，做好学生引路人，结合建筑与城市规划学院专业特色，培养大国工匠；在基层党建的推动下，扎实做好基础科研，提高创新能力，全方位培养优秀的青年教师，与此同时，壮大基层党员队伍。

# 基层党组织党建工作信息化网络化的实践与探索
## ——对于博士后党员的管理

满 杰 黄 薇[*]

**摘 要**：近年来，随着科技创新的需要，国内博士后的数量逐年递增，其中党员的数量也不断增多。由于博士后培养体制的特殊性，博士后党员的自主性、流动性、分散性比较明显，管理难度进一步提升；此外，博士后科研任务也较为繁重，组织归属感不强，博士后党员参加活动相对的参与度低，积极性不高，管理、督查制度较难实施。对于这样一个具有一定程度流动性特征的群体，充分运用先进的信息系统和信息网络等现代科技手段，有效整合党建资源，不断加强和改进对党员的教育的方式，提高党建工作效率，开创新的党建工作新阵地具有深远意义。

---

[*] 深圳大学光电工程学院。

**关键词**：党建工作；信息化；网络化；博士后党员

# 前 言

博士后党员是党员队伍中的特殊群体，具有与教职工群体和学生群体不同的特征。博士后制度的建立，原本就是为了创造人才在一定程度流动的环境与机制，在保证博士后人员顺畅流动的同时，吸引和储备一批高层次人才。博士后进站时已基本确定研究期限为两年，因此，他们具有一定的流动性，这与组织关系相对稳定的教师党员有所不同；另外，他们受过良好的高等教育，是科研创新和发展的重要力量，是党员队伍中的高素质人才，这与学生党员的年龄结构、学历层次、学习经历和专业水平又有所区别。能否充分有效地对博士后党员进行教育和管理，是新形势下保持共产党员先进性、提高党的执政能力的一项重要任务。

近年来，随着科技创新的需要，国内博士后的数量逐年递增，党员的数量也不断增多。以深圳市和深圳大学为例，深圳市现共有在站博士后 2100 名左右，而深圳大学光学工程博士后流动站就有 486 名在站博士后，其中，博士后党员 69 名。由于博士后培养体制的特殊性，博士后党员的自主性、流动性、分散性比较明显，管理难度有所提升；此外，博士后科研任务也较为繁重，组织归属感不强，博士后党员参加活动相对的参与度低，积极性不高，管理、督查制度较难实施。当前，高校博士后党建工作中几个值得注意的问题如下。首先，博士后党员往往分布在不同的系室、实验室和企业中，由于高校工作的特点，教学、科研一线的党员在同一时间集中常常较困难，面对博士后党员工作地点跨度大、组织生活缺席情况严重、交流少等情况，我们必须在发扬传统组织建设优势的基础上，重视开拓党建网络组织活动新空间，增强其活动的吸引力和影响力。其次，传统的组织生活多以开会作报告、念文件、读报纸、组织讨论等形式进行，信息量小时效性差，与网络丰富的信息资源和迅捷的传输速度形成强烈反差；单一、严肃的党内思想汇报和民主生活会，与网络隐匿、开放、自由的思想交流相比，党组织要掌握党员群众的真实思想往往有较大难度，不容易听到真言，所谓的群众监督也常常成为一句空话；再次，在管理上常常还是采用打电话、印资料、发通知、送文件等形式，费时费力，而且，高校博士后党员具有一定的流动性，如进修、学习、出国深造等，对这部分"流动党员"的管理是一个难点，仅凭传统方式较难解决，甚至可能使这部分党员成为教师党建工作的一个"盲区"。[①]

坚持全面从严治党是党的十八大以来党的建设的鲜明主题，党的十九大报告中党的建设精神是对这一鲜明主题的沿袭，坚定不移全面从严治党仍然是新时代党的建设的一大特点。党的十九大报告指出："坚定不移全面从严治党，不断提高党的执政能力和领导水平"[②]，这从宏观方面对党建工作做出了明确要求，党的建设同时又表现为一系列实实在在的工作，从基层组织的微观管理来看，要坚持问题导向，在工作中要奔着问题去，盯着问题改。党的十九大报告中，习近平总书记突出强调：全面从严治党永远在路上，要坚持问题导向，保持战略定力，推动全面从严治党向纵深发展。这既是对我们党过去五年取得历史性成就的高度

---

[①] 管联合、杨瑞莉：《探索党组织生活的新形式》，《紫光阁》2011年第5期。
[②] 《十九大精神十三讲》编写组编：《十九大精神十三讲》，人民出版社2017年版，第193页。

总结,也是我们党在中国特色社会主义新时代统筹推进伟大斗争、伟大工程、伟大事业、伟大梦想的必然要求。我们必须要遵循党的十九大对全面从严治党的新要求,并借鉴过去五年全面从严治党的宝贵经验,用思想引导行动,切实将党的要求落到实处。对于博士后党员这样一个具有一定程度流动性特征的群体,在继承和发扬优良传统的基础上,如何面对新形势、新情况,在开展党建工作中充分实现信息资源的远程交换、共享和传播,尤为重要。充分运用先进的信息系统和信息网络等现代科技手段,开辟党建网站、党建论坛、电子党务、网上党课、微信公众号等形式,有效整合党建资源,不断加强和改进对党员的教育的方式,增强党的影响力,增强党组织的吸引力、凝聚力、创造力和战斗力,提高党建工作效率,开创新的党建工作新阵地具有深远意义。

## 一 建设党建工作网络化的具体措施

### (一) 完善基于网络化的新型党建开展模式,顺应时代变化改变传统工作方法与工作内容,积极探索适合时代变化和符合工作需求的创新网络载体

深大光电工程学院党委充分利用新兴媒体带来的便利和高效,突破传统的会议、电话、邮件方式开展教育管理工作,通过建立 QQ 群、微信群,实现实时沟通、联络、审核、分享,建立博士后党员的网络管理平台,在学院微信公众号上开辟党员信息采集通道,打造智慧党建园地,将信息化与博士后党建工作有机结合起来,兼顾人文性与实用性。充分发挥网络资源优势,积极探索党建信息化新举措、新途径,建立融教育、管理、交流、宣

传、监督于一体的党建信息平台。微信党建系统的功能主要有：宣传党的指导思想、理论成果和方针政策，党员信息的管理，入党申请的管理，数据的统计和分析；通过党员聊天室，组织党员开展网络组织生活，党的会议精神、纪律教育、党员培训等专题学习。通过管理账号动态维护党员个人信息数据库，实现基层党建工作网络化。旨在增进博士后党员之间的交流，提升党组织的服务职能，方便行使党员的权利义务；增强党组织的归属感，解决党员教育管理规范性要求与流动党员教育管理的应变性要求之间的矛盾。

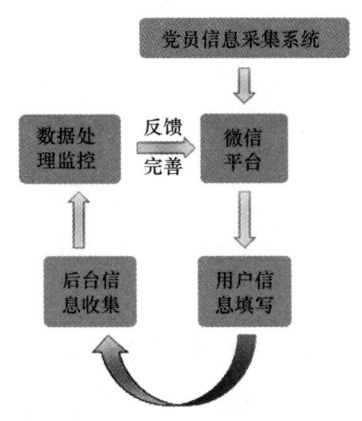

图1　深圳大学党员信息采集系统

## （二）健全长效管理机制

鼓励博士后党员自助、自治管理，对于大部分常规工作，博士后党员都可主动申请、预约，甚至自行办理，如申请组织关系转入或转出，通过党务系统对各级党务工作者反馈、通知和备案；重点培养博士后党员队伍中积极、具备领导能力的党员，委任一些任务，给予一定权限参与对其他博士后党员的教育管理服务工作；建立激励机制，鼓励博士后党员积极参与活动，提供意见建议，形成良性循环；激励党务工作者创新思路，通过定期开展经验交流会和调研的方式，积极推广好的做法和典型事例。

## （三）培养专业党建信息工作队伍，建设信息化支部

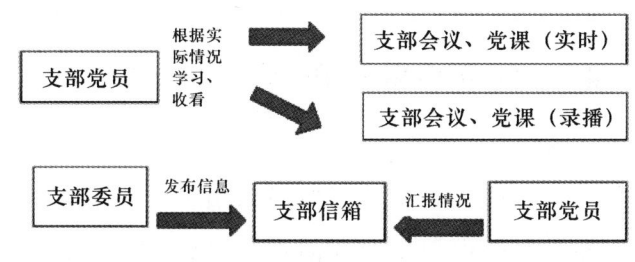

**图2　党支部工作流程**

党建工作信息化、网络化需要以党建信息工作队伍为支撑。"人才是第一资源"，有了专业的党建队伍，党建信息化、网络化的设想才能真正落地。党组织可以选拔有党建工作经验的党务工作者担任指导人员，联动各支部书记开展工作。在网络平台开展党建工作，不仅为各党支部，更为博士后党员较多的党支部的组织管理增强便捷性。如：①实现党员生活远程化，缩短国外博士后党员与组织的距离。利用互联网的音频、视频技术，支部书记可召开支部（音）视频会议、书记微党课。支部成员可以根据实际情况在线实时学习，也可以在学习会、党课结束后收看录播内容。②通过"支部信箱"，增强博士后党员归属感。各支部建立各自的"支部信箱"，支部书记可以在信箱内统一发布通知、文件等各类信息，反过来，支部党员，特别是国外博士后党员可以

通过信箱定期向组织汇报思想、学习和工作情况，实现组织与个人的双向联系。支部书记是连接党委与党员的重要桥梁，掌握信息化管理技术，不仅便捷支部书记的组织管理工作，更能增强支部的凝聚力，强化党员的归属感。

## 二　建设党建工作网络化的主要成效

### （一）党建工作的辐射力和感染力进一步增强

在网络媒体时代，人们的意识形态、价值观念都受到了网络信息的巨大影响。在高等院校，科研人员入党的较多，中共党员比例较高，要求定期组织学习和活动，可以说党建任务烦琐而沉重，很需要借助网络等新兴媒体提高效率、改革方法。所以，基层党建工作就必须充分重视和运用网络功能，丰富教育内容，加快信息传播，突破了以往党建工作受到时间、空间所制约的限制，网络信息的丰富性，更为高校党建工作带来了丰富的教育内容。在社会经济持续发展、文化消费水平逐步提高的背景下，党员特别是高知群体对于党建工作的要求也不再满足于"开会听报告""学习宣传册"等单调的形式，而是希望获取更为鲜活、细腻的感官体验与精神熏染。① 由于党建活动本身的表达主体比较固定，故拓展其展现形式，对受众的主流需求，激发党员的积极性、能动性，自然能够事半功倍。与以往的党建活动开展方式不同的是，网络化建设的核心在于"人性化""创新性"，其通过将党建活动的核心内容拓展为更具亲和力、选择性的体验、分

---

① 卢西宁、马雪娟、罗将道、区倩如、钟文基：《高知群体党员发展工作面临的主要问题与对策》，《工作研究》2012年第11期。

享,以及互助活动,充分改变了党员的预期认知,使得在这一框架下的党建活动形式精彩纷呈,既可以调动基层党员的探究热情,又营造了相对活跃、协调的交流氛围,这无疑更有利于党员准确解读我党制定、推行的各项政策。

## (二)博士后党员管理更为系统规范

运用现代网络技术,使党建工作在手段、方式、条件以及党建主客体方面都带来全方位的变化和更新。首先,拓宽了信息的获取渠道,运用网络的信息共享特点为其提供源源不断、丰富且鲜活的信息。自博士后党员转入组织关系、纳入相应支部管理和服务起,至转出组织关系在信息平台上形成网络轨迹,整个过程清晰明朗,管理工作更系统便捷。其次,网络的超时空性和全天候性,能有效克服传统党建工作覆盖面小和"实体性"组织生活受制于时空等诸多不足,扩大了党的思想理论教育和党性教育的覆盖面,将高校党建原本狭小的空间扩展为一个开放性的空间,使党员教育服务从"定时"拓展为"经常",使党员、入党积极分子和乐于接受党的教育及有意了解党的知识和历史的人随时随处都能把握所需的相关信息或进行学习,党的思想理论教育的受众因而得以大大扩展,教育的经常化也可得以有效保障。微信平台的推送,学习材料的共享,让有进步要求的党员随时随地可以进行学习,解决了博士后党员可集合时间不一致的问题,提高了理论学习的时间自由度,并丰富了学习内容和途径。再次,提高党建的工作效率,强化党建工作的信息流通,工作效果显著增强。党建工作网络化的出发点之一在于简化、优化传统的党务工作程序,把更多的精力放在创新组织生活、强化党组织的培养和教育功能。最后,增强了对象的主体性,将单向沟通变成双面沟通。网络平台助力"实体支部"转变过去单向度服务模式为以"参与、互动、评价、监督"为特点的双向服务模式,帮助党员实现自助服务,拉近了主体之间的距离,增强了党员的主体意识。

## (三)党建工作逐渐形成优化服务构建人才发展的新常态

在从严治党的新常态下,基层党组织建设要有新作为,"围绕中心抓党建",是党建工作的根本出发点。在博士后党员的管理上,学校党委突出基层党组织的政治功能和服务功能,以提高博士后研究人员培养质量为核心,根据青年人才成长规律及博士后研究人员的特点,完善体制机制,健全服务体系,制定工作计划,提出工作要求,指导其有针对性地开展工作;加大软弱涣散基层党组织整顿力度,规范基层党务工作,严肃党内生活,加强组织群众、引领群众能力;紧扣学院建设与发展目标任务,在人才培养、人才发展等方面发挥思想政治建设的重要作用。把抓好党建作为各项事业的根本保证,通过党建工作凝聚人心,通过党建工作推动学院的内涵建设,党委的政治优势也得以体现,两者相互促进,不断破解工作难题。坚持党建工作和中心工作同谋划、同部署、同督查。逐渐形成齐抓共管的基层党建工作格局,加强党建队伍建设,不断提升党建工作的质量和水平。

党建工作既要顺应时代的潮流也应契合工作主体的特点,网络无疑是最佳结合点。因此在今后的工作中若能将传统的党建优秀经验体现到新的网络载体上,无疑将大大提高党建工作的成果和效率。

# 高校基层党建工作中的"双带头人"队伍建设探索

钟波涛　陈　宇[*]

**摘　要**：本文讨论了高校基层党建工作中的"双带头人"队伍建设中存在的主要难点和改进策略，并通过深圳大学建筑与城市规划学院党委教工支部的工作经验探索如何在"双带头人"队伍建设中将党建工作和教学、科研工作相互融合，以此提升支部党员学习能力，强化创新意识，增强服务本领，把教师党支部建设成为新时代高校基层的坚强战斗堡垒。

**关键词**：基层党建工作；双带头人；"三型"支部

## 一　高校"双带头人"队伍建设的重要意义

习近平总书记在 2018 年全国教育大会上指出，加强党对教

---

[*] 深圳大学建筑与城市规划学院。

育工作的全面领导，是办好教育的根本保证。各级各类学校党组织要把抓好学校党建工作作为办学治校的基本功，把党的教育方针全面贯彻到学校工作各方面。在党中央高度重视下，各级党政部门积极推进高校教师党支部建设。中共教育部党组《关于加强新形势下高校教师党支部建设的意见》指出，高校教师党支部是教育、管理、监督和服务教师党员的基本单位，是把党的路线方针政策落实到高校基层的战斗堡垒，是党团结和联系广大教师的桥梁纽带，是办好中国特色社会主义大学的重要支撑。

为了全面落实《关于加强新形势下高校教师党支部建设的意见》，完善建设标准，强化教育培养，深化改革创新，严格监督问责，着力把教师党支部书记队伍建设成为新时代高校党建和业务双融合、双促进的中坚骨干力量，着力把教师党支部建设成为新时代高校基层的坚强战斗堡垒，为加快一流大学和一流学科建设、实现高等教育内涵式发展、培养德智体美全面发展的社会主义建设者和接班人提供坚强组织保证，中共教育部党组发布《关于高校教师党支部书记"双带头人"培育工程的实施意见》，提出了通过实施高校教师党支部书记党建带头人、学术带头人培育工程（简称："双带头人"培育工程），力争在2020年底前，基本实现"双带头人"支部书记选拔方式全覆盖，使教师党支部书记普遍成为"双带头人"。高校教师党支部书记履职尽责、培养培育、管理监督、激励保障、示范带动等机制更加健全，党支部建设质量显著提升，党支部主体作用有效发挥，党支部书记"头雁效应"有力彰显。

为落实相关文件精神，教育部、各级教育部门和各高校陆续开展"双带头人"教师党支部书记工作室建设工作安排，要求"双带头人"工作室重点围绕抓好党建主责主业、强化支部政治功能、提升思想政治工作质量、促进学校事业发展、抓好支部班子建设等建设任务，创新工作方法，创建平台载体，创立典型示范，着力发挥党支部战斗堡垒作用和党员先锋模范作用。"双带头人"工作室制度的建立和"双带头人"队伍的建设，对于加强新形势下高校教师党支部建设，落实全面从严治党要求，全面贯彻党的教育方针，坚持社会主义办学方向，落实立德树人根本任务，培养中国特色社会主义合格建设者和可靠接班人，具有重大而迫切的战略意义。

## 二 "双带头人"队伍建设的工作难点

### （一）轻党建重业务现象普遍存在

"双带头人"队伍的建设目标在于培育教师党支部书记成为党建带头人和学术带头人。然而，教师党支部书记队伍中普遍存在轻党建重业务现象。这一方面是因为学校和学院在教师党支部书记工作和考核制度上尚未完善，教师党支部书记队伍在履行党建工作职责的同时，其教学和科研的考核要求并未得到相应的调整，这既限制了教师党支部书记队伍对于党建工作的投入，也不利于他们教学及科研上的进步，使得"双带头人"的培育效果大打折扣。另一方面，"双带头人"教师党支部书记工作经历和党建成绩尚未作为学校选拔任用院（系）级党政干部的重要条件的专业技术职务（职称）评定的重要参考，这也降低了教师党支部书记全身心投入党建工作的积极性（骆军，2016）。

### （二）教师党支部书记开展党建工作时缺乏凝聚力

尽管"双带头人"教师党支部书记队伍通常由学术科研能力

和党建工作能力过硬的年轻教师担任，但是在党建工作的开展中，常常会碰到无法凝聚教工党员的情况出现。一方面年轻教师在教师队伍中的资历较浅，号召力有限，在推进"两学一做"学习教育和落实"三会一课"制度时得不到教师党员的充分响应，很难调动广大党员参与党组织生活的积极性；另一方面，"双带头人"教师党支部书记未能充分参与本单位重要事项讨论决策，限制了教师党支部书记对本单位发展动态的了解，也削弱了教师党支部书记在教师党员队伍中的权威性。

### （三）党建工作和教学、科研工作脱节

在"双带头人"教师党支部书记的日常工作中，经常把党建工作和教学、科研工作作为两项互不相关的工作来对待。两项工作的分离，使得党建工作缺乏特色，流于形式，很难发挥其主体地位以及更好地传达党的方针政策，这也是教师党员队伍缺乏参与组织活动积极性的重要原因之一。同时，党建工作不到位也使得部分教师党员在教学和科研工作中理想信念不坚定，缺乏无私奉献精神，无法充分发挥党员先锋作用。

## 三 发挥"双带头人"队伍建设在基层党建中的促进作用

基于以上"双带头人"队伍建设中出现的工作难点，我们认为应当把"双带头人"队伍建设作为学院基层党建的重要抓手，才能够显著提升党支部建设质量，有效发挥党支部主体作用，有力彰显党支部书记"头雁效应"，才能够充分发挥党支部战斗堡垒作用和党员先锋模范作用。为了充分发挥"双带头人"队伍建

设在基层党建中的促进作用,应当努力做到以下几点。

## (一)将"双带头人"队伍建设作为树立高校人才标杆示范作用的重要举措

基层党委应充分重视"双带头人"队伍建设,将教师党支部建设和"双带头人"支部书记培育工作纳入学校党建工作规划和年度工作要点,明确工作计划和年度安排,定期研究部署、推进落实。学校常委会或党委会每学期至少听取1次培育工作情况汇报。以及将"双带头人"党支部书记培育工作纳入院(系)级党组织书记抓党建述职评议考核工作,作为"双带头人"工作室所在院(系)党组织书记必述必答内容。

在教师支部委员会班子成员配置方面,应优化教师党支部设置,保证"双带头人"工作室所在支部和支部班子相对稳定,选优配强"双带头人"工作室所在支部班子,为支部书记选配得力助手。同时也应加强对"双带头人"教师党支部工作指导,严格规范"三会一课"、组织生活会、谈心谈话、民主评议党员等制度。院(系)党组织书记专门联系"双带头人"工作室所在支部,经常性指导支部工作。

## (二)落实"双带头人"队伍建设的各项机制

为了提高"双带头人"队伍的建设质量,应当在学校、学院两个层面积极创造条件,优化"双带头人"党支部书记选配机制,健全培训机制,完善考核机制,加强激励机制,让高校党建队伍的工作系统化、科学化和全方位地开展。

首先,学校在推进"双带头人"培育工程时,把握好选配标准是关键，把坚定正确的政治方向放在"双带头人"教师党支部书记培育选配工作的首位。学校制定基本的选配办法，各中层单位结合各自的学科特点和单位实际制定选配实施细则，选配标准既要符合党章党规有关规定和程序，又要体现业务水平，详细且有可操作性。既要政治强，具备过硬思想政治素质，又要业务精，具备教育教学、科学研究等方面的能力，通过公平公正的选拔，确保把党性强、业务精、有威信、肯奉献的教师党员选拔为教师党支部书记（程应娥，2018）。

其次，应健全党支部书记培训机制。按照建设"学习型、服务型、创新型"党支部的要求，引导党支部书记深入学习习近平总书记系列重要讲话，深入学习党章党规，自觉运用理论指导工作。同时应经常性组织党建实务专题培训，组织专题交流研讨，启发支部书记思考，提高解决实际问题能力。另外，还应为党支部书记培训提供保障，每年投入专项经费，为开展培训提供必要的经费保障。除了提高支部书记的党建工作能力，还需要创造条件提升支部书记的教学和科研能力，支持支部书记参加各类人才培训计划，使支部书记成为名副其实的党建带头人和学术带头人。此外，还需重视"双带头人"后备力量的培养，从高层次人才、优秀青年教师、海外留学归国教师党员中发掘理想信念坚定，业务能力过硬，师德师风高尚的优秀党员作为"双带头人"后备力量进行重点培养，形成"双带头人"队伍的梯度发展态势。

此外，应完善党支部书记考核机制。将定性评价和工作任务定量评价相结合，将党建工作考核和学术工作考核相并重，紧抓支部书记的思想政治素质和师德师风状况。应由基层党委组织考核组对支部书记进行定期考核，考核组可通过个别谈话、述职评议、查阅资料三种方式进行考核。个别谈话范围包括党支部班子成员和党员，视需要还可听取服务对象的意见。述职评议，包括被考核党支部书记向上级党委（党总支）述职并接受评议，同时向本党支部党员述职并接受评议。查阅资料，包括支部组织生活记录本、党费收缴使用记录、发展党员工作档案等。考核结果作为选拔使用、评先评优和向上级党组织推荐表彰的重要依据。完善的考核机制将解决支部书记"干多干少一个样、干好干坏一个样"的问题，对党支部书记认真履行党建工作职责形成激励。

最后，应加强党支部书记激励机制。在多数情况下，党支部书记和支部班子的工作就是单纯的奉献，没有奖励机制，没有保障的经费支撑，党务工作的效果主要以党支部书记和支部班子的党性修养和个人思想品质来实现。缺乏合理的激励机制使得党支部书记和支部班子的工作热情和积极性大打折扣。因此，应同时保证教师党支部书记、副书记、委员的工作待遇，如计算工作量、纳入绩效考核、发放岗位津贴等，教师党支部书记享受职务职级"双线"晋升政策，享受不低于同级别行政负责人的津贴补贴待遇。建立有效的激励机制，调动党支部书记的工作积极性，并通过激励机制的创新，可以充分调动其工作的积极性和创造性，提高组织绩效，而且有利于创立一种组织文化，形成尊重知识，尊重人才的风气和努力进取，奋发向上的氛围。同时要加强对于党支部书记的考核，优秀的党支部书记应该表彰并予以奖励，对于工作状态不佳，表现不好的党支部书记要进行淘汰，形成竞争上岗担任党支部书记的优良风气（李洪亮，2017）。

**（三）"双带头人"队伍建设应重视党建工作和教学、科研工作的相互融合引导支部书记在工作中将党建工作和教学、科研工作相并重和相融合，有助于"双带头人"队伍建设目标的实现**

一方面，在党建工作中充分融入专业特色，可以使党员队伍的专业价值得到更充分的体现，这也能提高党员队伍参与组织活动的积极性。另一方面，在教学、科研工作中以党建工作为指导，可以在更好地贯彻党的方针政策，也能更好地发挥党支部的战斗堡垒作用。另外，将党建工作和教学、科研工作相互融合，有助于提升支部党员学习能力，强化创新意识，增强服务本领，使教师党支部的党建工作形成鲜明特色。

## 四 "双带头人"引领下发挥专业优势作为党建的特色

深圳大学建筑与城市规划学院党委教工支部近年来在学校和学院两级党委的坚强领导下，以"双带头人"队伍建设作为重要契机，以定点帮扶工作作为主要落脚点，充分发挥专业优势，结合教学、科研、扶贫等工作重点，摸索出了具有鲜明特色的党建工作方式和内容。

**（一）坚持将"学习型、服务型、创新型"的建设要求和脱贫攻坚战的实践有机结合**

2016年，深圳大学在深圳市委组织部的部署下，承担起了帮扶河源市和平县浰源镇曲潭村这一重要的精准扶贫政治任务。在学校党委组织部的统一领导下，深大各个部门和学院根据各自的特点和优势对曲潭村展开扶贫工作。其中，建筑与城市规划学院党委教工党支部根据自身专业特点承担了曲潭村的乡村规划和曲潭小学的设计工作。教工支部的扶贫工作小组核心成员包括了学院院长、学院党委书记、支部书记、党小组组长等先进党员，不仅理想信念坚定，而且业务水平过硬。党支部的其他党员同志在扶贫工作过程中也深入的参与讨论和提供技术指导。

教工支部的扶贫工作在学校党委和学院党委领导下，以及曲潭村驻村干部、县镇各级部门领导和当地村民的全力支持和积极配合下有序和稳步的开展。工作的主要成果曲潭村庄规划已由村民代表大会通过，并通过省住建厅组织的专家评审；在曲潭村庄规划的基础上，曲潭小学的设计工作也完成了建筑设计和施工图设计内容，并正处于施工的过程中。在整个扶贫工作过程中，教工支部坚持将"学习型、服务型、创新型"的建设要求和脱贫攻坚战的实践有机结合。

1. 学习和探索

党中央和各部门关于打赢扶贫攻坚战的战略部署、政策、实施策略随着脱贫工作的进展而不断地提出新的要求。因此，需要通过不断的学习和领会这些战略的部署、政策和实施策略，才能更好地落实扶贫攻坚工作。支部以党小组为单位，通过学习、研讨、实践等方式，充分领会党中央关于打赢扶贫攻坚战的战略部署，并在具体的扶贫工作中，认真贯彻广东省《关于2277个省定贫困村创建社会主义新农村示范村的实施方案》的要求，将脱贫攻坚战和建设社会主义新农村的工作进行有机的结合。此外，支部还开展了关于扶贫工作的经验交流和总结会议，对扶贫工作的经验进行分享，探索如何发挥高校优势助力脱贫攻坚战。

2. 扎根当地，服务村民

支部在曲潭村乡村规划和曲潭小学设计的工作中，以村民的需求和意愿作为最基本的出发点和落脚点。工作小组扎根当地，对曲潭村的产业发展、土地利用、居民生活、自然环境和相关政策、规划等方面进行了详细的调查和记录，并通过问卷调查和访谈，充分了解村民对于村庄建设的需求和意愿。在规划初步成果编制完成后，工作小组还向村民代表介绍和解释规划方案内容，并收集村名代表的意见和解答提出的问题。

3. 创新扶贫模式

"双带头人"支部书记带领下的工作小组在曲潭村乡村规划的工作中，不断的探索扶贫新模式。通过前期工作，支部党员和驻村干部、当地政府部门和曲潭村民建立了紧密的工作关系，为进一步的扶贫工作创造了良好的基础。扶贫攻坚和乡村振兴是一项长期的任务，支部希望能够结合高校特点和专业所长，探索在曲潭村建立教学科研实践基地，长期的为曲潭村的村庄建设进行服务，支部党员在"双带头人"支部书记引领下创新工作方法和内容，通过教学工作坊，专题研讨会，讲座的形式全方位地将教学、科研工作融入党建工作和定点帮扶工作之中。

## （二）"双带头人"支部书记起到的关键引领作用

在教工支部的定点帮扶工作中，"双带头人"支部书记起到了关键的引领作用。首先，支部书记主动承担曲潭村庄规划工作小组组长的职责，多次带领工作小组前往曲潭村进行现状调研、方案讨论、方案汇报等工作。其次，支部书记还通过党日活动等形式，组织教师党员前往曲潭进行调研和学习，向教师党员介绍帮扶工作的开展情况，增强了教师党员对定点帮扶工作的认识，提高了对扶贫工作的积极性。此外，支部书记还吸纳部分优秀的学生党员和积极分子加入帮扶工作中，并通过党课向学生党员介绍党和国家的扶贫攻坚战以及深圳大学的实践经验，通过帮扶工作的开展和宣传引领带动学生积极投身社会主义建设事业，坚定学生的理想信念。

## 五　结语

本文讨论了高校基层党建工作中的"双带头人"队伍建设中存在的主要难点和改进策略。并通过深圳大学建筑与城市规划学院党委教工支部的工作经验探索在"双带头人"队伍建设中如何将党建工作和教学、科研工作相互融合，以此提升支部党员学习能力，强化创新意识，增强服务本领，把教师党支部建设成为新时代高校基层的坚强战斗堡垒。

# 大学生入党动机研究

李 悦[*]

**摘 要**：本文通过调查问卷的方式，抽样调查了深圳大学547名大学生的入党动机，全面了解深圳特区大学生的入党意愿及入党动机，深入分析了影响特区大学生入党动机的因素。面对特区大学生入党动机的特点，高校党务工作者应在选拔培养时注意吸收高素质党员，并结合个人发展特点，满足学生自我实现需要，同时加强理想信念教育，强化学生组织归属感，在家校联动教育中共同构筑党性培养环境。

**关键词**：大学生；入党动机；深圳大学；实证调查

党的十九大明确提出了新时代党的建设总要求，强调要坚持和加强党的全面领导，坚持全面从严治党，以坚定理想信念宗旨为根基，全面推进党的政治建设、思想建设和组织建设。[①] 从严

---

[*] 深圳大学师范学院。
[①] 《习近平新时代中国特色社会主义思想三十讲》，学习出版社2018年版，第310页。

发展学生党员，是全面从严治党宏观战略布局在高校党建工作中的微观体现。大学生入党工作，是高校学生党员发展程序的第一环节，把好入口关，事关党的建设事业的组织保障，影响着中华民族伟大复兴中国梦使命的实现。因此，在大学生党员发展工作中，端正学生的入党动机，加强学生的理想信念教育显得尤为重要。

## 一　调查的基本情况

### （一）调查目的

端正学生入党动机是坚持和加强党的全面领导，全面加强基层党组织建设的必然要求。本研究通过调查深圳大学生的入党动机，探究新时期特区大学生入党动机的形成机制，进而有针对性地提出端正新时期大学生入党动机、提高大学生党员质量的新路径。

### （二）调查对象

本次调查的对象是深圳大学的大学生。深圳大学建于1983年，是深圳唯一一所综合性大学，也是深圳规模最大的一所本科院校。因此，在一定程度上，深圳大学的大学生样本的入党动机可以代表深圳大学生总体的入党动机情况。本次调查在不同性别、年级、专业等层次上随机抽取547名深圳大学在校大学生，包括男生208名，女生339名。政治面貌层面上，正式党员41人，占7.50%；预备党员23人，占4.20%；入党积极分子79人，占14.44%；团员363人，占66.36%，群众41人，占7.50%。为了减少社会称许性影响，调查对象从党员扩大到发展对象、党员

（正式党员和预备党员）和发展对象（入党积极分子和团员）占比92.5%。调查结果能较好地代表大学生党员发展对象群体的入党动机情况。

### （三）调查工具及方法

本次调查采用自编《大学生入党动机调研问卷》，发放问卷547份，实际回收547份，有效问卷547份，问卷有效回收率为100%。问卷内容包括三个部分，分别为学生个人背景信息（性别、年级、专业、政治面貌、家庭背景）、学生入党意愿和行为以及学生入党动机。其中，按照马斯洛需求理论，学生入党动机分为生理动机、安全动机、情感和归属动机、尊重动机和自我实现动机。各个动机变量包含若干题目，动机各量表信度较高。具体题目分布和信度检验见表1。调查数据通过SPSS13.0进行统计分析。

表1　　大学生入党动机变量分布情况及信度检验结果

| 动机类别 | 题目 | Cronbach's Alpha |
|---|---|---|
| 生理动机 | 我觉得党员在考取国家公务员或事业单位职员岗位时，拥有较大优势<br>我觉得党员可以在工作后的仕途上更有前途<br>我觉得党员可以在评优秀、评先进的活动中获得优势 | 0.814 |
| 安全动机 | 入党使我有种安全感 | 1 |
| 情感和归属动机 | 父母或者长辈要求我入党<br>我认为入党可以给家人争光<br>我认为入党可以给我提供党组织的归属感<br>别的同学入党，我也想入党<br>大家都要求入党，我害怕与别人不一样<br>我认为入党可以提高我与同学的人际关系 | 0.797 |

续表

| 动机类别 | 题目 | Cronbach's Alpha |
|---|---|---|
| 尊重动机 | 我认为成为党员可以获得同学的羡慕<br>我认为成为党员可以获得同学的尊重<br>我认为成为党员代表着我很优秀<br>我认为党员在同学中拥有较高的社会地位 | 0.85 |
| 自我实现动机 | 我认为入党可以实现坚定的共产主义政治信仰<br>我认为入党可以更高标准地要求自己、完善自我<br>我认为入党可以达到自我实现 | 0.906 |

## 二　调查结果分析

### （一）特区大学生入党意愿分析

参与调查的547位同学中，非常想入党的同学有134人，占24.49%；比较想入党的同学有184人，占33.64%；不确定是否入党的同学有164人，占29.98%；不太想入党的同学有38人，占6.95%；决定不入党的同学有27人，占4.94%。表现出入党意愿的同学（非常想入党和比较想入党）共有318人，占58.14%，表明大部分特区大学生具有入党意愿；不想入党的同学（不太想入党和决定不入党）共有65人，占11.89%，表明只有十分之一的特区大学生不具有入党意愿。此外，还存在约三分之一的学生在入党的思想立场上不够坚定。

### （二）特区大学生入党行为分析

针对入党行为问题，256人已经递交了入党申请书，占46.80%；53人正准备写入党申请书，占9.69%；109人正在犹豫是否写入党申请书，占 19.93%；86 人不是特别想写入党申请书，占 15.72%；43 人不想写入党申请书，占 7.86%。已经递交或正准备写入党申请书的有 309 人，占 56.49%，不想写入党申请书的有 129 人，占 23.58%。可见，大部分特区大学生体现出积极的入党行为，不仅有入党意愿，更有入党行为。

### （三）特区大学生入党动机类型分析

表 2 清晰地反映了特区大学生各入党动机类型的总体状况。在李克特 5 点计分的模式下，特区大学生入党的生理动机、安全动机和自我实现动机的得分在 3 分以上。其中，生理动机的得分最高，达到了 3.62 分；自我实现动机次之，达到了 3.43 分，表明特区大学生入党动机中，针对生理和自我实现的动机最强烈。情感和归属动机较低，尊重动机最低，为 2.51 分，表明特区大学生在入党意愿中，满足的不是情感以及尊重的需要。

表 2　　　　　　　　　大学生入党动机类型总体状况

| 大学生入党动机类型 | 最小值 | 最大值 | 平均值 | 标准差 |
| --- | --- | --- | --- | --- |
| 生理动机 | 1 | 5 | 3.62 | 0.75 |
| 安全动机 | 1 | 5 | 3.24 | 1.01 |
| 情感与归属动机 | 1 | 5 | 2.86 | 0.72 |
| 尊重动机 | 1 | 5 | 2.51 | 0.85 |
| 自我实现动机 | 1 | 5 | 3.43 | 0.99 |

### （四）特区大学生入党动机影响因素

1. 学生自身因素

学生自身因素对其入党动机具有较大影响。年级标志着学生心理和认知的成熟程度，其对入党动机具有影响。研究生群体具有最强的入党意愿，非常想入党的学生占比30.86%，较想入党的比例也高达35.8%。对于即将进入职场的研究生来说，生理动机（生存动机）在入党动机中占主导地位。大四年级的大学生的入党动机次之，但表达强烈入党意愿的学生中，65%的学生认为党员在考取国家公务员或事业单位职员岗位时，拥有较大优势。特区大学生在选择入党时虽然有功利性生存动机，但更多的是为了实现共产主义政治理想，完善自我，实现自我。

除了年级因素，学生自身的政治面貌也对入党意愿具有一定的影响。群众、团员、入党积极分子、预备党员和正式党员等政治面貌中，预备党员具有最强的入党意愿，入党积极分子次之，群众的入党意愿最低。学校在培养党员发展对象的过程中，针对入党积极分子进行为期一年的党的教育，培训合格后才能成为预备党员，再接受一年期的培养，合格后才能发展成为正式党员。入党积极分子和预备党员是学生党员最中坚的发展对象，经过党的培养教育，具备了强烈的入党意愿。该数据从侧面证明了学校党组织对学生党员发展对象培养教育的有效性。

2. 学生家庭因素

家庭教育是学生入党教育中重要一环，而家庭成员的政治面貌直接反映了家庭教育中党性教育的一面，其对学生的入党意愿起着潜移默化的影响。家庭成员的政治面貌对学生入党动机存在巨大影响。在党员家庭中成长的学生明显比无党员家庭中的学生表现出较多入党意愿。其中，具有3个以上党员的家庭里培养出来的学生表达出强烈的入党意愿（43.75%），家庭中具有2个、3个党员的学生的入党意愿分别是36.07%和27.27%。可见，家庭成员的政治面貌在学生的入党意愿中产生了重要的影响。

## 三 建议

### (一) 选拔培养高素质党员,弱化就业生存功利倾向

身处改革开放的实验区,特区大学生的功利性倾向比较明显。相比而言,上海大学生党员表现出较弱的职业发展动机[①],78%的被调查对象入党是为了更加接近自身理想与奋斗的目标。然而,教育者不能看见大学生的功利性倾向,就"一刀切"地认为大学生入党动机不纯。特区大学生入党的生理动机具有一定的合理性。我国社会经济发展的现实背景中,大学生面临着市场经济环境下的诸多诱惑和严峻就业形势下的巨大挑战。大学生毕业后直接面临的就是生存的问题。调查数据中大四学生和研究生的强烈的入党意愿也充分证明了毕业生希望借助党员身份提高就业竞争力的愿望。已有研究也表明,社会择业现实加重了学生"务实"的功利取向。曾有世界500强企业明确将党员和学生干部作为学生简历的晋级标准。

综合素质高的学生,不仅学业优异,而且能力出众。这样的学生面临的就业机会更多,生存压力较小。即使没有党员身份的光环,同样能在人才市场中脱颖而出。学校在入党积极分子的选拔中,如果能优先选拔一批综合素质高的学生,再对其加以理想信念的考核,如此一来,势必能避免选出功利性动机倾向的学生。

---

[①] 杨志伟、杨鸣、刘艳:《"90后"大学生入党动机影响因素实证研究》,《思想理论教育》2012年第23期。

## （二）结合个人发展特点，满足学生自我实现需要

深圳特区作为改革开放的前沿阵地，其城市的开放性、包容性，使得特区大学生的思想活跃，富于开创精神。他们不拘泥于从众他人，对事物有更强的主观判断能力。在生涯的规划上，他们更关心自我的发展。这包括个人就业生存的考虑，也包括职业发展的要求。杨秀兰等学者在调查少数民族学生后发现，学生对党员身份有更强的优越感，希望借此得到同学们的认可。① 相较于此，特区大学生认为党员身份在提供同学威信和尊重感的作用甚小，他们入党并不是为了提高个人地位，增强人际关系，而是为了自身的发展。

对于入党行为，在保留着生存与发展需要的基础上，特区大学生更多的是追求自我价值的实现。自我价值的实现，体现在以更高的标准要求自己，实现更好的自我价值。调查数据显示，特区大学生自我实现的需求巨大，入党促使他们以更高的要求完善自我。这体现了特区大学生积极进取的正向愿望：一方面追求自我实现，另一方面，希望凭借入党的契机从侧面完善自我。

作为高校党务工作者，辅导员和思想政治课程教师应围绕学生个人专业、能力以及兴趣特点，利用学生积极向上的自我实现动力，再对学生开展针对性的党性教育，使得学生在提高党性觉悟的同时，个人能力和专业水平得到提高，让

---

① 杨秀兰、刘晶晶、阿孜古丽·阿不来提、图尔逊古丽·塞来、热依拉·阿不都热依木、胡军林：《少数民族大学生党性认知与入党意愿现状分析——基于合肥市4所高校的调查》，《高校辅导员学刊》2017年第2期。

学生在追求共产主义理想信念的过程中完善自我，超越自我。

### （三）加强理想信念教育，强化组织归属感

调查显示，绝大部分特区大学生认同共产主义信仰，并且相信入党可以更加坚定地实现共产主义理想。党的十八大以后，国家从各个层面加强了党建工作力度，大学生的党性思想水平得以提高。结果显示，特区大学生对于安全需求的动机在五种动机类型中位列第三，仅次于自我实现需求的动机。再者，特区大学生情感与归属的动机类型也体现出其对于党组织归属感的强烈渴望。不少大学生还处于迷茫期，在思想政治上特别容易受到不良思想的侵害。然而，特区大学生并没有表现出跟随大流入党的从众心理，他们即使不知道自己的需求，也不会随意不负责任的效仿他人，盲目入党。

因此，高校思想政治工作者应该在学生政治立场选择的迷茫期，及时矫正学生不正确的入党动机，积极开展共产主义理想信念教育，引导学生自觉追求共产主义理想。尤其应在大学生入学后的新生过渡期进行积极分子的早培养、早教育，把握学生世界观、人生观和价值观形成的最佳培养期。同时，开展丰富的组织和宣传活动，增强大学生对于党组织的认同度，提高其对组织的归属感。需要强调的是，在党员培养的教育过程中，尤其要注意设置丰富的学习内容和合理的学习形式。

### （四）实行家校联动教育，共同构筑党性培养环境

常言道，父母是孩子最好的老师。家庭是培养学生理想信念

的最初土壤。学生在家庭教育中，不仅受到家庭环境的潜移默化的影响，而且受到父母价值观的深刻引导。尤其对于心智尚未成熟的在校大学生，父母或者长辈的政治态度和看法对其政治倾向甚至可以产生决定性作用。调查数据显示，具备多个党员的家庭中，学生的入党意愿最强。在长期的家庭生活和教育中，具有党员身份的家庭成员，会在言行中流露出自己的政治价值和政治情感，并将这种政治价值取向和政治态度传递给子女或家庭成员。许多访谈对象承认，他们的父辈或者祖辈是党员，生活在党旗下，从小教育他们新中国来之不易，要求他们听党的话，跟党走，争取长大后成为一名优秀的党员。对于在这样家庭环境中成长起来的学生，入党的愿望种子从小埋藏于心，一旦时机成熟，这些学生会抓住机会，争取加入党组织。

此外，调查中，相当一部分学生选择入党是为了满足父母长辈的期望。此时，如果家庭中的父母或者长辈能及时灌输正确的人生观、价值观、政治观，学生除了情感动机，也将听从与家长意见，选择共产主义信仰。学校在进行学生入党教育的同时，结合家庭党性教育，积极引导学生参与党组织活动实践，共同铸就融合的党性培养环境。

## 四　结论

大学生是我党组织发展和壮大的新生力量，也是继承和弘扬党的传统的中坚力量。本课题的调查对象大部分是特区"95后"的大学生。他们身上，既体现出对于生存和发展的渴望，又充满着对于自我实现的积极要求。同时，处于人生的探索期，他们需要充足的安全感和归属感。此时，学校的思想政治教育工作者和家庭成员应抓住教育契机,形成合力,利用合适的形式开展理想信念教育,端正特区大学生的入党动机,引导学生真正成长为具有坚定理想信念的共产主义接班人。

# 第五章 党的文化引领

## 大学是大美之学
### ——论大学文化及文化认同

肖海涛[*]

**摘 要：** 天地之间有大美，大学是一个美的文化存在，大学所传递的智慧之思、文化之美、德行之善、理想之光蕴藏着深刻的"大学之所以为大学"的生命意蕴，这也是大学绵延不绝、历久弥新的原因，更深层次的原因是，大学及大学文化得到了人类社会的高度认同。大学文化蕴含如下精神气质：大学是一个文化共同体——"大·学"，它以"大"求"学"，以"学"化大，体现一种大器大象；大学是人类的精神家园——"化·育"，它承载人类的希望和理论，在教化中抚育，在抚育中教化，促进人类文明进步；大学之于大学人是

---
[*] 深圳大学高教所。

"我的大学"——"认·同",大学文化生机盎然,是因为置身其中的大学人生机勃勃,将大学文化与自身生命相关照,内蕴为自身生命的精神气质。大学文化建设要着力于"以人为本""以文化育"。中国要想建设世界一流大学,必须加强大学文化建设,真正使大学文化建设落实在"以人为本""以文化育"上。

**关键词**:大学;大学文化;大学文化认同;以文化育;大学文化建设

天地之间有大美,大学是大美之学。大学是一个美丽的文化存在,大学所传递的智慧之思、文化之美、德行之善、理想之光蕴藏着深刻的"大学之所以为大学"的生命意蕴,也是大学绵延不绝、生生不息、历久弥新的原因,更深层次的原因是,大学、大学文化得到了人、人类社会的认同。大学文化认同是人对大学文化的真诚而美好的回应。人类发展历史性地选择了大学,大学承载了人类的希望和理想,不断传承和创新文化,促进人类文明进步。中国大学要想创建世界一流大学,必须加强大学文化建设,真正使大学文化建设落实在"以人为本""以文化人"上。

## 一 大学是文化共同体——"大·学"

大学的出现是人类的福音。从起源来说,一般认为,大学诞生于中世纪,英文为"university",字根与宇宙"universe",词同源,意相近,都含有"无所不包"之意,在精神气质上,大学同宇宙。中世纪的大学还有一个表述,"总学"(stadium generale),意即"一个接纳来自世界各地学生的地方",含有"自由为学"之理念。历经千载,大学成为人类最古老的组织,得到人类社会的高度认同。从根本来说,大学是一个由大学之"大"与大学之"学"相互交织、共同构成的文化共同体(community)。大学之所以是大学,就因为它是"大""学",既"大"且"学"——研究范围博大,研究学问高深,研究视野广阔。它胸怀宽广,兼容并包,气度恢宏①。大学是"以大求学,以学化大"。

## (一)以"大"求"学"

蔡元培先生曾说:"大学者,囊括大典,网罗众家之学府也",《中庸》"万物并育而不相害,道并行而不相悖",足以形容之②。那么,大学之大的内涵是什么呢?大学之大,何以为大?

1. 大学之大,有大家谓大

这里所指的"大家",是指大学校长,他是一所学校的精神领袖和灵魂。大学校长之大,首先不在于其学问之大,而在于其智慧之大、见识之大、气魄之大、度量之大。他不一定是某一学科学术带头人,却是整个学校学术发展的领航人,他以鲜明的教育理念、前瞻的教育眼光、宽阔包容的胸怀和大胆的创新精神引导一所大学向着健康良好的方向发展。反之,一所大学如果没有有思想、有理念、有胸怀、有魄力的校长引路,就会缺少灵魂,形成不了凝聚力。

2. 大学之大,有大师谓大

"大师"是一所大学的关键所在,某种程度上说,"大师就

---

① 肖海涛:《大学的理念》,华中科技大学出版社2001年版,第194页。
② 蔡元培:《北京大学月刊》发刊词,《蔡元培全集(第三卷)》,浙江教育出版社1997年版,第451页。

是大学"。所谓大师，不仅是学科知识的生产者、创新者、传播者，更是教育的智者、智慧的启迪者、人类灵魂的守望者。因为有大师，渴求知识的年轻人才愿意到大学来，如众星拱月一般围在大师周围。清华大学历史上著名校长梅贻琦曾说："一个大学之所以为大学，全在于有没有好教授。所谓大学者，非谓有大楼之谓也，有大师之谓也"。大学的声誉不在于辉煌的大楼，也不在于庞大的规模，而在于一代代的教师质量。反之，一所大学如果没有优秀的教师阵营，就形成不了学术声誉，缺少生机活力。

3. 大学之大，有大学生谓大

大学生是大学朝气蓬勃、充满活力的主体，是人类知识和文明的后继力量，可以说，"没有大学生就没有大学"。大学生之大，不在年龄之大或规模数量之大，而在于大学生志向之大、抱负之大、成长力量之大。大学生书生意气，风华正茂，完成中学阶段学习之后，他们开始以青春的朝气、开阔的视野，丰富自己的知识结构，发展各种能力，砥砺德行，养成健全人格，积蓄一个"成人的力量"。美国著名高等教育学者布鲁贝克也说："对于渴望'发现自己'的青年人来说，对那些希望在与人类的过去与未来的关系中认识自己的青年人来说，在今天已没有比大学更合适的去处了"[①]。

4. 大学之大，有大美谓大

"大学是大美之学。"大学之大，不是指大楼之大、校园之大、规模之大，却也是由这些大楼之大等构成的具有"大空间、大格局、大胸怀、大视野、大境界、大和谐"的美丽空间，包括物理空间和心灵空间。大学之美在于：它外塑美丽仪表，内修美

---

① [美]布鲁贝克：《高等教育哲学》，浙江教育出版社2001年版，第144页。

丽心灵，教化美丽人性，享受美丽事业。馆藏丰富的图书馆及其所营造的书香氛围、设备先进的教学大楼、实验大楼及其充实的教研资源、优美的校园环境、丰富的校园文化活动形式等，共同形成美丽浓郁的校园文化氛围，使大学成为极具美学意蕴的"大美之学"。

5. 大学之大，有大志谓大

"大学是大志之学。"大学志存高远，有大志向，大目标，大追求。蔡元培先生曾说："大学者，研究高深学问者也。"[①]这实际上是大学的"正大宗旨"。大学拥有一种海纳百川的恢宏气度，它既坚持为国家和社会服务，同时又批判社会，引导社会发展方向；它追求真理，为着人类的长远利益，拒绝急功近利和喧嚣浮躁；它探究高深博大的学问，追求科学永无止境等。有此，大学薪火相传，推陈出新，不断推动社会进步。

6. 大学之大，有大爱谓大

"大学是大爱之学。"大学不仅是一种文化存在，也是一种精神存在，有着宽厚仁慈的大爱境界。它不是为了一己之私、一时之利，而是关乎人性，关照人心，关照未来，指向人类所追求的真、善、美，指向人类心中最美好的渴望和向往，指向造福人类的终极关怀。

## （二）以"学"化"大"

中国经典《礼记·大学》一开篇就开门见山，指出："大学之道，在明明德，在新民，在止于至善。"这里的"大学之道"，

---

[①] 蔡元培：《〈北京大学月刊〉发刊词》，《蔡元培全集（第三卷）》，浙江教育出版社1997年版，第8页。

相当于今日所说的大学理念，它旗帜鲜明提出，大学的根本在于"明明德"，即启迪和发扬人光明的德性，使人具有人性；进而借由此"新民"，新新民众，化民成俗，提升人的素质和境界；最终达成"至善"的最高境界，"至善"就是最高的善。而最高的善是无止境的，大学也就永远在追求之中，"求学"之中，学无止境。所以，今日有些大学的校训中就明确提出"止于至善"。

大学之要义在于，大学是求学之地、为学之所，大学是"志于学"，以"学"化"大"——"大"是"学"的舞台，"学"是"大"的灵魂；"大"是"学"的基础，"学"是"大"的意义；"大"是"学"的形式，"学"是"大"的实质；大学之"大"，是为了大学之"学"；大学之"学"，是完成大学之"大"。"大"与"学"相互交织，共同完成大学的使命。反过来说，如果不是为了"学"，"大"就没有意义。

1. 为学术而共处

人类积累的几千年的宝贵经验和知识财富汇聚于大学，使得大学充溢着智慧的灵性和文化的光芒，并成为一个美丽而神圣的词语，乃至怎么形容大学之"大·学"都不为过。因此，人们赋予大学许多美称，诸如，大学是传递和创造人类的高深知识的学术机构；大学是传承和创新文化的文化组织；大学是人类知识的殿堂；大学是天堂，知识之河在里面流淌；大学是知识之城；大学是文化之城；大学是智慧之城；大学是学人的乐园；大学是大海；大学是聚宝盆；大学是社会的灯塔；大学是社会的良心；大学是人类的轴心机构；大学是社会的动力站；大学是人类智慧的心脏；等等。

正因为如此，大学成为一个具有强大吸引力的"文化磁场"——吸引广大师生为着共同的志向，共同的学术目的而走到一起。在这里，睿智的老师、求知欲旺盛的学生"为学术而共处"，他们怀着对知识的向往、对学问的追求、对学术的良知、对社会的责任而走到一起。他们之"为着学术而共处"，既源于对高深知识的探讨，也为着对高深知识的探讨。在这种有益的探讨之中，他们教学相长，相互激励，相伴而学，相知而行，相携共进，以文会友，以友辅仁，共同成就，以此造就一种充实而自由的文化氛围。同时这种氛围不断充盈、不断扩大、不断辐射，又反过来激发师生无穷的想象力和创造力，使他们置身其中，身临其境，身心愉悦，享受知识与智慧带来的无与伦比的乐趣，从而领悟人生的意义和宇宙的奥秘。

2. 上大学"学"什么？

"人，要认识你自己！"写在古希腊神庙上的这句话，昭示了这一道理：人对生命意义的理解是人的一切活动的起点和归宿。人生在世，一直在追求认识自己，认识世界，追寻人生的意义。人生的意义是人对人终极价值的追求。因而，自古以来，教育的目的的最根本是教人"学做人"。教育就是关注人作为"人"的生存及意义，从内在唤醒人作为"人"的意义，引导人追求人作为"人"的意义。

中国经典《礼记·大学》里讲"修身、齐家、治国、平天下"的道理，为此有八项要求，即"八条目"："正心、诚意、致知、格物"，而根本的要求是"修身"，是"自天子以至于庶人，壹是皆以修身为本"，不管是谁，哪怕他是天子，最终的落实就是修身、做人。这就是"知本"。这和孔子所讲的"君子务本，本立而道生"（《论语·学而》），是同一个道理。这些都说明，务本重要，做人重要。因而哲学家、恩师涂又光先生曾在紧接着讲课之后写给我的一封信中特别阐明："中国讲，'本立而道生'。本不立则道不生，比较而言，本比道不重要。所以陆九渊说：学苟知本，六经皆我注脚。六经皆道，对于知本的人不过是注脚，可见本何等重要。"①

做人是根本，一个人如果做人做好了，其他经世致用之学都好办。近代著名思想家梁启超也说："教育是什么？教育是教人学做人——学做'现代人'。身体坏了，人便活不成或活得无趣，所以要给他种种体育。没有几样看家本事，就不能养活自己，所以要给他种种智育。其他一切教育事项虽然很复杂，目的总是归到学做人这一点。"②梁启超特别强调要学做现代人。杨叔子院士也有相同见解，他认为今天的中国教育，应该培养具有国际竞争力的现代的中国人。君子务本，这个本，首先是做中国人，现代的中国人。

大学正是为着这一教育目的：启迪智慧，照亮人生，教人"学做人"。大学不仅是一个"学知识"的地方，更是一个"学做人"的文化场。大学不仅是知识的集散地，更是道德的养成所，智慧的辐射源。人们寻求大学，不仅是为了知识，获得生存的本领，更是渴望智慧，寻求人生的意义。人们因寻求智慧而相聚于此，为着智慧而共处，大学使人在收获智慧的同时，完成人性的修炼，达到身心灵的统一。德国著名教育家、柏林大学创建者洪堡认为大学的任务是由"科学而达至修养"，就是此意。

## 二 大学是人类的精神家园——"化·育"

人类社会的承续和发展主要通过两条途径：一是人类生命的

---

① 涂又光：《关于社会三领域本末问题的信》，华中科技大学2009年版，第328页。
② 梁启超：《教育与政治》，《梁启超全集》，北京出版社1999年版，第3995页。

自然繁衍,二是人类文化的传承和创新。中国文字具有丰富的美学意蕴和哲学意蕴,对于人类社会的这"两件大事",正好对应的二词,一是"生育",二是"教育"。可以说,"生活在生育和教育中生生不息。生育,人种的传承,保障了人类自身的繁衍不息;教育,文化的传承,保障了人类文化的绵延不绝"①。正如《礼记·学记》所言:"建国君民,教学为先"。《学记》所说的"教学",相当于今天所说的教育,"建国君民,教学为先",有些类似于今天所说的"百年大计,教育为本","百年大计,教育为先",意在强调教育对国家和人民的重要性。学校是学习的场所,是实施教育的机构,是教化之地,它从诞生之初就肩负着传承、保持、延续、创新人类文化的重要使命。大学是学校体系中最高层次的机构,肩负着传承、保持、延续、创新人类文化的重要使命。大学是人类的精神家园——"化·育",它在教化中抚育,在抚育中教化,促进一代又一代新人成长,促进文化传承创新,促进人类文明进步。

## (一) 大学是一种精神存在——关怀终极

大学是物质的,更是精神的。大学之所以称之为大学,不仅仅是一种客观物质存在,更是一种文化存在和精神存在,并因此成为社会的良心和精神指引。这是由人的本质和大学的本质决定的。人之为人,不仅在于它是一种客观物的存在,而且还是一种精神存在。人对物质的追求是有限的,对精神的追求是无限的。人离开精神,不成其为人;人类社会离开精神,不成其为人类社会。学校的诞生源于人的精神需要和对知识的渴求。人类之所以

---

① 肖海涛:《中国高等教育学制改革》,广东高等教育出版社2011年版,第2页。

需要学校，是因为人类需要精神生活。

大学之为大学，更因为它是一种精神存在。大学产生和发展的历史表明，读书使人愉悦，教育使人享受，大学使人宁静。大学在教化中抚育，在抚育中教化，促进一代又一代新人成长；大学承担着历史赋予的文化使命，传授知识，传承文化、创新文化；大学服务社会，但不会随波逐流，而是与社会保持适度距离，批判和引导社会。有一句广告语说"人生就像一次旅行，不必在乎目的地，重要的是沿途的风景和看风景的心情"。大学认为这句话似乎很动听，但似是而非。大学告诉人们，人生既要在乎"沿途的风景和看风景的心情"，更要在乎"目的地"，不要忘了从哪来、到哪去，不要迷失人生的方向，要向善而行。

在人类社会发展过程中，大学是重要的精神指引，具有不可取代的作用和举足轻重的地位。大学精神是大学"生命之树长青"的奥秘。正因为大学有不朽的大学精神存在，大学才得以绵延不绝，生生不息，历久常新。大学精神是大学文化的最高表现形式，物质文化和制度文化都是为了维护和继承大学精神文化而外显出来的基础和保障。大学的精神，既是大学发展中积淀的创造性的精髓与灵感，也是大学进一步前进的动力。大学的精神，内涵丰富，精深博大。从普遍意义来看，大学精神主要体现为人文精神，科学精神，自由精神，民主精神和创新精神。这几种精神既互相关联，又互相促进。最为根本的是，这几种精神是指向人类所追求的真、善、美，指引人类社会前进的方向，指向人类的终极关怀。大学为人类保存、传递、创造高深知识，使人类因此而走向智慧与光明的前景。

## (二) 大学是文化生活方式——以文化育

大学是一种文化生活方式。大学充溢着一种富有灵性、气韵生动、丰满有魂的文化氛围,并形成一种文化生态系统。和大自然的生态系统一样,大学的文化生态如同阳光、水、空气等资源,日日夜夜,无时无刻,潜移默化,为大学提供丰富的物质需求和精神养料,促进大学春风化雨,以文化人,以文化育。

《周易·贲卦》说:"关乎天文,以察时变;关乎人文,以化成天下。"大学各种文化形式贯穿并渗透于大学生活的各个方面,使得教育无处不在。大学精神积淀和理念牵引,启示着大学师生精神追求;大学的物质文化意蕴,为师生营造温馨静美的文化意境;大学制度的完善,围绕着"追求真理"和"以人为本"理念;大学校园丰富多彩活动的开展,是以文化活动的形式寓教于乐;等等,相互呼应,相互补充,共同构成丰富多样的大学文化生态系统,形成一种令人向往的文化生活方式。

大学的文化生活方式,源于大学文化育人的需要,体现出人对文化的追求。它既是大学发展的内在逻辑,也是大学充满生机活力的表现。每一所大学,尤其是历史悠久的一流的大学,无不在培育一种文化生活。正如金耀基先生所说:"文化生活常决定大学的风格,影响学生的气质品性。这是一种有文学气质、有文化情调、有生命意义的生活方式。"[①] 例如,北京大学所提倡的"思想自由、兼容并包"的大学精神,体现的是一种自由探究的文化生活方式;清华大学的校训"自强不息,厚德载物",体现的是一种团结奋进、包容敦厚的文化生活方式;深圳大学的校训

---

① 金耀基:《大学之理念》,生活·读书·新知三联书店2008年版,第7页。

"脚踏实地，自强不息"，体现的是一种积极进取、敢闯敢干的文化生活方式。

大学的文化生活方式生机勃发，涵养育人。大学文化追求人与自然的统一。大学文化是大学在长期发展过程中积淀下来一切活动及活动方式，包括价值观念、理想信念、道德情感、生活方式、行为规范、生活环境、物质设施等，渗透在大学的每一个角落、每一寸光阴之中。人本身就有文化的需求和文化使命的。所谓的教书育人、制度育人、管理育人、景观育人、服务育人，说到底都是文化育人。也正因为如此，大学结合自身的地理位置、自然环境、历史发展、社会背景等多重因素，形成个性鲜明、百花齐放、千姿百态的大学文化景观。

## （三）大学是文化生命场——心灵家园

现代社会，现代高科技飞速发展，物质供应日益丰富，但是人们的幸福感并不是与科技发展同步。人们的生存环境日益物质化，日益承受着巨大的生存压力和竞争压力。不少人在高速生活中匆匆赶路，"忙、盲、茫"——整天忙忙碌碌，却经常陷入盲目、迷茫之中，仿佛是原地高速旋转的陀螺，快则快矣，却找不到方向，内心世界充溢着焦虑恐惧、空虚疲惫、浮躁不安、彷徨失措、价值混乱、美感缺乏……对于自己内心的声音、内心的安顿、内心的安宁，人们无暇顾及，无所适从，无能为力。其实，有时候生活未必需要那么快的节奏，但一定需要方向正确。可以说，"方法决定快慢，方向决定对错"，如果方向错了，如同南辕北辙，一切都是徒劳的无用功。这就需要教育的力量，文化的力量，大学的力量。社会越是纷扰复杂，大学越应深思熟虑；社会越是纷扰复杂，大学越应宁静致远。大学提供一种直抵人心的教化力量，关照人的心灵建设，人的身心健康，给人以心理支撑与精神慰藉。生而为人，既有与外在世界相处的社会生活，还有个体内在的自我生活。个体生命质量关乎个体身心灵和谐，如《中庸》所说，要："致中和"，"致中和，天地位焉，万物育焉"。

大学是一个追求人文精神的人文场域。大学追求真理，崇尚理性，渴望自由，信仰人性。大学从人类几千年来积淀的博大精深、源远流长的文化中汲引精华，滋养人类的精神生活，它教导人们不要仅仅囿于物质生活之中，它启发人们思考。它告诉人们，"有一些问题应该被每一个人思考，但是在日常生活中却没有人问也不可能有答案"，"它给出重要与不重要之间的区别"；"它保护传统，不是因为传统就是传统，而是因为传统提供在极高的水准上进行讨论的模式；它蕴含奇迹，预示在分享奇迹中产生的友谊"[1]。大学在传承和创新文化中启迪智慧，帮助人们认识自我、悦纳自我、认同自我；大学以文化塑造人性，净化人的心灵，使人身心得以修养；大学坚持信仰，追求真善美，通过富足情感使人平和宁静友善，通过陶冶情操使人高远旷达强大，大学是人类的心灵家园。

## 三 大学之于大学人是"我的大学"
## ——"认·同"

人生活在一定的社会情景之中，在其中扮演多重角色，常对自身进行追问："我是谁？"为了寻找答案，便以文化符号为标签，在文化关系网中寻找与自身文化特质相同的组织或群体，对

---

[1] 肖海涛：《大学的理念》，华中科技大学出版社2001年版，第201页。

其产生倾向性共识与认可，这便是文化认同。另一方面，构成组织文化认同的基础要素也组成一股无形而强大的凝聚力，把从属于其群体的成员凝聚在一起。就大学而言，大学文化认同是大学人对大学文化进行理性认知与情感归属的过程，是大学人对大学文化的认识、感受、体悟、解读和内化。当大学人对大学文化认同时，就获得一种归属感、安全感、自豪感和责任感等，同时又对自身身份进行了自我确认和自我超越。大学文化认同的实质是落实在对人的教化上。

## （一）大学文化认同是大学人的身份确认——"我的大学"

大学文化的育人过程，是促使大学人自觉地将大学文化内化为体内元气，与自身生命相观照，与自身生命共同成长。大学文化是围绕"人"而展开的，表现为对文化的保存、传承、和创造，"以文化人"，"以文教化"。恩师涂又光先生认为，大学文化影响大学人的思维方式和行为风格，曾形象地提出了"泡菜理论"。涂又光先生认为，大学文化氛围犹如"泡菜水"，泡菜水味道好，泡菜味道就好；泡菜水味道不好，泡菜味道就不好。好的大学文化氛围就像一坛美味的泡菜水，师生沉浸其中，身心愉悦，如同泡菜原料投入泡菜水之中，时间一长，潜移默化，发生良好的"化学反应"，师生都得以良好成长，所谓"蓬生麻中，不扶自直"。反之，如果一所大学学风涣散，师生待在里面都不舒服，何谈归属感和责任感，表明大学文化环境出了问题。

大学文化建设要有丰富灵动的生命力，一方面当然不排除外在的物质条件和教学资源建设，但更为重要的是大学人，特别是大学文化的两大承载主体大学教师和大学生的认同感，即是否认同并对其产生归属感、亲切感和自豪感，进而内化成力量，产生积极的动力和献身学术、服务社会的责任感。例如，北京大学自有北京大学的风格，某种程度上可以说，"未名湖""朗润园"就是北京大学，置身其中，自会耳濡目染，产生一种对文化的追求；有时候不经意间，看到大师的身影在"未名湖"畔散步，自会产生一种对文化和学问的景仰。同样，清华大学的"水木清华园""闻亭""荷塘月色亭"就是清华大学，自成一股神韵，滋润心田，涵养育人。还有，深圳大学"古石今人"石刻和"文山湖"记载了多少沧海桑田，那满园一树树红红的荔枝承载了多少生命的喜悦……，这些不都有着文化认同的蕴意和昭示情感的文化力量吗？

　　具体到每一所大学，其文化认同都是带有自身的文化烙印，结合其自身环境、学校历史、人文特性、办学条件等建设其个性化的精神气质和大学风格，使大学的各种教育和文化活动带有该校的文化烙印，并以一种润物无声的方式影响师生的行为方式和价值取向，使大学师生切身感受到自己是"大学的主人"。就大学教师而言，是"我的大学、我的学生、我的教研"；就大学生而言，是"我的大学、我的老师、我的成长"。

## （二）大学教师：我的大学·我的学生·我的教研

### 1. 我的大学

　　大学教师是大学里重要的文化主体，是一所大学学术力量的象征。对教师而言，大学不仅是一个工作的场所和谋生的地方，更应该是寄托情感、希望、信仰、教育情怀和学术追求的心灵家园。大学应该是"教师的大学"，只有当大学满足了教师对自身发展的需求时，大学才是"教师的大学"，教师也才是"大学的教师"。因此，教师对大学文化的认同度，建立在大学文化建设是否满足了他们的要求，包括对生活的基本要求、对教书育人的要求、对学术研究氛围的要求等。

1930年美国教育家弗莱克斯纳发表了自己"大学理念"，设想构建一个不受世俗事物干扰、只为好奇心驱使而进行高深学术研究的学人乐园时，他的设想一方面得到实业家的认同，得到巨额资助，建成普林斯顿高级研究中心时，另一方面得到大科学家爱因斯坦的认同，爱因斯坦和另外一位大数学家一起成为普林斯顿高级研究中心的最先两位高级研究人员。之后，许多高级研究人员和诺贝尔奖得主在那里作研究。这就是文化认同的力量。

2. 我的学生

大学教师之所以成为大学教师，是因为有大学生，他们是人格平等、相互依存的教育主体。师者，传道受（授）业解惑也，教师因为学生而成为教师，教师是在对学生的教书育人过程中完成对自我身份确认，实现自身价值。教师应当重视学生，重视"人"，心中装着"我的学生"，而不是只关注其自身专业价值。教师与学生的关系是"我—你"关系，而不是"我—他"关系；师生关系是"共同体"，"共同体"就是一个温暖的家。教师与学生是为着共同的目的——探究高深学问——而走到一起，寻求的是对生命的自我肯定和自我超越，和人类命运的终极关怀。当前，一些教师只关注自身专业价值和专业发展，而不关心学生成长，这实际上并没有完成作为教师的价值。大学教师对于学生的认同的结果，是彼此产生情感归属，共同成长，共同成就。这既是教育的基础，也是教育的意义。

### 3. 我的教研

大学教师教育活动主要有两点：一是教学，二是科研。这既是明确大学教师作为职业教师和知识分子的学术身份的两大方面，也是大学教师身份合法性的基础。因而大学教师首先是立足于专业的教学活动，认真教书育人。同时它与中小学教学活动有所不同，他是传递高深知识，需要进行科学研究，并以严谨的学术态度、深厚的人文情怀，带领具有一定知识基础的大学生进行探究性学习。大学教师的身份确认，是在教学活动和科研活动主、也包括其衍生的社会服务活动中完成的。当大学教师将教育情怀倾注于教学、科研和社会服务时，获得的是对自身学术价值和社会价值的双重肯定。

## （三）大学生：我的大学·我的老师·我的成长

### 1. 我的大学

大学生往往将其所读大学称为"母校"，这是一种含有亲切情感的用语。大学生学习和生活的重要场所，是他们走向社会职业的"入境港口"，是他们人生梦想启航的地方。大学是一个人人生观、世界观、价值观形成的重要时期。大学文化建设要以精神引领人，以文化浸润人，以感情温暖人。当一所大学的精神理念、校园文化等被身在其中的大学生认同时，学生会表现出对母校产生浓浓的亲切感、归属感、自豪感、责任感等，愿意自觉受其影响，完成提升自我素养的成长过程。大学生也将大学视为"我的大学"，成为影响一生的文化烙印。因而，大学往往成为许多人一生中最美的时光。例如，清华大学教授何兆武先生在其口述史《上学记》中说："现在回想起来，我觉得最值得怀念的就是在西南联大做学生的那七年了，那是我一生中最惬意的一段时光。"

2. 我的老师

中国文化尊师重道，乃至有"天地君亲师"之说。这从另一方面也表明，学生对教师的情感认同，愿意追随老师，追求知识。教育的主体是人，教育在人与人的交往中展开，在一定的师生关系中展开，交往中亲近，互动中发展，对话中共进。大学教师与大学生都是独立的主体，相互认同，相互欣赏，真诚交往，亦师亦友，共同形成良好的学术关系和人际关系。教师是教育的重要载体，"教师就是课程"，"亲其师，信其道"，在一个人的成长过程中，教师是学生学习知识的引路人、智慧的启迪者、人生的导航者。在某种程度上说，学生认同老师，眼里有"我的老师"，就是认同大学文化，其本身就是良好大学文化的表现。大学文化建设要重视师资队伍建设。

3. 我的成长

大学教育的意义是促进大学生的成长。经历大学，改变一个人的生活和命运，扩大择业范围，增加对世界的认识，为终身学习打下基础等。德国哲学家雅斯贝尔斯曾说，学生在大学里不仅要学习知识，而且要学习研究事物的态度，培养影响其一生的科学思维方式。当大学生认同"我的大学"，感受到大学带给他成长的喜悦，他的生命价值就得到了尊重与肯定，他就会获得幸福感。因而，大学应关照学生心智、情感、能力等全面发展，唤醒学生追寻生命价值，指引其受益终生的人生意义。当一个人离开大学时，他将对他的大学更有感情，他将更有创造性，在追求个人幸福和人生意义的同时，积极承担社会责任。这样，大学的教育意义得以实现。

# 论传统文化理念在大学生健全人格培育中的融入

周浩江[*]

**摘　要**：高等教育承载着培养大学生专业知识技能和健全人格的双重使命，在当前经济全球化和我国社会转型的时期，大学生健全人格培育工作具有极其重要的意义；我国传统文化中有着智慧而丰富的健全人格培育理念，值得高校教育工作者在人格培育工作实践中参考和借鉴；当今社会发展的时代背景，彰显了将传统文化理念融入大学生健全人格培育中的必要性，探索传统文化理念在大学生健全人格培育中的多元实践机制，必将促进高校大学生健全人格培育目标的实现。

**关键词**：传统文化理念；大学生；健全人格；实践机制

---

[*] 深圳大学团委。

# 一　大学生健全人格培育的重要性

## （一）人格的含义

"人格"一词的内涵颇为丰富，学术上的定义不下几十种。仅从文义来看，人格是指人之所以为人的必备的资格。由于人是具有社会属性的生命体，因此学者对人格的定义，往往赋予其明显的社会属性。正如有学者指出：人格可以视作人的社会自我，是指人的性格、气质、道德品质、潜在能力、尊严等方面的总和，反映了一个人在心性、才情、人品等方面的综合指数。[①] 这一定义相对准确地揭示了人格的内涵和外延。

具有健全人格的人总是显现出超然的魅力，因为他们身上流露着一种平衡之美，这种平衡，包含了身心的平衡，家庭关系的平衡，社会人际关系的平衡。包含了物质与精神的平衡，严肃与活泼的平衡，自尊与谦下的平衡，竞争与不争的平衡，自我与无我的平衡。具有健全人格的人，在适应环境、人际相处、胜任工作、开创事业等方面，都会展现出超常的能力。

简而言之，人格虽然源于每一个人的内在品质，但是始终体现在人际相处之中，每一个致力于修养、提升自己的人均须对此加以重视和研究。

## （二）大学生健全人格培育的重要性

大学生正处在培育人格、完善人格最为重要的阶段，这是由大学生群体的年龄特点和生理、心理发展规律所决定的。一方

---

① 张晔、秦华伟：《人格理论与塑造》，国防工业出版社2006年版，第13页。

面，大学生刚刚脱离中学的封闭式学习方式，脱离了高考的压力，进入了相对自由和开放的大学学习环境，这对大学生人格品质的培育而言也是很好的契机；另一方面，大学生还处在身体发育、心理成熟、视野逐渐开阔的阶段，对社会与人生的一些重大问题乃至对自我尚缺乏系统和全面的认知，因而容易导致人格发展的异常。

媒体报道中时有大学生人格发展异常的事例，从某知名高校的铊中毒事件到大学生硫酸伤熊事件、云南大学的大学生马加爵故意杀人案、西安音乐学院的大学生药家鑫交通肇事并八刀捅死被害人案、复旦大学学生林森浩毒杀同学黄洋案，尤其令人震惊的是，2008年中国政法大学四年级法学高才生付某持刀在教室杀害教师程春明，2014年北京大学法学院前学生会主席毕业后疯狂盗窃被媒体广泛报道，这一系列恶性刑事案件和匪夷所思的民事案件都在告诉我们，高等教育不但要传授给大学生相应的知识和方法，更重要的是培育他们健全的人格品质。

## 二 传统文化中的人格教育理念

### （一）中华孝道文化的底蕴

在中华民族的传统文化和道德中，孝亲观念被放到了最为根本的位置。正如《孝经》中所言："夫孝，德之本也，教之所由生也。"在中国文化中，一切教育理念的衍生，都是以孝亲这一道德基础开始的，无论是个人的成长和立足、婚姻家庭的产生与维系还是国家和社会的治理，均以孝道为根本。所谓"始于事亲，中于事君，终于立身"。孝被认为是任何人都应该做到的，是"天之经也，地之义也，民之行也"。传统道德之所以把孝亲的观念看得如此重要，是因为它体现了作为道德动物的人最起码的本分和真诚。一切团体人际关系的和谐皆源于相互之间的真诚，假如一个人对生养自己的父母都不能做到孝敬和真诚，如何期待他（她）能够真正去爱和尊重其他的人呢？所谓"不爱其亲而爱他人者，谓之悖德；不敬其亲而敬他人者，谓之悖礼"。由此观之，中华民族传统孝文化，有着其天然的伦理意义和当然的逻辑进路。

当今时代物质与科技发达，家庭与社会的形态均已远非古时之情形，但孝文化的精神是永恒不变的，因为父子亲情是人性中永恒的元素。因此，当代大学生应该继承和发扬中华孝道的精神，从孝道的高度去看待和处理亲情关系、家庭关系和社会关系。如此对于大学生人格修养的成熟和进步，将产生不可估量的提升作用。

## （二）仁爱、包容和谦下的品质

传统道德非常强调仁爱、宽厚和谦下的人格品质，厚德载物是中华文化的永恒特质。在儒家文化中，仁爱的思想得到了充分的阐释。仁者，爱人，只有具备真正仁爱的厚德，才能承载万物，才能做到在家庭、学校和社会中敢于担当责任。道家文化同样重视厚德，老子提出"人法地，地法天，天法道，道法自然"。强调为人首先要效法大地承载万物、包容万物的坤德，最终才能达至道法自然的境界。由此可知，在高等教育中对大学生进行厚德和包容精神的教育是非常必要的。

儒家文化强调以礼待人、以谦待人，注重培养青年文质彬彬的气质。《易经》中谦卦的卦辞说："谦，亨，君子有终。"意思是说，谦下而尊敬他人的君子，必将会通达而有好的结果。《象》

曰:"劳谦君子,万民服也。"就是告诉我们,有功劳有能力但谦下的君子,人们都会敬服他。道家文化同样强调以下为上,谦卑处世。老子在《道德经》中指出:"强大处下,柔弱处上。"又言:"江海所以能为百谷王者,以其善下之,故能为百谷王。"由此告知世人,海纳百川的胸襟气魄是因为懂得谦下而造就的。在国际关系方面,老子更是提出"大国以下小国,则取小国;小国以下大国,则取大国"的谦让和谐之道。可见,谦下人格品质的教育是传统文化中始终绽放光芒的亮点,当今高等教育在大学生健全人格培育工作中绝不可以忽视大学生厚德和谦卑精神的培养。

### (三) 自强与不争的圆融

中国传统文化时刻强调自强精神,"天行健,君子以自强不息"已经成为众所周知的格言。自强精神对于大学生适应当前社会的激烈竞争是非常重要的,在经济全球化的过程中,无论个人还是国家,只有自身足够强大才能游刃有余地"与狼共舞",大学生同样需要效法天道运行的精神,自强不息。

值得注意的是,在中国传统的道德和智慧中,自强不息并非为了自己的利益去和他人进行争夺。恰恰相反,传统道德在教人自强的同时谆谆告诫学人要做到礼让和不争。老子说:"天之道,利而不害;圣人之道,为而不争。"所谓为而不争,就是积极努力地付出但不为私利而争斗。老子在《道德经》中常以水为喻,阐释这种不争的人格品质,如:"上善若水,水善利万物而不争,处众人之所恶,故几于道。"

现代社会离不开竞争,现代大学教育也特别强调竞争观念的培养,但如果仅仅为自身利益而争,将会迷失在竞争中,甚至陷人不能自拔、不堪重负之中，因为竞争者失去了内心的超然与淡泊。传统道德一方面教导为人应自强不息，一方面开示为人应礼让不争。这种看似矛盾的言辞，其实是最高明的人格培育智慧，它强调在事相上人应该自强奋斗，但在内心的修养上要懂得谦让。这种将竞争与不争圆融结合的人际相处智慧，从古至今延续在中国人的文化和血液中。在当前激烈竞争的社会，更是需要将其在大学生中传播下去，培养大学生自立自强而又淡泊明志的魅力人格。

## （四）张扬自我与超越自我的结合

大学生成长、成才的过程，正是一个彰显自我、独立自我、开发自我的过程。因此现代大学教育中特别注重培养大学生独立思考、独立创新、张扬自我、勇于开拓等人格品质。传统文化也认为，一个人的成长成才，需要长期不懈地建构和经营自我。《大学》中揭示了从格物、致知、修身、齐家到治国、平天下的自我成长和修养路线，强调一个人要成才，首先需要认清自己在家庭、社会中担当的角色，坚持尽好本分，这样才能担当更大的责任和使命。

然而，传统道德在重视塑造自我的同时，又重视超越自我的人格教育。如《论语》中指出："毋必、毋臆、毋固、毋我"，告诫人既要坚持自我的立场，又要注意不能固执自我或将自我见解、立场绝对化，以免陷入自我而失去智慧。在与人交往的过程中，儒家文化重视："行有不得，反求诸己"的反省自我的精神，强调"吾日三省吾身"。经由这种反省精神而提升自我和超越自我，从而处理好外在的人事关系。道家文化明了"知人者智，自知者明"，在反省自我、认识自我的基础上，揭示出"吾之所以有患，为吾有身，及吾无身，吾有何患"的道理，强调人不要执着自己的身体和本位，进而提出"后其身而身先，外其身而身存"的忘我智慧。

这种忘身、忘我的智慧，在佛家文化中体现得更为直接和深刻，佛教典籍《金刚般若波罗蜜经》开示了："无我相、无人相、无众生相、无寿者相"的实相道理，揭示了万物本无自性，身乃假我的缘起性空学说。指出："如来说有我者、即非有我，而凡夫之人，以为有我。"这种某者，即非某，是名某的思维和智慧，有助于破解和超越一切形式的假象，有助于超越物质贪欲而实现更为高尚和智慧的人格境界。

总而言之，传统文化中有关健全人格培养的论述，体现了建构和解构的完美统一，在塑造良性人格特质的同时又在更高的层面揭示出该人格特质可能产生的弊端及超越方法。这种经由内省精神而获得的超然智慧，正是今天高等教育中大学生人格培育工作最为需要的元素。只有兼具自我个性和自我超越人格品质的大学生，才可能成为适应社会、提升社会的精英群体。

### （五）修身与济世的追求

传统文化理念中人格修养追求丝毫没有停滞在个人层面，而是将个人人格修养和利国利民的集体事业紧密结合在一起，修身、齐家、治国、平天下的理想已经融入了一代又一代文化传承者的人格之中。当今社会虽然物质丰盛但道德急剧滑坡，不良社会风气严重，自私自利之风盛行。在这种背景下，当代大学生应该倍加重视追求伟大理想和抱负，在修身养性的过程中参与"中国梦"的进程，在参与"中国梦"伟大事业的过程中实现自我。将平凡的自我投身伟大事业的熔炉，才能锻造和成就大学生超然的人格品质。正如古人所言："天将降大任于斯人也，必先苦其心志，劳其筋骨，饿其体肤，空乏其身，行拂乱其所为，所以动心忍性，曾益其所不能。"

大学生优秀人格品质的养成不是一帆风顺的，在当前高校大学生人格教育工作中，教育者必须善于利用常规教育资源、机会教育条件和新媒体资讯等多元手段，培育大学生"富贵不能淫，贫贱不能移，威武不能屈"的"大丈夫"人格，让大学生具备对顺境、逆境和各种诱惑的淡定心态，做到"不义而富且贵，于我如浮云"①，只有在人格培育中长养大学生的"浩然正气"，才能打造出新时代大写的人。

### （六）"天人合一"的人格修养境界

中国儒家文化倡导"天人合一"的生存和发展理念，季羡林先生曾将"天人合一"解释为人与自然的和谐，他指出，天为自然，天人合一即是人与自然生态的和谐。这种理解对当今时代社会经济的发展模式和大学生人格修养的模型都有着深刻的启发意义。当今时代，经济、科技飞速发展，但自然生态遭到严重污染和破坏，由此不断衍生出物种灭绝和自然灾害事件。人类社会的文明进步，必然要超越污染和破坏生态环境的粗放型经济发展模式。而超越粗放型经济发展模式，首先需要社会大众具有符合生态和谐导向的人格修养和观念。传统文化特别强调人与自然的和谐，除了儒家提出的"天人合一"的理念之外，在道家文化中，老子提出"道法自然""善利万物""和光同尘"的思想，庄子提出"天地与我并生，而万物与我为一"的观念。中华佛教文化

---

① 杨伯峻译注：《论语译注》，中华书局1980年版，第71页。

中则展现出人与环境"依正不二""随其心净则国土净"的修养境界。传统文化中这些弥足珍贵的思想都强调人与自然、人与万物的和谐一体,强调个体应该在尊重环境和整体。

此外,古来圣贤都特别倡导慈悲、节俭,这些理念非常有助于在节约资源、保护生态和善待作为非人类生命的动物等方面的宣传和保护工作,孔子说:"君子食无求饱,居无求安。"① 老子说:"吾有三宝,持而保之,一曰慈,二曰俭,三曰不敢为天下先。"结合传统文化中这些强调尊重自然、尊重生命、节俭朴素的理念培养大学生生态化人格品质,将是高等教育大学生人格培育中非常必要的工作。

## 三 传统文化理念的实践机制

### (一)融入传统文化理念培育大学生人格品质的必要性

综上所述,有着数千年传承的传统文化和道德,充盈着培养健全人格的真知灼见,堪为现代高等教育中大学生人格培育工作者借鉴。当前,国家非常重视优秀传统文化的弘扬,支持孔子学院等传统文化和道德载体的建设,甚至提出文化安全的概念,强调对本民族传统文化的保护和宣传工作的重要性,中华民族传统文化具足了新的复兴的契机。

有关学者多撰文探讨传统文化教育在小学、中学教育阶段的落实,如何借助传统文化中的积极元素培育大学生的优秀人格品质,也应成为高校思想政治工作者研究的重要课题。有关学者已经系统论述了将文化作为大学生思想政治教育的载体,指出思想

---

① 袁祖社编:《四书五经:全注全译》,线装书局2002年版,第40页。

政治教育的文化载体即"以文化为思想政治教育载体之意，是指思想政治教育者充分利用各种文化产品并将思想政治教育的内容寓于文化建设之中，借此对人们进行教育，以达到提高人们的思想道德素质的目的"。[①] 传统文化理念对于当前大学生人格品质的培育，有着毋庸置疑的必要性，这主要是由新时代大学生群体成长的经济和文化大背景决定的，略述如下。

1. 中华优秀传统文化复兴的新时代契机

中华文明有着至少 5000 年的传承，但到了近代，内忧外患导致传统文化和传统道德一度遭到批判和抛弃。世易时移，今日的中国政治稳定，经济开放，中华优秀传统文化的复兴正当其时！

2012 年党的十八大召开以来，弘扬中华优秀传统文化已经成为实现中国梦的一个重要环节。2014 年 3 月 26 日，教育部印发了《完善中华优秀传统文化教育指导纲要》（简称《纲要》）。《纲要》明确要求把中华优秀传统文化教育纳入国民教育体系，强调"加强中华优秀传统文化教育的重要性和紧迫性"，要求在学校教育中从小学、初中、高中到大学"分学段有序推进中华优秀传统文化教育"，并具体设置了每一学段传统文化教育的重点。其中对高等教育院校的要求是"提高学生对中华优秀传统文化的自主学习和探究能力为重点，培养学生的文化创新意识，增强学生传承弘扬中华优秀传统文化的责任感和使命感"。

值得注意的是，《纲要》对高校校园文化教育提出了明确而具体的指引："加强中华优秀传统文化校园教育活动。利用学校博物馆、校史馆、图书馆、档案馆等，结合校史、院史、学科史

---

① 陈万柏、张耀灿：《思想政治教育学原理》，高等教育出版社 2007 年版，第 251 页。

和人物史的挖掘、整理和研究，发挥其独特的文化育人作用。深入开展创建中华优秀传统文化艺术传承学校活动，邀请传统文化名家、非物质文化遗产传承人等进校园、进课堂。"

2017年1月25日，中共中央办公厅、国务院办公厅印发了《关于实施中华优秀传统文化传承发展工程的意见》（以下简称《意见》），要求"深入阐发文化精髓"，把中华优秀传统文化教育"贯穿国民教育始终"，要求"围绕立德树人根本任务，遵循学生认知规律和教育教学规律，按照一体化、分学段、有序推进的原则，把中华优秀传统文化全方位融入思想道德教育、文化知识教育、艺术体育教育、社会实践教育各环节，贯穿启蒙教育、基础教育、职业教育、高等教育、继续教育各领域。"尤其值得注意的是，《意见》明确要求"丰富拓展校园文化，推进戏曲、书法、高雅艺术、传统体育等进校园，实施中华经典诵读工程，开设中华文化公开课，抓好传统文化教育成果展示活动"。

2017年10月18日，党的十九大报告中进一步强调了"坚定文化自信"，指出"文化是一个国家、一个民族的灵魂"，提出"人类命运共同体"的概念和"人与自然是生命共同体"的命题，强调一方面要致力于人类社会自身的和谐发展，另一方面必须"尊重自然、顺应自然、保护自然"，两个"共同体"的提法，正是传统文化典籍《孟子》中所讲的"亲亲而仁民，仁民而爱物"的思想境界在新时代的张扬，中华优秀传统文化全面复兴的时代已经来临！

高等教育肩负着培养新时代高素质人才的使命，在国家大力弘扬中华优秀传统文化的背景下，积极主动地将传统文化理念和知识融入大学生培养中，已经成为新时代对高等教育的必然要求。深圳大学于2017年印发《深圳大学文化创新发展纲要》，要求"突出文化传承","深入开展传统文化的研究,发挥国学研究所、饶宗颐文化研究院和美学与文艺批评研究院研究力量,深入开展优秀中华文化典籍的整理、研究和出版;加强中华文化基因的校园传承,办好国学精英班、人文论坛、《荔园学志》;建立富有深大特色的传统节日文化,在春节、元宵、清明、端午、中秋、重阳等传统节日开展中华诗词、音乐舞蹈、书法绘画等宣传展览、比赛演出等活动。"

2. 经济全球化和我国社会进一步发展的要求

当前在校大学本科生基本上都出生在 20 世纪末 90 年代中期,成长在经济全球化和中国经济突飞猛进的发展时期。这一时期中国经济快速繁荣,市场逐渐得到充分开发,商品琳琅满目。人们不但解决了温饱,而且切实享受着现代经济带来的成果和便利。

在这一背景下成长的大学生,与所有年轻人一样有着鲜明的时代个性与蓬勃朝气,但也难免受到这一时期不良社会风气的影响,诸如:普遍的物质主义和拜金风气盛行;衣食无忧之后节俭观念的遗失;经济复兴而产生的自由主义思潮造成的传统道德体系的崩溃;社会个体政治使命感和社会责任感的流失;人际冷漠;沉迷网络和快餐文化;婚前同居和任意堕胎;追逐"网红"而淡漠信仰;等等。这一时期的大学生,在享受物质幸福的同时,也经历着思想阵痛。大学生群体中的人际交往障碍、抑郁症和其他心理疾病时有发生,而大学生自杀更是引起社会关注的现象。

当前时期的大学生尤其需要坚定的人格品质来承载经济社会的成果,并有效地抵御不良的社会风气。中国传统文化蕴含着久经考验的道德价值体系,在解决新时代社会转型时期的痼疾问题

论传统文化理念在大学生健全人格培育中的融入

上可以发挥重要的作用,不应为高校思想政治工作者所忽视。

3. 自媒体微信息和人工智能时代的来临

当今世界经济和科技发展一日千里,科技发展催生了微信息时代,信息的传播已经很快从传统媒介发展为微信息传播,信息的快速传播,导致了真正的信息爆炸时代的来临。微博、微信等信息手段让每一个人都成为信息源和信息传播者,知识和信息在普通民众之间批量而快速流动着。在这种信息爆炸的时代,高等教育也面临着全新的挑战。学生获取知识的途径日渐多元化,获取知识的速度和效率甚至要高于教育者。手把手传授知识的教育、教学模式受到冲击,传授知识远不如指点方法和提示有关知识的价值判断重要。

信息爆炸一方面令人获得极大的便利,但也容易令人眼花缭乱失去正确的判断。正如《道德经》中所言:五色令人目盲,五音令人耳聋,五味令人口爽,驰骋畋猎令人心发狂。面对五光十色的信息时代,教育者必须培育大学生保持自我本色,坚守道德和价值判断的人格品质,才能实现新时期高校大学生思想政治工作的根本目的。

近年来,人工智能(Artificial Intelligence,AI)科技突飞猛进,世界各国都极其重视这一科技领域的研究进展,纷纷制定人工智能教育的战略方案,以应对未来在高科技领域的竞争。而人工智能科技的发展,不仅对研发者有计算机技术水平的要求,更要求技术人员懂得心理学、哲学、科技伦理和生命伦理!没有生命伦理的保驾护航,科技极易将人类引向灾难的深渊,最近社会各界普遍关注和讨论的"基因编辑婴儿"事件也反映出科技伦理和生命伦理的重要性。而中华优秀传统文化天然具足觉悟生命、尊重生命、慈悲生命、解脱生命的文化气场,非常强调重视"道法自然",具有对生命"了生脱死"的终极关怀,是一个充盈着生命伦理的文化资源宝库。因此,自媒体和人工智能时代的高等教育必须重视融入中华优秀传统文化理念。

4. 家庭观念和家庭结构发生巨大变化

当代大学生多成长在独生子女家庭,比以往时代的年轻人承载了更多的家庭希望和负担。而当今社会开始凸显出比以往任何时代都严重的家庭纷争和高离婚率,据国家民政部门统计,仅2013年就有350万对夫妻离婚,比上一年度增长12.8%。近年来,影视明星、知名商人甚至政府官员婚外出轨的事件时常在各大媒体报道,小三、二奶甚至"约炮"这些词会已经成为网络媒体中的常见词语,很多人对忠贞情感和重视家庭的观念日渐淡漠,由此导致离婚率连续十多年来呈不断增长趋势。在北、上、广等大城市中,离婚率有的将近40%,照此趋势发展下去,可以预计,在未来的一段时期内,相当一部分大学生仍将是不同形式、不同程度地经历了家庭纷争、家庭暴力和父母离婚的大学生。来自家庭关系割裂的创伤不可避免地影响着新时期大学生健全人格的培育,新时期高校政治思想教育工作者,必须以极具预见性的工作策略,应对这种很快到来的社会问题。传统家道、家风的教育不仅是为了解决已然发生的问题,也是为了防止未来时期这个社会问题的进一步恶化。

## (二)传统文化理念在大学生人格培育工作中的实践机制

对于高校大学生思想政治教育工作者而言,传统文化理念的具体实践机制将是更为重要的一个问题,对此笔者粗略地提出如下的思考和建议。

1. 在专业课程中融入传统文化因素

大学专业课程的设置虽然数目众多，但均有融入传统文化理念的可行性方式。比如在婚姻家庭法学的课程中强调婚姻家庭中的孝悌之道，阐释正确的婚姻观；在伦理学的课程中强调传统伦理的重要性；在美学的课程中揭示"充实之谓美"的传统审美观，批判唯高富帅和白富美至上的低俗化、功利化审美观；在社会学的课程中强调传统道德对社会问题的救济功能；在经济学的课程中比较"消费刺激需求"和传统文化"量入为出"节俭型经济观念等，诸如此类在相关课程教学中体现传统文化理念，必然激发大学生对本民族文化的自豪感，使大学生的思想认识中充满正能量。

2. 在通识教育中设置专门课程

具备师资的学校，依据传统文化的主流典籍，可以在通识教育方面增加开设有关传统文化的课程，比如四书五经、道德经、孙子兵法、书法、中医常识、国画、国乐等，运用多元的传统文化要素，帮助大学生积淀传统文化底蕴并通达于心性，"见父自然知孝，见兄自然知弟，见孺子入井自然知恻隐"[1]，从而孕育大学生健全有爱的人格品质。

3. 在学生社团活动中彰显传统文化理念

大学生学生社团是高校中颇受欢迎的交际和学习平台，高校思想政治教育工作者，可以设计丰富多彩的大学生社团活动，将传统文化理念融入其中，寓教于乐，润物细无声，实现对大学生健全人格品质的培育。比如把学习传统文化和探望敬老院、捐助灾区和病患等社团公益活动结合起来，在公益活动中实践中华民

---

[1] 《王阳明全集》（第一册），中国书店2015年版，第35页。

族孝养老人、救助贫苦的传统道德；通过职业发展社团开拓学生的自强精神和创业能力等。

4. 开设大学生传统道德专题讲座

学术是大学的一个重要特征和使命，学术氛围能熏陶甚至激发大学生的内在的人格品质。高校思想政治教育工作者，应该重视高品位的传统文化专题讲座的开展，通过系列的、不同主题的传统文化学术讲座，将大学生领入高尚思想的殿堂和智慧人生的境界。经验表明，不少大学生一生命运的转折，往往是在平常的大学生活中聆听了一堂激发灵感的课，或是听了一场振聋发聩的讲座，因此不可忽视明师大家的传统文化讲座在培育大学生人格方面的重要作用。

5. 多元新信息技术手段的利用

如前所述，现今世界正进入微信息时代，当今大学生生活在以往任何一个时代都不具有的科技便利之中。高校思想政治教育工作者应该与时俱进，充分利用现代科技提供的信息交流平台，把握大学生的思想动态并提供及时和准确的教育服务，将传统文化理念的宣传遍及网络、QQ、微博、微信等各种渠道，让孝亲尊师、敬老爱幼、自强不息、厚德载物、谦下礼让、返照内省的传统道德和智慧，对大学生健全人格品质的熏陶发挥最大限度的影响，从而帮助大学生不断走向人格的完善和思想境界的提升。

# 结　语

西方历史上早期大学教育的精神和东方传统文化的理念在塑造青年的人格品质方面体现出相当程度的一致，柏拉图在《理想国》中主张既要培养青年在音乐、文学方面的气质又要重视青年体育方面的训练,将两种修养结合起来,以避免城邦的青年或者偏于孱弱或者偏于粗野。这种主张暗合了《论语》中揭示的"文胜质则史,质胜文则野,文质彬彬,然后君子"之理想人格模型诉求,以期达到"当损有余,补不足,至于成德,则不期然而然矣"①的人格培育效果!源自西方分科教育模式的我国高等教育实践正遭遇着传统道德和价值失落的危机,当此中华优秀传统文化复兴之际,中西方文化和教育理念必将实现历史性的交互作用,把我国优秀的传统文化理念落实到现代大学生的健全人格培育中去,既能从"文化自觉"的高度避免高等教育模式的"全盘他化"②,也将有助于培养适应我国经济、社会发展所需的真正新世纪高素质人才。

---

① (宋)朱熹:《四书章句集注》,中华书局2012年版,第89页。
② 费孝通:《论文化与文化自觉》,群言出版社2007年版,第190页。

# 以文化建设推动大学内涵式发展

娄卓男*

**摘　要**：党的十九大报告提出"加快一流大学和一流学科建设，实现高等教育内涵式发展"的新要求，提出"要全面贯彻党的教育方针，落实立德树人根本任务，发展素质教育，推进教育公平，培养德智体美全面发展的社会主义建设者和接班人"。高等教育在新时代承担着新使命。然而长期以来，中国高等教育存在竞技化、游戏化、功利化、碎片化、空壳化等不良倾向，教职队伍中也存在底线意识缺失、心智情怀弱化、人格心理缺陷、利己意识突出等不良现象，大学文化发展不充分、不平衡、同质化现象突出。高等教育在新时代面临新挑战。

**关键词**：文化建设；高等教育；内涵式发展

面对新形势、新使命和新挑战，深圳大学以高度的文化自

---

\* 深圳大学宣传部。

信，探索解决问题的"深大方案"。学校紧紧围绕立德树人根本任务，制定出台《深圳大学文化创新发展纲要》（以下简称《纲要》），响亮地提出"建设有灵魂的大学"。《纲要》坚持文化引领，强化创新驱动，实现内涵发展，重点推进大学精神、立德树人、师德师风、学术文化、人文社科、艺术体育、校友文化、环境平台、文化传播、政治文化等"十大文化工程"，取得显著成效，在社会上引起广泛积极正面的反响。2017年11月17日，深圳大学喜获第一届"全国文明校园"称号。

## 一 集约化落实，坚守立德树人教育初心

习近平总书记在全国思想政治工作会议上强调："高校立身之本在于立德树人，要坚持不懈培育和弘扬社会主义核心价值观，引导广大师生做社会主义核心价值观的坚定信仰者、积极传播者、模范践行者。要坚持不懈培育优良校风和学风，更加注重以文化人以文育人。"深圳大学党委书记刘洪一教授在接受《光明日报》记者采访时指出："一方面，当前我国高校的一些问题，从根本上讲都是大学文化出了问题，可以从文化的角度进行解释和解决；另一方面，中央对高校各个方面的新要求，都直接或间接地涉及大学的政治文化、精神文化、制度文化、治理文化、学术文化、环境文化等，其贯彻实施都可以从文化创新发展的角度切入和统领。"

经过为期一年的深入调研、认真起草和专家论证，《深圳大学文化创新发展纲要》于2017年9月出台。《纲要》以习近平新时代中国特色社会主义思想为指导，高度契合十九大精神中高等教育内涵式发展战略、文化自信与文化强国战略，把握《关于加

强和改进新形势下高校思想政治工作的意见》《关于实施中华优秀传统文化传承发展工程的意见》《国家"十三五"时期文化发展改革规划纲要》等重要文件精神内涵实质,集约式贯彻落实党和国家关于高等教育内涵式发展、管党治党、立德树人、文化传承创新等重大决策部署。《纲要》通过推动建设"十大文化工程",将大学文化作为内涵式发展的切入点、核心内容和重要抓手,把"立德树人"这条主线,融会贯通于思想道德教育、大学精神培育、文化知识教育、学术科研发展、社会实践活动等各个育人环节,贯穿学校人才培养、高水平大学建设、科学研究、学校治理、社会服务、国际交流等各领域工作,落实到学校教育管理各个环节、各个岗位,真正做到以文化人、以德育人,坚守"立德树人"教育初心,在中国特色社会主义大学建设发展中扛起特区大学新担当。

## 二 融通式设计,全面构建大学"顶层"文化

习近平总书记在十九大报告中提出,"以马克思主义为指导,坚守中华文化立场,立足当代中国现实,结合当今时代条件,发展面向现代化、面向世界、面向未来的,民族的科学的大众的社会主义文化,推动社会主义精神文明和物质文明协调发展"。按照中国特色社会主义文化建设的总体要求,结合深圳大学发展实际,《纲要》融通设计"十大文化工程"。

弘扬精神文化,增强文化自觉:大学精神工程凝练大学精神,打造有灵魂的大学;师德师风工程坚守人才培养的中心地位,建设高素质专业化教师队伍;校友文化工程与校友携手共

进，打造校友永恒的精神家园。构建制度文化，强化文化担当：政治文化工程以先进的大学政治文化引领和保障中国特色社会主义特区大学建设。培育行为文化，促进文化创新：立德树人工程突出立德树人核心，培养德智体美劳全面发展的社会主义建设者和接班人；学术文化工程培育建设顶天立地育人的学术文化；人文社科工程建设引领深圳人文社科发展的研究高地；艺术体育工程为文艺体育发展建高峰、造乐园、育沃土；文化传播工程强化文化自觉与自信，担负起窗口大学神圣使命。拓展物质文化，提升文化品位：环境平台工程致力环境育人，建设中国最美最文明校园。

"十大文化工程"融通党建与思政、文化与社科，统筹师与生、教与研、文与理、精神与物质、科学理性与人文精神，协调目标与路径、措施与制度、全局发展与重点突破，调动部门与学院、主责与配合，通盘谋划，合力推进，规划了从"深大速度"到"深大质量"和"深大模式"演进的路线图。

## 三 战略化推进，整体部署合力共建

深圳大学将文化建设作为学校改革发展的重要战略，纳入高水平大学建设整体规划，写入学校第五次党代会报告。《纲要》立足学校人才培养目标和发展定位，紧扣学校发展的重大问题、核心问题和关键性问题进行重点设计、科学规划、统筹推进，推动学校核心竞争力提升、内涵式发展和可持续发展。

《纲要》提出导向鲜明的价值文化引领。《纲要》将"立德树人"作为核心使命，提出"三个全面提升"战略目标——全面提升深圳大学立德树人的水平质量，文化内涵，创新发展、内涵发展、可持续发展的能力；提出文化发展"四大愿景"：努力把深圳大学建成文化自信的排头兵，建成文化立校的典范，建成城市文化的风标，建成先进文化的策源地。

《纲要》形成科学明确的战略行动路线（战略—目标—项目—驱动）。任务分解细化：围绕"三个全面提升"战略目标，将"十大文化工程"分解为35项基本任务191项具体任务，落实到全校50家文化建设单位，任务清晰，责任明确。承建单位按照"突出文化内涵、可行性和操作性"的要求，根据责任分工进一步细化落实具体计划和方案，明确时间表、责任人和经费预算，形成校院联动、部门联动和师生联动的合力共建局面。全覆盖宣讲：为推动落实《文化纲要》，学校举办了一系列宣讲学习活动，范围覆盖全校各机关处室、学院、科研机构和教辅单位。通过宣讲，广大师生充分认识到学校在新的发展时期出台《文化纲要》重要意义，对《文化纲要》基本内容加深了解，起到凝聚共识、树立文化自信的作用，为扎实推进《文化纲要》工作打下良好基础。项目化推进：围绕文化建设战略目标和基本任务，设立文化创新建设项目，以项目化管理方式驱动达成任务目标。2018年首批立项50项，资助金额915万元（加上后期追加经费资助金额为1229万元）；2019年立项54项，资助金额925万元。项目管理以目标管理与过程管理相结合，分别于年中7月、年末12月开展项目建设评估，督促承建单位完成目标任务。综合驱动模式：通过全覆盖式宣讲、合理配置资源、签订责任书、强化绩效考核等措施，将文化建设的战略目标、任务和动力传导到各部门、各学院以及全校师生，凝聚共识，强化战略执行力。

## 四 机制性保障，实现大学文化建设虚功实做

完善管理机制。2017年10月26日，学校成立文化发展工作领导小组，校党委书记刘洪一、校长李清泉任组长；校党委副书记陶一桃、范志刚，副校长阮双琛、杜宏彪、黎军、徐晨、王晖、李永华任副组长；各职能单位、学院主要负责人任领导工作小组成员。领导小组办公室设在宣传部，组织协调和督促落实各项工作。文化发展工作领导小组统领、规划和指导全校大学文化建设工作，为全校大学文化建设工作的深入推进提供组织保障。学校选聘校内外专家组成专家指导委员会，参与文化建设项目的规划设计，对文化建设项目的实施提供业务指导和咨询，对项目执行情况进行评估、检查、监督和指导。

健全实施机制。建立和完善学校党委统一领导，党政工团齐抓共建、相关部门协同配合、师生员工广泛参与的大学文化建设工作体系。各学院和各部门根据责任分工细化落实具体计划和方案，形成校院联动、部门联动和师生联动的合力共建局面。建设宣传联络员队伍，畅通工作沟通交流、信息汇集渠道。

强化保障机制。设立"深圳大学文化发展基金"，从政府申请、校友捐赠、社会募集、学校预算等多渠道募集资金，保证文化工程建设的经费投入。坚持全面推进和重点突破相结合，采用项目制运作方式，加大经费投入重点培育建设一批高水平文化建设项目，打造学校文化品牌。各学院各部门将文化创新发展工作纳入整体工作安排，在经费、人员和政

策方面给予充分保障。

加强激励机制。建立文化创新发展工作评估制度，于7月、12月开展阶段性成果评估，以评促建。对在文化建设中表现突出的个人、单位或项目进行表彰，给予物质和精神奖励。加强对各单位文化创新发展工作的绩效评估，评估结果与各单位年终绩效、资源配置和领导班子任职考核挂钩，强化责任意识和执行力，真正将各项文化创新发展工程落到实处。

## 五　内涵式发展，文化建设取得丰硕成果

《深圳大学文化创新发展纲要》出台以来，全校各部门、各学院凝心聚力，紧抓落实，协同推进，全面提升大学文化内涵，取得了丰硕成果，在社会上引起广泛积极正面的反响。

文化重头戏接连上演。2017年11月17日，深圳大学喜获第一届"全国文明校园"称号，全国共有39所高校入选。同日，深圳大学校旗隆重发布，成为学校标志性文化符号之一。刘宇一艺术院、故宫研究所相继落地，深大再添高端学术文化平台。深大携手深圳交响乐团建设深大爱乐乐团，让高雅艺术融入校园文化。深大先后与商务印书馆、国研智库等文化机构建立战略合作关系，在文化、教育、学术研究、智库建设等多领域展开深入合作。《两界书》系列著作发布，文化创新与人类命运共同体——首届深圳大学"饶宗颐文化论坛"成功举行，中国科幻大会走进深大，王蒙先生莅临"深大讲坛"畅谈"文化传统与文化建设"，一系列重磅文化活动纷至沓来，极大地丰富了深大师生的文化生活。

深大精神不断凝聚。深圳大学与深圳特区一同成长,在35年的砥砺奋进中,"脚踏实地、自强不息"的办学理念,"自立 自律 自强"的校训精神深入人心,形成了深大人独特的精神旨归。学校发布校旗、校色、校园吉祥物,征集创作校歌,彰显深大育人理念和办学特色。档案馆、各学院回溯校院发展历史,梳理深大精神发展脉络,积淀深大文化底蕴。宣传部和校团委围绕"深大精神"主题开展了12场主题辩论赛,传播、经济、管理等11个学院、上千名师生参与,丰富了深大精神的时代内涵。举行以"三自"精神为主题的升旗仪式13次,累计参加人数超过1500人。毕业典礼、开学典礼、校园开放日等重要活动彰显深大特色,传承深大精神。校园融媒体宣传矩阵讲好深大故事,传播深大声音,成为传播深大文化的重要窗口。深大被誉为"全国最美校园",环境幽雅,花木扶疏。宿舍楼以"斋""轩""阁"为名,渗透人文精神。图书馆、档案馆、校史馆、校训影壁、文化走廊、院史墙、校友墙、文化美陈,荔园一草一木、一树一石都在述说深大精神。

立德树人成效显著。深圳大学始终坚持社会主义办学方向,全面贯彻党的教育方针,围绕立德树人根本要求,加强思想政治教育,在中国特色社会主义大学建设发展中扛起特区大学新担当。坚持社会主义核心价值引领,实施"荔园树人"工程、"青年马克思主义者"培养工程,开展"我的中国梦——立志修身博学报国"主题教育系列活动、"自立、自律、自强"主题升旗仪式、"荔园之星"评选活动、双休日及暑期社会实践,创建"志愿者之校",推进创新、创业、创意特色文化建设,增强学生社会责任感、创新精神和实践能力。强化思想理论教育,推进马克思主义学院建设和思想政治理论课教学改革,在全国首创高校思想政治理论课实验教学方法。牵头深圳14所高校成立深圳市高校思想政治教育工作研究中心，推动高校思想政治工作创新。优化学生思政工作队伍，完善激励导向机制，引导广大教师以德立身、以德立学、以德施教；加强辅导员队伍专业化、职业化建设；充分发挥基层党支部和党务工作者的育人作用，思政工作队伍能力水平全面提升。

校园文化活动精彩纷呈。从"深大讲坛""饶宗颐讲坛""图灵讲坛"到各学院名家名师讲堂，顶尖学者、前沿专家、行业翘楚云集荔园，学生在文化、学术的浸润中感悟、理解、思考，提升自身人文素质和科学精神。2018年度举办"深大讲坛"29场，"饶宗颐讲坛"13场，院部讲坛讲座近200场。中国乒超联赛、文博会分会场、艺术节、荔园人文月、国际文化节、社团嘉年华、院际辩论赛、舞蹈大赛、荔枝节等大型活动轮番登场；"品·读"文化沙龙、"享·见"实践活动、"创·想"学术交流等"西荔"系列文化活动为西丽新校区增添了灵动的人文色彩；广告节、记者节、法律文化节、建筑文化节等各学院独具专业特色的文化活动遍地开花；荔园讲坛、荔园沙龙、荔园剧场、荔园音乐、荔园展览、读书月等精品活动每年累计开展百余次。西丽设多处微书吧、纳米书吧，开展读书分享活动，让校园充满书香。校园文化活动百花齐放，各具特色，为学生成长和个性发展提供了广阔舞台。

深大文化影响日益扩大。2018年的校园开放日，吸引5000多名考生及家长冒着大雨涌入深圳大学，盛况空前。学校招生宣传片风靡网络，获得广泛赞誉，学校社会美誉度不断提高。学校发起组建地方高校UOOC联盟，成员高校达到120所，覆盖师生300万人。每年投入超1000万元支持学生创新创业，创新创业教育改革获国家肯定，被评为全国首批深化创新创业教育改革示范高校和深圳市首批双创基地。深大连续 11 年举办文博会分会场活动，2018 年推出 13 项精彩活动，并首次引进"体育文化产业创新展"，签约成交额高达一亿多元，社会反响巨大。学校成立饶宗颐文化研究院、刘宇一艺术院、党内法规研究中心、城市治理研究院等，打造人文社科研究学术高地。科学技术部依托深圳市科技创新资源共享平台，促进大型科学仪器高效利用，推进科学仪器设备、相关知识和人才等稀缺资源的联合、开放、共享，为区域经济发展和自主创新提供更有效的支撑。中国经济特区研究中心、港澳基本法研究中心等已成为国家和地方重要的智囊团和思想库，智库服务功能优势凸显。深大媒体形象不断提升，央视《百家讲坛》、《开讲啦》、朗读亭等节目先后走进深大校园，传播"深大好声音"；《人民日报》《光明日报》《中国教育报》等中央级媒体多次报道深大发展成果，讲述"深大好故事"，外部关注度不断提高。

从"校园文化"到"文化校园"，从"最美高校"到"最文明高校"，深圳大学坚持文化引领、创新驱动、内涵发展，体现出高度的文化自信和自觉，在中国特色社会主义大学建设发展显示出特区大学的新担当。

# 下篇

## 工作创新实践

# 完善质量党建"四化标准"全面提升基层党组织组织力

**摘　要**：深圳大学党委认真学习贯彻习近平新时代中国特色社会主义思想和党的十九大精神，落实全国教育大会精神和习近平总书记视察广东重要讲话精神，积极探索和完善质量党建"四化标准"体系，大力加强党建引领明晰化、党建工作条理化、组织建设规范化、队伍管理精细化，以坚持文化引领、强化党建工作、规范组织建设、精细人员管理为着力点，全面推进学校党建质量标准化建设，切实提升基层党组织的组织力。

**关键词**：基层党组织；"四化标准"；质量发展

2018年学校召开中国共产党深圳大学第五次代表大会，围绕立德树人根本任务，以建设有灵魂的大学、有担当的大学、有卓越贡献力的大学、有广泛美誉度的大学为使命，提出"建设新时代人民满意的高水平特区大学"的奋斗目标和"文化引领、创新驱动、内涵发展"的新发展理念，将习近平新时代中国特色社会主义思想、党的十九大精神、习近平总书记教育思想和对广东工作的重要讲话精神，通过完善质量党建"四化标准"体系，多策并举地实施组织力提升工程，有机地落实到管党治党、办学治校的各项工作当中。

# 一 明确"三个坚持"，促进党建引领明晰化

坚持文化引领。始终坚持社会主义办学方向，全面贯彻党的教育方针，出台《深圳大学文化创新发展纲要》，作为引领学校发展的纲领性文件。把建设先进政治文化作为办学治校的根本抓手，坚持党对教育的全面领导，探索有深大特色的文化发展路径，营造风清气正的校园生态。强化思想政治教育，牵头深圳14所高校成立深圳市高校思想政治教育工作研究中心，党委书记、校长为学生讲授"思政第一课"。实施"荔园树人"工程，积极探索社会主义核心价值观的教育践行路径。

坚持创新驱动。加强党对教育工作的全面领导，发挥党委领导核心作用，突出党建工作对其他工作的鲜明引领。坚持问题导向，依托党建述职评议和书记项目，强化责任意识，督促各级党组织把抓好党建工作作为办学治校的基本功。创新工作思路，探索智慧党建新平台新方式，突出示范带头作用，打造党建服务品牌。

坚持内涵发展。坚决贯彻党的十九大实现高等教育内涵式发展的总要求，牢牢把握立德树人的根本任务，以党建内涵式建设引领高校内涵式发展，立足新时代，转变发展方式，将党建工作嵌入高水平大学建设的全过程，将党和国家的各项政策、上级对学校的各项要求落到实处。

## 二 强调"四个明确",促进党建工作条理化

运用标准化理念,全面统筹,系统推进,重点谋划,不断明晰党建工作思路,落实高校党建工作重点任务。

明确工作要点。制定《深圳大学2018年党建工作要点》,从学校2018年党建工作总体要求着手,从政治建设、思想建设、组织建设、作风和纪律建设四个方面,共包含24项具体内容,统筹规划本年度学校党建工作。制定《深圳大学基层党组织标准化建设实施方案》,从理论学习、政治文化、制度机制、组织机构、班子队伍、党员教育、党建研究、检查督导、创先评优和阵地建设十个方面推动基层党建工作标准化建设。

明确学习重点。把学习贯彻习近平新时代中国特色社会主义思想和党的十九大精神、习近平总书记对广东历次指示批示精神和系列重要讲话精神、全国教育大会精神等作为基层党建工作的头等大事和首要政治任务,下发《关于基层党委(总支)会议第一议题学习习近平新时代中国特色社会主义思想的通知》,要求各基层党委(总支)每次召开会议时,都要安排学习习近平新时代中国特色社会主义思想,并列为第一议题,形成制度和习惯。把"两学一做"作为"三会一课"的基本内容,以"学"为先、以"做"为本,引领全校基层党组织和广大党员深入学、持续做、扎实改,持续推动"两学一做"学习教育常态化、制度化。

明确职责清单。制定完善党政领导班子议事规则、党委会议议事规则、校长办公会议议事规则、书记专题会议议事规则,细

化"三重一大"事项集体决策制度，进一步强化学校党委管党治党、办学治校的领导核心作用。修订《深圳大学学院（部）工作机制和议事规则（试行）》，规范学院（部）党组织会议和党政联席会议制度，完善基层党委议事决策规则。制定校院两级领导班子成员党建责任清单，强化党委书记履行党建工作第一责任人、其他班子成员"一岗双责"职责。

明确常态督导。每月召开基层党委（总支）书记例会，传达党的路线、方针、政策和上级党组织的决议、指示，贯彻落实学校各项决定；完善意识形态和政治安全工作；把握学校党建工作情况，贯彻落实党的统战工作方针、政策，落实党风廉政建设责任制等，加强研究部署基层党委的制度建设、组织建设、思想建设以及纪律建设。出台《中共深圳大学委员会 深圳大学领导挂点包片督导工作方案》，校领导班子成员挂点督导4—5个基层党委（总支），分阶段有重点推进年度基层党建工作重点任务落地落实。开展加强"党对教育工作的全面领导"专项调研，精准锁定问题、无缝提出对策，列明工作清单，夯实党建工作基础。

## 三 恪守"五个规范"，促进组织建设规范化

坚持大抓基层大抓支部的鲜明导向，以标准化引领基层组织建设规范化，推动学校基层党建全面进步、全面过硬。

规范组织生活。在推进"两学一做"学习教育常态化制度化工作中，坚持把思想教育作为首要任务，坚持"三会一课"、民主生活会、党员领导干部双重组织生活等制度，发布《关于落实"三会一课"制度严格党内组织生活的通知》，制作"三会一课"

流程图，印制《深圳大学党组织活动记录簿》（发至每个基层党组织）、《深圳大学"三会一课"记录本》（发至每名党员）和《发展党员工作流程图》（发至每个基层党组织），并按季度编制下发"三会一课"主题内容指引，严肃党内政治生活。

规范支部工作。根据《高校党建工作重点任务》提出的高校党委要结合学校实际制定师生党支部建设标准，制定了《深圳大学党支部工作指引》，从总体要求、组织设置、工作职责、主要工作内容、工作制度、保障机制等方面给出了党支部工作具体指引。继续贯彻落实中共深圳市委办公厅《关于大抓基层大抓支部强化城市基层党建的若干措施》，坚持抓在经常、严在平时，深化党委委员联系党支部工作，总结梳理党支部在组织生活、教育党员、团结群众、攻坚克难等方面的工作方法和经验，精准施治、集中整顿不合格党支部，保障基层党建工作经费向党支部倾斜。

规范党员发展。注意梯度培养，形成"入党申请人—入党积极分子—发展对象—预备党员—正式党员"的正金字塔式架构。严格执行发展党员程序，梳理工作流程，对发展党员的五个阶段二十五个步骤详细列出所需材料和相关工作要求，开展党员发展专题业务培训，指导基层党组织规范做好每个步骤。编制《中国共产党入党培养登记表》，规范加印编号《入党志愿书》的管理使用，实行发展党员月报及季报制度，对党员发展情况及时录入党务信息系统，确保发展党员工作全过程可溯查。

规范联系服务。制定出台《中共深圳大学委员会关于进一步加强党委联系服务高层次人才工作的实施方案》和《中共深圳大学委员会关于进一步加大高层次人才党员发展力度的实施方案》，建立党委联系服务高层次人才制度，组织开展红色教育，实现联系服务全覆盖，教育引导常态化，吸引高层次人才向党组织靠拢。

规范党员档案。统一党员档案整理标准，要求各级党组织严格党员档案管理，不定期抽查党员档案，推动党员档案规范管理工作。印发《2018年毕业生党员须知》及《关于做好2018级新生党员档案材料审核及党员组织关系接转工作的通知》，对近千份毕业生党员档案进行逐份逐项的细查严审，对接收的新生党员档案坚持逢进必审。

## 四 落实"两个加强"，促进队伍管理精细化

推进基层党建标准化建设，队伍建设是关键。学校坚持正确选人用人导向，贯彻全面从严治党、从严管理干部的要求，打造高素质干部队伍和专业化组织员队伍。

加强选人用人制度化。为进一步规范学校干部选拔任用及管理工作，落实2018年广东省"选人用人工作规范化行动年"工作要求，出台了九个关于干部选任及日常监督管理的配套文件，健全选人用人工作机制。在中层领导干部选拔任用方面，制定了《中层领导干部选拔任用办法（试行）》《特聘教授担任中层领导干部选拔任用及管理办法（试行）》和《防止干部"带病提拔"的实施办法》，规范干部选拔任用条件、流程、职级、监督与管理。在干部日常管理方面，制定了《中层干部因私出国（境）管理办法》《中层领导干部年度考核办法》《中层领导干部试用期考核办法》《关于考准考实干部政治表现的办法》《中层领导干部兼职管理暂行办法》以及《关于对领导干部进行提醒、函询

和诫勉的实施办法》，坚持抓小抓细抓日常，注重干部守纪意识的养成，推动从严管理、从严监督干部常态化。

加强组织员队伍专职化。为落实全国高校思想政治工作会议精神，加强学校基层党建工作力量，突出党建工作主责意识，面向全国公开招聘聘任制党建组织员 29 名。按师生人数 3000 人以内的配备 1 名、师生人数 3000 人以上的配备 2 名的比例，派驻到各学院（部）党委（总支），专职从事党务工作，与党务秘书形成工作合力，保障每个学院（部）配有 2—3 名党建工作人员。制定《深圳大学组织员岗位管理暂行办法》和《深圳大学党务干部队伍职务职级双线晋升暂行办法》，规范组织员选聘、工作职责、培训培养、职务职级及管理考评，构建党务干部职务职级"双线"晋升通道，充分调动党务工作队伍积极性、主动性和创造性。

深圳大学以完善质量党建"四化标准"为手段，坚持党要管党、从严治党，提升基层党组织的组织力，为推动学校质量发展和内涵式发展提供有力的组织保障。

# 纪律教育活动推动高校廉政文化建设

**摘　要**："廉者，政之本也，民之惠也。"廉既是从政之起始，也是从政之归宿，只有廉洁从政方可为民谋福利。大学生群体承载着国家未来建设的重要任务，这一群体对法律的认可及对廉政的态度，将在很大程度上决定着中国未来社会的治理状况。而对领导干部和教职工的廉政教育则是打造风清气正的高校政治生态和培养新时代大学生的重要举措。因此，高校廉政文化建设具有非常重要的意义。

**关键词**：廉政；文化建设；廉政教育

深圳大学开展纪律教育学习月活动是深入推进反腐倡廉建设的重要途径。一系列的违法违纪案件给我们的教育系统带来严重负面影响，必须引起大家的高度重视。我们要认识到反腐败斗争的长期性、复杂性、艰巨性，重视纪律教育工作，筑牢党员干部拒腐防变的思想防线。开展纪律教育学习月活动是建设"高水平、有特色、现代化一流大学"的重要保障。为此目标需扎实推进各项改革开展工作,这些工作都需要高效的执行力和严密的组织纪律作保障。通过纪律教育学习月活动,进一步严明组织纪律,真正做到有令必行、有禁必止,高效完成学校各项工作任务。此外,纪律教育学习活动月活动还是加强干部队伍建设的重要举措。通过开展纪律教育学习月活动,强化广大党员领导干部的责任意识、服务意识,进一步提高干部队伍的凝聚力和战斗力。

按照上级党组织和纪委的统一部署,按照学校党委、行政的统一安排,深圳大学在每年的10月上旬至11月上旬,组织开展年度专题纪律教育学习月系列活动。近年的纪律教育学习月,我校紧紧围绕"守纪律、讲规矩、作表率""学党章强党性、讲规矩守纪律"等的教育主题,并结合当前正在开展的"两学一做"专题活动,周密布置、精心组织,既认真地完成了上级的规定动作,也积极开展深圳大学的自选动作,使系列活动亮点纷呈、特色明显。深圳大学以纪律教育学习月系列活动为主要抓手,大力推动校园廉政文化建设,其主要做法如下。

## 一 统一思想、加强部署,将"学党章强党性"作为活动的一个重要支点

"学党章强党性"是近年的纪律教育主题之一,也是整个系列活动的重要支点。党章党规是每一名党员的思想之标、行为之舵,党性修养是每一名党员坚定信念、勇于担当的理想指引。我们以此为支点,认真部署纪律教育月的每一项活动。

近年来,深圳大学组织了领导干部观看了《沧海清风》《韩文公》等巡演廉政话剧,以史为鉴、加强对理想信仰的认

识；每年围绕主题制定了《关于深圳大学开展纪律教育学习月活动的意见》，对开展纪律教育月活动的学习内容、时间安排、教育对象、活动形式等均作出了具体部署，同时将党性宗旨教育、党规党纪教育、作风建设教育、廉洁修身和诚信教育作为活动的五大教育重点；深圳大学召开了面向全体中层干部的动员大会，在会上作部署、讲落实。校党委书记亲自做动员讲话，将活动的意义和内容作进一步阐述，也结合当前形势提出对廉政建设的工作希望。

同时，纪律教育月期间，学校召开大会传达学习贯彻党中央最新精神，学校将学习贯彻落实党中央最新精神作为当前和今后一个时期的重要政治任务，要求各级党组织和广大党员干部要结合学校实际工作，认真抓好贯彻落实。

## 二 紧扣主题、突出重点，将"规定动作"、"自选动作"作为活动的重要载体

纪律教育学习月是深圳大学每年都会组织开展的一项重要的常规性工作，已经形成了特有的做法和模式，有些做法和模式成为学校纪律教育学习月中保留项目。每年深圳大学都将按照上级的有关要求，将"规定动作"、"自选动作"落实到位。

1. 认真完成上级的规定动作

按照上级规定，学校提出组织开展"五个一"活动和"三个坚持"，即听一场专题讲座、开一次民主生活会、过一次组织生活、看一部教育片、写一篇心得；"三个坚持"，即坚持贯彻落实党的组织纪律、坚持加强作风建设、坚持以制度建设为抓手，确保教育活动取得实效。

学校为党员干部订购了《中国共产党问责条例》《"六大纪律"相关法规适用手册》《从政提醒》《作风建设法规读本》《党员干部违纪违法典型案例警示录》等教育学习资料，组织观看《蜕变的心》《村蝇之害》《派出所所长谭耀华》等教育警示片和发放了深圳市税务局系列腐败窝案、深圳市中级人民法院原院长黄常青案的警示教育片等，使纪律教育活动更具有针对性和有效性。各基层党委、总支也按照学校的统一部署，认真落实各项任务。

经核实与统计，在每年的纪律教育学习月系列活动期间，30多个基层党委、总支均已召开了班子民主生活会；除个别离退休党支部因时间原因外，90%以上的教工党支部已进行了专题学习；超过80%的教工党支部已经开展一次以廉洁教育为主题的组织生活。年度的纪律教育学习均能达到预期效果。

2. 积极开展深圳大学的自选动作

一是利用校园宣传阵地，有针对性地开展宣传工作。在《深圳大学报》上设立了纪律教育学习月专版，对纪律教育学习情况进行了全方面报道。多位专家学者结合教学实际、科研管理实际、财务工作实际和法律等角度谈认识、提建议，深入分析与讨论校园廉政问题。同时，诸多学子也纷纷踊跃投稿，结合廉政教育活动谈感言。

二是发挥动漫及广告设计专业优势，面向在校学生举办廉政动漫作品及公益广告设计大赛。廉政动漫与公益广告选取有典型意义的腐败案件，创作展示了贪官腐败"画像"系列作品，解析党风廉政建设党纪法规，使专业术语通俗化，使严肃法规形象化。

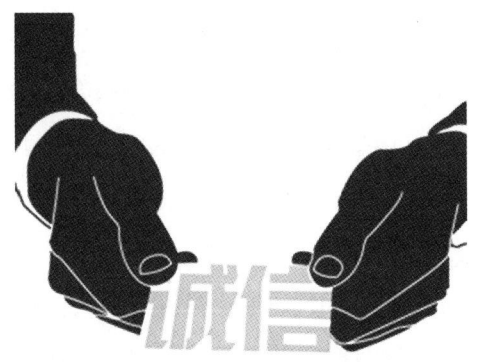

注意陡坡　　傍山险路

注意信号灯　　事故易发路段

纪律教育活动推动高校廉政文化建设

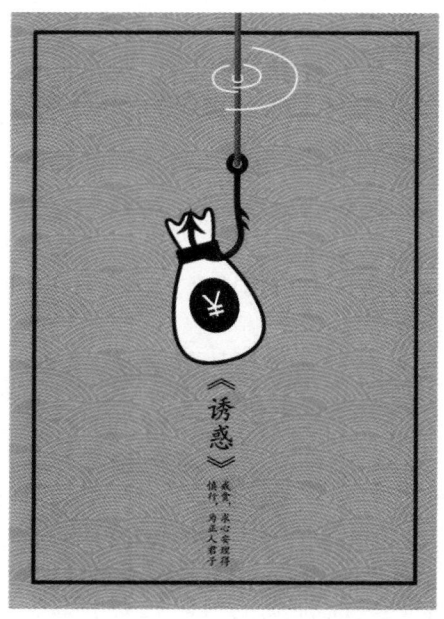

**深圳大学廉政动漫作品及公益广告设计大赛部分获奖作品**

三是组织开展廉政知识竞赛。为提高广大学生、特别是学生党员对党风廉政建设的认识。组织学院派出代表队参加廉政知识竞赛，这样紧张刺激的比赛既扩大了活动参与面，也用生动的方式宣传了廉政知识和理论。

四是各学院、各单位积极发挥主观能动性，利用新生入学教育、党员活动等，开展各类教育活动。例如，学生部在新生教育中加入了诚信教育内容，从学生入学伊始即培养其廉洁诚信意识，也有一些学院邀请专家学者作专题报告。通过开展各类丰富多彩的活动，学校营造了良好的廉洁校园文化氛围。

## 三 完善制度、注重实效，努力建立健全"讲规矩守纪律"的长效机制

教育是手段，关键在于建立反腐倡廉的长效机制，切实让每一名党员讲规矩守纪律。为把纪律教育的成果转化到具体工作中，校内各单位，特别是组织、人事、财务、科研、设备、基建、后勤、采购招标等权力集中、资金密集的部门结合自身工作特点，有针对性地开展了组织纪律、工作纪律、财经纪律和生活纪律等方面的专题教育活动。

一是加强科研经费管理。结合市纪委正在开展的"全市教育系统科研经费管理专项调研工作"，我校科研部门以及财务部门认真查找科研管理、经费管理中存在的问题和不足，及时向上级有关部门反映，通过调研发现问题、解决问题，以更加系统完善的制度、办法、细则、流程规范科研经费管理。

二是加强内部控制建设。此项工作由计划财务部牵头，学校涉及经费、设备、基建、审计等多个部门协作，按照省市有关内

## 纪律教育活动推动高校廉政文化建设

部控制的要求逐一落实、逐一细化，特别是在内部风险评估、相关审批权限、监督权限上加强管理，努力做到以制度规范管理、以监督防控风险。

三是加强信息化平台建设。以市纪委派驻组的信息化平台建设为契机，加强对学校关键部门、重点岗位的数据平台建设，梳理学校组织、人事、科研、财务、招投标等多个部门的项目数据，努力建设学校的廉政大数据，通过数据梳理倒逼制度完善，从而加强流程的规范性。

纪律教育学习月活动的开展，营造了良好的廉洁校园文化氛围和踏实努力的工作氛围，各个基层党委、总支能够按照学校的统一布置，扎实有效的完成各项任务，并达到了预期效果，这与各个单位的积极支持与认真参与密不可分。

与此同时，我们也要清楚地认识到工作中还存在一些不足，如一些单位存在的工作主动意识不够强、精神状态不佳、得过且过思想等问题，工作作风有待提高。在活动的组织上，各单位开展活动情况不太平衡，有的学院领导重视度高，活动内容及形式有所创新，也有个别单位由于日常工作繁忙，一些具体活动还完成的不够扎实；另外，各单位开展活动的形式和载体还不够丰富，创新能力还有待进一步提高等。这些方面都还需要我们在今后的工作中进一步改善与加强。

营造风清气正的校园氛围，是促进学校各项事业科学健康发展的重要条件，今后更要紧紧围绕学校中心工作，统一思想、锐意进取，为建设高水平、有特色、现代化一流大学提供有力的政治和纪律保障！

# 凝聚党心 服务师生
## ——深圳大学党群服务中心建设

**摘 要**：深圳大学党委学习贯彻党的十九大精神，高举习近平新时代中国特色社会主义思想伟大旗帜，以"两学一做"为抓手，坚持党的一切工作下沉到支部的鲜明导向，在学生事务服务中心的基础上，打造党群服务中心。中心办公面积500多平方米，设有党支部工作室、服务大厅、多功能会议室等。整合全校12个部门业务，为全校师生提供集党员和群众教育、服务、培训为一体的一站式服务，突出党组织在服务群众工作中的作用，从发挥政治引领作用、探索党建育人模式、拓宽沟通渠道等方面着手，打造高校基层党建特色平台。

**关键词**：党建育人；"两学一做"；政治引领

## 一 着力发挥基层党组织的政治引领作用

中心设立学生事务服务中心党支部、学生事务服务中心工作团支部，结合"三会一课"，有计划、有重点地开展理论学习、交流座谈和能力拓展方面的培训，教育引导师生用习近平新时代中国特色社会主义思想武装头脑，切实增强"四个意识"。

两周一次的例会同时也是支部会议，更是中心人对于"微改进，不停步"工作理念实践的互相分享时刻。每一位党员、每一位教师、每一位学生员工，从自己做起，从身边做起，鼓励每一个微小的工作改进。持续不断的"微改进"才能带来服务体验的大提升、学校管理水平的大提升，才能更好地实现服务群众的目标。

搭建党员发挥先锋模范作用的平台，党员师生主动亮出身份、作出服务承诺，在线下日均服务600人次的中心大厅工作中当先锋、做表率。中心在70大项100多小项业务中开展"党员示范岗"创建活动，激发了党员为师生办好事办实事的积极性和主动性。另外，中心大厅张贴了十九大精神要点，设立了"十九大学习专栏"，在中心大厅各处摆放有《习近平谈治国理政》、《习近平新时代中国特色社会主义思想三十讲》等各类党建学习资料，供中心师生党员、来访群众常学常用。

从2018年11月起，中心与深大社区工作站（深大社区党群服务中心）进行合作，引入更多服务校园师生的业务，如居住登记、退伍军人登记、志愿者招募、老人优待证办理、党员服务咨询等，将中心业务拓展到面向校园里的每一位师生及其家属，将"服务师生"的理念落实到日常的每一位办事师生、每一项事务办理、每一次咨询接待中。挂牌社区党群服务中心服务点，征集师生意见，引入更多服务业务，丰富服务体验。

2018年深圳大学学生事务服务中心党支部获全省教育系统基层党支部组织生活创新案例三等奖、广东省高校"三型"党支部称号（见图1）。

**图 1　2018 年"三型"党支部**

## 二　着力探索党建育人工作新模式

中心从发展党员的"源头"抓起,注重从大厅服务的百余名学生团队中发现优秀青年,在开展各类业务、技能、领导力培训的同时,积极引导他们向党组织靠拢。党群服务中心团支部在入党申请人服务师生的实践中考察其政治觉悟、思想品质和现实表现,推优确定入党积极分子,确保党员发展优中选优。截至 2018 年底,正在培养的入党积极分子有 15 人。在入党积极分子的培养、教育和考察阶段,建立党群服务中心党支部和学院基层党组织联合培养机制,党群服务中心的发展党员指标单列。今年向各院学生组织推优入党积极分子 3 人,2 人被确定为发展对象。中心通过强化青年学生对党的认识,把他们主动要求入党的政治热情转化为学习工作中的动力干劲,转化到中心服务工作中去,在实践中进一步端正入党动机,促进学生自身发展,提高发展党员的质量。

中心开展形式多样的教育培训活动,如企业参访,带领中心师生前往比亚迪、腾讯、菜鸟网络、大族激光等多家企业进行参观学习活动（见图2）；高校交流，组织学生党员团队前往广东外语外贸大学、香港中文大学（深圳）等高校进行学习交流活动，组织教师党员团队前往武汉大学、宁波大学、华中科技大学、华中师范大学等高校进行学习交流活动；社会实践，指导学生前往川渝、上海等地进行暑期社会实践项目，2017年、2018年分别获得深圳大学暑期实践标兵团队银奖及金奖（见图3）。

**图2　2018年中心党支部赴腾讯党日活动**

**图3　2018年中心社会实践团队获金奖**

中心在青年学生中成立了"工作团支部",直属校团委。党支部以教工党员为主,团支部以青年学生为主。师生党员、团员在中心担任骨干,起到了先锋模范的作用。团员青年在党支部的带动下,形成了以党建带团建,团建促党建的良好局面。团员青年不断发挥出共青团作为党助手的作用。2018年深圳市五四青年表彰中获得"共青团员先锋队"称号。

## 三　着力体现为人民服务的根本宗旨

1. "关注需求、专业服务"的服务理念

中心的主要任务是服务,能否服务好师生、服务好群众,师生群众是否对中心的服务满意,是中心最为关心的问题。中心委托校学生会开展了"为中心找碴"的活动,鼓励学生对中心的工作提出意见和建议。中心还引入银行业的服务规范培训、建立服务一对一的评价与考核体制、优秀员工评选等措施,不断追求让师生群众满意的服务。

自深大实行对服务单位的年度网上测评以来,中心一直在全校所有服务测评对象中,好评率位居前两位。其中,自党群服务中心挂牌以来,中心一直是第一。

截至2018年底,中心业务进驻服务中心的校内部门有党政办、教务部、后勤部、学生部、研究生院、校团委、组织部、安全保卫部、计划财务部、资助中心、就业指导中心、社区管理中心、档案馆等多个单位,校外部门有深圳市粤海街道深大社区工作站、广东铁青国际旅行社等,服务项目超过100小项;全年开放约300天,线下日均服务人次超600人次,全年服务人次12万人次。线上服务平台依托官微微信、官方微博、官方信箱等,进行信息发布、功能查询、舆情监控等工作，提供教务类、生活类线上功能服务超过 30 项，全年点击访问量超 50 万人次；在线服务 24 小时开放，全年无休；"深大事务君"个人微信号日均咨询量超 200 人次。

2. "微改进，不停步"的工作要求

中心对每一位师生员工都提出了"微改进、不停步"的工作要求。一方面，从小处着手，从相对容易实现的微小改进着手，每一个小小进步都鼓励着每一位中心成员更加地努力；另一方面，"不积跬步，无以至千里"，涓涓细流汇成汪洋大海，小改进积累为更大的进步；最重要的是，改进没有终点，我们的工作始终应师生群众不断增长的需要而不断提升。中心始终坚持，用服务师生的作为凝聚党心，让群众感受到党在身边，心中有党。

## 四　着力拓宽党群沟通渠道

中心积极搭建领导干部与群众、老师与学生的沟通平台，定期举办或协办"书记下午茶""校长午餐会""校领导每月一席谈""专题座谈会""荔事话你知"等系列师生交流活动，鼓励师生积极参与学校的民主管理，了解学生关注的热点，打造师生面对面交流平台。

### （一）书记下午茶

作为一所年轻的大学，不拘一格，广开言路，深入学生的领导作风是深大的特色。深大学生以各种形式积极投入学校的日常建设和管理工作当中，学生事务服务中心因此举办"书记下午茶",每学期开展两到三次,邀请深圳大学党委书记刘洪一教授与相关部门负责人,以更加轻松活跃的下午茶氛围,与师生举办下午茶交流活动,就各类话题畅所欲言,让交流面对面,使沟通零距离(见图4)。

图4　2017年11月22日"书记下午茶"

## (二)校长午餐会

每月最后一周的某天中午在学生餐厅举行,通过学生报名、随机抽取15名学生参加。李清泉校长与学生共进午餐,轻松交流。校长先通报学校近期的发展动态,接着学生自我介绍自由提问,或反映学习生活中存在的困难。校长一一回应学生关心的问题,听取对学校教学、科研和服务等方面的建议。事务中心参与其中并跟进会上涉及问题,及时转介、处理并反馈给全校师生(见图5)。

图5 2018年9月25日"校长午餐会"

## （三）校领导每月一席谈

为加强学校与学生之间的交流与联系，搭建对话沟通、建言献策的平台，广泛听取同学们的心声，举办"每月一席谈"，每场邀请一位副校长及相关部门负责人，与学生代表及校媒代表面对面交流，广开言路，让同学们为学校发展规划出谋划策，培养同学们自主管理、自主服务的主人翁意识，发扬深大"三自"精神，营造师生共建和谐美好荔园的氛围（见图6）。

图6 2018年9月20日"校领导每月一席谈"

### (四) 专题座谈会

针对学生关注的校园热点话题，召开专题座谈恳谈会，邀请话题涉及相关部门负责人、学生组织代表、校园媒体代表等，围绕热点话题进行讨论恳谈，如斋区宿舍恳谈会、教务系统座谈会等，充分发挥学生主人翁意识，为深大发展建言献策。

### (五) 荔事话你知

为搭建校园大型新闻通知的发布平台，增加学校部门与校园媒体、学生团体的沟通渠道，中心创建全新信息发布平台——"荔事话你知"。采用校园新闻发布会模式，邀请校园各类媒体、自媒体、学生团体代表出席发布会现场，由有需求向全校学生发布信息的部门代表进行现场发布，并设有媒体问答环节。

对于这一全新非传统的校园交流平台，以下将分享一个案例。

2017年11月1日下午，在深圳大学学生事务服务中心（以下简称中心）的会议室里，坐满了来自校内各学生媒体、学生组织的代表。他们在听取基建部领导与老师关于学校近期基建工作的介绍，并与老师们进行了热烈的讨论（见图7）。

因近期校内的基建项目较多，施工的噪声、粉尘等引起了部分学生的不满，投诉较多，校内的一些微信公众大号纷纷谈论此事，形成了一定的舆情。中心邀请了学校基建部的领导和老师，举办了一场面向校内学生媒体和学生组织的"荔事话你知"。活动中，基建部介绍近期学校正在建设的项目进度、规划，并着重

**图 7　2017 年 11 月 1 日 "荔事话你知"**

介绍了采取的降噪、抑尘措施，同时公布了 24 小时投诉热线。学生代表也就大家普遍关心的问题进行了提问，基建部老师也一一作答。在面对面的沟通中，学生对学校的建设规划有了较深入的了解，对基建部采取的有关措施也表示了认同。活动中曾有同学一开始言语激动，针锋相对，但经过与基建部老师的坦诚沟通后，对学校的措施有了更多的了解和理解，最后表示感谢基建部老师们的辛勤工作。活动后，这些内容通过学生媒体和组织传播出去，让广大学生知情，争取了理解，缓解了舆情压力。

"荔事话你知"是学生事务服务中心党支部书记提出了一个类似于校园新闻发布会的一个新颖的信息发布平台。过去学校里在新政策实施、旧措施调整时，常常只是通过公文通发布一个通知，信息单向传递，信息传递渠道单一，学生没有机会询问获得更多的信息。有时会出现因信息沟通不畅，导致学生不理解新政策、新措施，以致工作推进遇到较大阻力。

学校各部门新政策、新措施的推出，不能一推了之，还要让师生们知情并争取到大家的理解，以利于相关工作的推进、落实。仅依靠以往官方渠道发布通知，传播面有限，传播效率不高。搭建"荔事话你知"这种新型的校园信息发布平台，充分利用学生媒体和组织的作用，丰富了传播渠道，特别是主动发声，引导了学生舆论，争取到舆论的支持。

为把这个活动办好，支部书记带领支部里的师生，细心筹备。广发"英雄帖"邀请各部门、"动员"各部门来参加这个活动。积极联系校内的各学生媒体（包括影响力大的大V自媒体）和组织，还贴心的为参加活动的学生代表准备小礼物。

通过参与这个活动，学校的各管理部门渐渐意识到要换位思考，增强服务意识，注重公共关系建设。主动发布信息、面对面回答学生的提问，这些对各部门的工作提出了更高的要求，也推动各部门在制定政策、措施时更注重合法、合规性，更注重听取学生们的意见。但成功参加活动的部门也尝到了"甜头"——公众的更加理解，校园舆论的支持，建立了更好的公众形象。目前学校的教务、国际交流、基建、保卫甚至辖区派出所都来参与过这个活动，有些部门还多次参与，甚至主动要求替他们组织。

"微改进、不停步"是中心支部的工作理念。大的改进也许很难，但微小的改进是可能的，也是可行的，每一个微小改进的积累就是大的进步。这种微改进是永远不会停止，一直持续下去！

截至2018年12月，举办校长午餐会超32场，书记下午茶7场、校领导每月一席谈超20场、荔事话你知5场等各类师生交流活动，包括教职工专场、研究生专场、新生专场、西丽校区专场、教务专场等。通过这些师生交流平台向学生通报学校发展规划、日常建设和校园管理工作最新进展，听取学生对学校教学、学术研究、管理、服务等各方面的意见和建议。活动后，中心会跟进学生在交流会上提出的各类事务近千项，与相关部门协调，并将各部门处理或回复的结果向学生做反馈。

这些交流和沟通的平台，让师生们更深入、全面地了解了校情；学校和部门的领导直接听取了基层教师、学生的声音；学生们参与了学校的民主管理；师生们的意见和建议也推动了学校的各项工作；拉近了党组织与群众、领导与师生的距离，切实推动了党员干部下基层，促进了学校的民主化管理。

党群服务中心将继续遵循实实在在为师生服务的定位不断升级，将党建平台运用好，充分发挥学习教育、办事服务、规范育人、畅通交流的功能，把党建品牌亮起来，让党建阵地活起来，助推高校基层党建新模式。

# 开展党员志愿服务　提升高校基层活力

**摘　要**：深圳是全国志愿服务的发源地之一。自1989年率先在全国探索志愿服务工作以来，深圳成功走出了一条独特的社会化发展道路。经过多年理论引导和实践探索，满城的红马甲已成为深圳一道亮丽的风景，成为"志愿者之城""爱心之城"，引领着全国志愿服务风尚。立足"特区大学、窗口大学、实验大学"，2017年，深圳大学颁布《深圳大学文化创新发展纲要》，进一步凝练深大精神，深圳大学师生党员是深圳这座志愿之城的先锋力量。深圳大学党委以"立足校园，面向社会"为原则，将深化党员志愿服务与创新党员教育管理有机结合，发挥志愿服务在高校文化育人、实践育人中的重要作用，增强党员志愿者身份意识、责任意识，充分发挥了党员志愿者在服务群众、服务社会、促进和谐方面的先锋模范作用，开创高校基层党建工作新局面。

**关键词**：志愿服务；先锋带头；高校基层党建

# 一 凝聚党员志愿服务力量，发挥党员先锋带头作用

## （一）志愿服务是全面提升深圳大学立德树人、实践育人的水平质量的催化剂

在2001国际志愿者年启动仪式上，时任联合国秘书长科菲安南指出："志愿精神的核心是服务、团结的理想和共同使这个世界变得更加美好的信念。"志愿服务的精神概括为：奉献、友爱、互助、进步。奉献精神是高尚的，是志愿服务精神最突出的特征。志愿者在不计报酬、不求名利、不要特权的情况下参与建设社区、促进社会、推动人类发展的活动，是一个人高尚品德的直接表现。深圳大学党委以"立足校园，面向社会"为原则，将深化党员志愿服务与创新党员教育管理有机结合，发挥志愿服务在高校文化育人、实践育人中的重要作用，增强党员志愿者身份意识、责任意识，充分发挥了党员志愿者在服务群众、服务社会、促进和谐方面的先锋模范作用，开创高校基层党建工作新局面。

2017年深圳大学经济学院师生组建的深圳大学学生党员"走进百色"暑期实践队围绕"留守儿童"调研主题，赴广西百色田东县开展"大山里的守望——广西百色地区留守儿童纪实"党员志愿活动（见图1、图2），深入偏远村镇，走访广西百色田东县教育局、民政局、妇联、团县委、县委宣传部，走访晨曦社会工作中心，实地调研林逢镇、思林镇坛乐村和远街屯、祥周镇布兵村、朔良镇元色村，从政府、社会、学校、家庭各个方面了解"留守儿童"身心发展现状、存在的问题并积极探讨解决办

法，最终形成调研报告和视频，呼吁社会加强对留守儿童的关注。学生党员们在这个实践活动过程中，进行了能力的全方位锻炼与提升，从活动策划、联系实践地、实践出行、调研讨论等，让学生在实践中了解社会、关注民生、引发思考。

**图1　组织留守儿童参加趣味活动**

**图2　广西百色田东县村镇参与调研村民合影**

## （二）党员是推动志愿服务发挥凝聚社会共识作用的排头兵

中国共产党是中国工人阶级的先锋队，同时是中国人民和中华民族的先锋队，是中国特色社会主义事业的领导核心，代表中国先进生产力的发展要求，代表中国先进文化的前进方向，代表中国最广大人民的根本利益。党员是推动志愿服务发挥凝聚社会共识作用的排头兵。党性修养是指共产党员在实践中通过长期的学习和锻炼，使自己在政治、思想、纪律、作风、道德品质、知识能力、心理素质等方面达到一定的水平。提升党员的党性修养，首先要补精神之"钙"，系统深入的学习领会中国特色社会主义理论体系和习近平总书记系列重要讲话精神，不断提升政治理论素养，始终以共产党员的基本要求规范自身的行为。当代的党员师生们都生活在和平的年代，未经历过战乱，难以体会到革命的艰难。除了从书本、集体座谈学习中了解、体会、加强提升理论水平，师生党员们充分利用假期前往红色教育基地参观，加强党性锤炼，增强宗旨教育。每年我校师生的暑期实践队伍前往红色教育基地参访与学习，例如深圳大学学生党员"走进百色"暑期实践队到广西百色市集体参观百色起义纪念馆（见图3），学习革命先烈忠贞于理想信念，无畏苦难与牺牲，艰苦卓绝舍生忘死的奋斗精神，陶冶爱国情感，加强奉献服务宗旨教育。今年（2018年）深圳大学开展以"灯塔领航新征程，筑梦中国新时代"为主题的暑期社会实践，全校一共有30支以党员为核心力量组建的实践团队开展了参访红色教育基地的仪式教育，在先烈们的丰碑前、在革命根据地，举行庄严的入党宣誓仪式。

以正确的世界观、人生观、价值观指导实践，付诸行动。习近平总书记在全国各地进行工作考察时反复强调：在干部培养时，不经过千锤百炼、艰苦磨炼，很难在关键时刻经受住考验。党员要带头践行社会主义核心价值观，弘扬中华优秀传统美德，全心全意为人民服务，做一个有益于人民的人。大学生党员通过深入基层开展社会实践，把社会实践活动与深入贯彻落实全国高校思想政治工作会议精神、推进学习教育常态化制度化相结合，有利于锤炼党性，培养吃苦耐劳、艰苦奋斗的精神，增强党员意识，做合格党员。在实践活动中我们时刻保持着大学生党员该有的素养、文明礼仪，进一步提升了党和学校良好的社会形象。

扎实开展党员教育服务。一是学习引路。党员学习采取集中和自学相结合的方式，定期开展"保持共产党员先进性的系列教育活动"、争取做到每次学习都有发言、有讨论、有记录。每个季度召开支部生活会，分组汇报学习情况，撰写学习心得，提升党员教师的政治理论水平。二是量化标准。各党支部每学期都制定工作计划，做到每月一次党支部活动。邀请资深专家给广大师生党员讲党课。三是服务基层。将党的活动从学校延展到社区，开展党员义工、家长咨询、禁毒宣教等活动。

图3　集体参观广西百色起义纪念馆

开展党员志愿服务 提升高校基层活力

## 二 构建志愿服务长效机制，培育校园志愿服务文化

### （一）志愿服务是高校党建的良好形式，是党员发挥模范作用的阵地

深圳大学学生党员"走进百色"暑期实践队开展以"农村留守儿童生存现状调查研究——以广西百色田东县为例"的项目实践与调研，同时也开展志愿服务工作，与当地晨曦社会工作中心结合开展"爱与成长——阅读能力提升"夏令营活动，真正与留守儿童沟通，了解他们最真实的心理状况和行为习惯，对留守儿童进行志愿帮扶，切实为孩子身心健康成长贡献自己的力量。

深圳大学党委通过打造红色志愿服务品牌，充分发挥党员先锋模范作用，党员带头弘扬志愿精神，全校师生党员中有90%以上登记注册成为志愿者，形成了弘扬志愿服务精神的文化氛围和"我为人人、人人为我"的良好风气，思想政治教育的实效性进一步提高。

### （二）开展品牌性党员志愿活动，打造深大特有的党建志愿名片

我国在高校中推出的"大学生西部计划志愿服务队"是指每年从高校选拔优秀毕业生前往西部地区从事志愿服务的工作，服务类型多样，几年来，广东省推行"山区计划"主要是以支教为志愿服务的形式，已经形成品牌。深圳大学义工联经过多年开展活动、经验沉淀，"萤火虫支教"、助童协会的志愿活动、助老协

会的志愿活动都逐步成为校内志愿服务品牌。

党员志愿者服务队伍充分发挥志愿服务在新形势下高校党建和思想政治教育工作中的实践育人功能，使学生在实践中增强对党的各项基本理论和基础知识理解，打造有特色的、党味浓的志愿服务品牌。2018年暑期，深圳大学物理与能源学院开展的春茧支教活动、经济学院开展的时光益读支教活动和外国语学院开展的留守儿童支教活动，都是目前大学生党员进行志愿服务活动的典范。比如，医学院本科生党支部以梅州蕉岭综合素质教育基地为依托，开展送医下乡、服务"三农"、乡医调研等活动，助力基层党建，服务群众健康；以周边社区为依托，常态化开展公益义诊、健康宣传等志愿服务活动，丰富医学生第二课堂；以卫生保健和扶贫帮困为目的，定期组织志愿者开展无偿献血和四点半课堂志愿者帮扶活动，树立了志愿服务品牌。志愿服务实践丰富了高校党建的培训教育内容，学生党员通过实践服务，促成自我教育与自我发展。

## 三 全面推进党员志愿服务，助力营造城市文明新风尚

**（一）拓展志愿服务领域，提升志愿服务规范化水平，打造用爱心和奉献织就的服务网**

拓宽志愿服务模式，发挥党员先锋带头作用。深圳大学将党员志愿行动与社会实践项目、相关专业毕业设计相结合，注重发挥大学生党员带头示范作用。同时，学校党委与校外志愿服务基地、义工联积极合作，拓宽党员志愿服务渠道。"六五"普法以来，党员教师组织法律专业"大学生普法宣讲团"，到全市中小

开展党员志愿服务　提升高校基层活力

学校开展普法辅导活动。志愿者在党员的示范带动下，积极参与社会实践活动，将社会主义核心价值观落小落细落实。

《深圳大学文化创新发展纲要》中明确提出建设志愿者之校，培育志愿服务文化。通过"书记下午茶"、学生座谈会、研讨会等形式听取师生关于建设"志愿者之校"的建议，预计出台"志愿者之校"建设意见以及配套措施，构筑将志愿服务纳入人才培养体系的制度框架。校义工联学生干部在完成事务管理工作的同时保障重点活动有序开展。如：服务中国共产党与世界政党高层对话会系列专题会议、第六届中国—中东欧国家教育政策对话、第十一届中国杯帆船赛；义工联西丽分会承接中欧蓝色产业合作论坛志愿服务组织、管理工作。联合学院义工组织开展诸如达沃斯论坛圆桌会议、中美青年创业与经济机遇论坛、国家杯电子竞技大赛、RoboMaster全国大学生机器人大赛、第一届和第二届海峡两岸学生"棒球联赛"等大型赛会的志愿服务工作。

推动各类型学生社团注重志愿服务工作，如招生协会（更名为招生志愿者协会）为参与寒假招生宣讲的1537名学生志愿者录入志愿服务时数共计12327小时；深圳市深大乒乓球俱乐部成立深圳大学体育志愿者协会，致力于创新融合"体育"+"公益"，打造深大体育公益专属品牌；助老分会、助童分会、助学分会明确以社团方式运作，加强了专项志愿服务工作（见图4）。推动部分勤工助学岗位转化为志愿服务工作岗位，如学生宿舍楼长、负责两校区信件传递的校园信使等。

拓展校内服务范围，如招募志愿者服务迎新、校园开放日等学校大型活动；服务国际交流合作部主办的深港澳大学生交流活动等外事交流活动；服务深圳大学海洋艺术研究中心主办的《海上丝绸之路两千年》美术作品欧洲巡展深圳启动仪式等学校科研机构的科普工作；服务饶宗颐文化研究院主办的首届深圳大学"饶宗颐文化论坛"等文化活动。

积极配合"党代表进社区"系列活动，落实开展"携手共建、服务共享"社区志愿服务活动。进一步加强对扶贫工作的支持，如每学期招募志愿者赴西藏林芝察隅中学支教，招募西部计划、山区计划志愿者赴贫困地区工作。

图4　深大师生组织参加社区助老活动

## （二）广泛动员，壮大组织队伍，传递志愿精神

深圳大学加强对义工联指导，扩大义工组织的群众基础。志愿服务活动的项目组成员从义工组织学生干部调整为向全体学生开放，如南山国际半程马拉松比赛，向全体学生招募项目组成员，项目组共组织548名志愿者参与赛会服务。构建志愿服务长效机制，义工时管理融入党员教育过程。截至2018年11月20日（不含已毕业的学生），在校本科生志愿服务总时长：431852.1小时，总人数：11585人，人均时长：37.3小时，志愿

服务活动人次：95056人次。其中2017年9月以来的志愿服务总时长：251426.6小时，人数：8497人，人均时长：29.6小时，志愿服务活动人次：50329人次。深圳大学共有志愿者服务队97个，服务项目871个，志愿者19936人，其中党员志愿者2574人。在党员发展过程中，入党积极分子、发展对象、预备党员、正式党员都必须参加相应义工时长的志愿服务。如医学院本科生党支部试行了"三个义工时"管理制度：从入党积极分子到成为发展对象时至少达20个义工时；接收预备党员时至少达40个义工时；转为正式党员时至少达80个义工时。通过定制度、明标准，实现党员发展工作规范化、党员志愿服务长效化，吸引了更多的学生参与志愿服务活动，树立起学生的党性意识，从制度层面进一步做到了择优入党。

同时，通过"党日"活动的形式召开座谈会、举办专家讲座，对志愿者进行分类指导，提升服务专业水平。专业化的党员志愿者服务将党员的模范作用和志愿者工作有机结合起来，使参与党员找到了服务群众的岗位和方向，也为广大群众带来了切切实实的好处。另外，建立健全志愿服务登记注册、服务记录、关系转接、兑换服务、褒奖激励，同时注重细宣传、微传播，通过各种渠道手段表扬先进个人、宣传先进事迹，鼓励大学生参加志愿者服务。目前，大学生构建和谐社会、建设美丽家园的主动参与意识日益增强。通过理论教育、舆论引导、文化熏陶、实践养成、示范带动等方式，把开展志愿服务和推进思想政治教育更好地结合起来。灯塔、筑梦成长等志愿服务活动等，将思想政治教育内化到实际行动中，培育了广大师生党员的责任意识和社会意识。

伴随深圳的腾飞，取得了快速创新发展和令人瞩目的成绩，处于深圳这座"志愿者之城"的环境中，深圳大学党员志愿者工作起步晚，但是党员同志们热情高，广大党员师生志愿者们在深圳市义工联合会引导下，秉承"服务社会，传播文明"的宗旨，倡导"参与、互助、奉献、进步"的服务精神，传播"助人自助"、"送人玫瑰、手有余香"的互助理念。从大型活动服务项目到实践支教活动，从环保宣传类工作到公共服务项目，从社区义工到U站志愿者服务，在这些"润物细无声"的过程中，提升党员的党性修养，增强党员的实践能力。深圳大学师生党员将继续深入学习贯彻党的十九大精神和习近平新时代中国特色社会主义思想，认真落实《深圳大学文化创新发展纲要》，充分发挥党员师生们在建设高水平大学中的生力军作用，走出一条具有深圳特色的党员志愿者发展之路。

**附录：典型案例展示**

围绕学习贯彻习近平新时代中国特色社会主义思想和党的十九大精神，深圳大学2018年物理与能源学院暑期大学生党员社会实践活动于7月在汕尾市陆河县举行，参加实践活动的大学生党员和积极分子深入农村开展支教服务、政策宣讲、参访调研，体验党建引领、精准施策、携手共建的新农村，取得预期成效。

大学生党员在实践过程中锤炼党性，增强党员意识，党支部战斗堡垒作用和党员先锋模范作用充分发挥，高校助力精准扶贫作用得到体现。实践内容突出"受教育""长才干""做贡献"三个维度的实践环节，宣传贯彻习近平新时代中国特色社会主义思想和党的十九大精神，加深大学生对乡村振兴战略的理解，助力贫困乡村扶贫攻坚工作。具体活动情况如下。

## 一　基本情况和成效

### （一）基本情况

1. 活动时间：2018年7月14日至23日。

2. 活动地点：汕尾市陆河县螺溪镇南和小学、各安小学，陆河县螺洞村、海丰县附城镇新山村。

3. 活动主旨：立足新时代，践行新思想，实现新作为，突出"传承红色基因，共担时代使命"主题。

4. 人员构成：共14名成员（含两名实践总指导），其中党员12名，入党积极分子2名。

5. 活动内容：

（1）参访新山村红色教育基地，举行重温入党誓词仪式，听新山村党支部吕书记讲党课，对大学生党员开展"不忘初心"教育（见附图1）。

附图1　开展大学生党员"不忘初心"红色教育

（2）参访"党建引领生态宜居美丽乡村示范村"螺洞村，加深对十九大报告中"党是领导一切的"这一重要论述和对党的建设伟大工程在农村基层实践中发挥重要作用的理解。

（3）在支教所在乡村开展党的十九大精神宣讲活动，布展宣传、入户宣讲和专项访谈，履行党员义务，加深对乡村振兴战略的理解（见附图2）。

**附图2　支教队员走访当地村民开展乡村振兴战略宣讲**

（4）在两个小学开展为期十天的支教活动（见附图3），组织课堂教学，开设趣味语数英、自然科学、团队拓展、魔方、趣味手工、体育等课程，为孩子们编排一场精彩文艺会演。利用专长特长为群众开展志愿服务，在为人民服务中增长才干。

**附图3　学生党员上课风采**

## （二）活动成效

通过接受红色教育和开展支教活动，大学生党员在实践过程中锤炼党性，增强党员意识，党支部战斗堡垒作用和党员先锋模范作用充分发挥，高校助力精准扶贫作用得到体现，活动取得明显成效。

一是实现立德树人，助推高等教育内涵式发展。支教活动弥补了大学课堂教育的不足，帮助大学生塑造健康人格。同时发挥了高校与地方之间的桥梁纽带作用，提高了深圳大学的美誉度和影响力。

二是增加社会磨炼，促进大学生综合素质的提高。大学生党员深入贫困地区生活体验，既磨练意志、奉献爱心，又增长见识、锻炼才干，树立了艰苦奋斗、团结拼搏的精神，培养了对劳动人民的感情，增强社会适应能力。

三是服务贫困地区，给孩子们带去关爱和快乐。对于贫困地区农村留守小学生来说，实践活动解决他们暑假期间缺乏合理学习安排，容易导致假期安全隐患以及学习时间分配不合理等问题，并通过各具特色而又有趣的课程传播先进文化知识，帮助孩子们拓宽视野，增强获得感、幸福感。

四是了解社情民意，增强大学生的社会责任感和使命感。实践活动为大学生投身志愿服务、实现人生价值提供了新的渠道，帮助大学生接触社会、了解社会，正确认识国情，从中释放和强化自身的社会责任感。

活动还取得了一系列成果：

1. 剪辑活动视频"传承红色基因，共担时代使命——2018年暑期大学生党员社会实践活动"；

2. 形成陆河县留守儿童现状及支教需求的调查报告；

3. 撰写陆河县乡村振兴战略村民访谈报告；

4. 以大学生党员进山区支教和党性锤炼为品牌活动的基层党建建设项目申报2018年广东省党建研究课题并获得立项（批准单位广东高校党建研究会，项目编号2018BK077）（见附图4）；

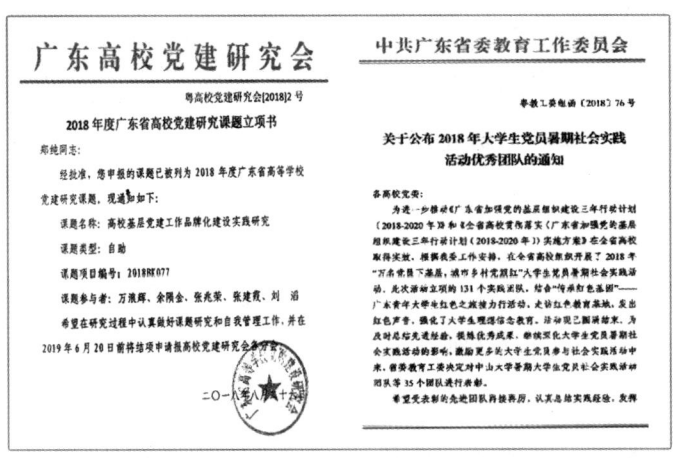

附图4　活动成功立项广东高校党建研究课题并获奖

5. 实践活动通过微信推送消息11篇、微博发文11篇，陆河广播电视台和陆河宣传官媒报道2篇（见附图5），深圳大学校报报道2篇，返校开展实践活动展示30天。

二　主要做法

（一）加强党的领导

校党委副书记范志刚亲自为实践队伍授旗，校党委组织部长戴纪锋和学院党委书记林晓东召开专题会议部署和指导活动方案，认真落实指导责任，学院党委副书记郑纯全程带队跟进，确保实践活动在党的领导下进行。大学生党员实践队伍还成立临时党支部（见附图6），重温入党誓词，召开各阶段专题组织生活会3次，深入开展学习讨论，在实践中淬炼党性。

**附图5　深圳大学、陆河县人民政府等官方媒体平台进行活动宣传报道**

**附图6　大学生党员实践队伍成立临时党支部召开组织生活会深入学习讨论**

（二）突出党味党性

实践全程挂党旗戴党徽，参访红色乡村新山村和党建引领生态宜居美丽乡村示范螺洞村，瞻仰烈士陵园，邀请海丰县附城镇新山村党支部书记为全体实践队员上党课，讲述新山村英烈革命故事、农会旧址（义平社）、烈士故居历史，让大学生党员接受红色教育和爱国主义教育（见附图7）。

附图7　听党支部书记上党课

（三）开展宣讲活动

围绕党的十九大报告中有关乡村振兴战略进村入户组织宣讲，在村委展厅布展宣传，发放宣传资料和公益宣传扇500份，深入当地100户村民家庭走访，开展"十九大乡村振兴战略"专题调研，推动党的十九大精神进农村、进家庭、进学校（见附图8）。

附图8　采取多样形式推动党的十九大精神进农村、进家庭、进学校

开展党员志愿服务　提升高校基层活力

## （四）组织课程教学

支教队秉承"帮助孩子健康成长"的理念，在南和小学、各安小学开设趣味语数英、自然科学、团队拓展、魔方、趣味手工、体育等课程（见附图9、附图10），同时为每所小学的孩子们编排一场精彩文艺汇演，丰富学生们的暑期生活，拓宽孩子们的视野，得到校方及家长们的高度赞赏（见附图11）。

**附图9　举行开学典礼**

**附图10　丰富多彩的趣味课堂**

附图11　陆河县教育局及相关部门领导看望支教队员并进行现场指导

（五）关爱留守儿童

深入30户贫困家庭家访并赠送红色书籍60本、向各安小学赠送300本图书、完成农村留守儿童现状问卷调查120份（见附图12）。

附图12　党员志愿者为小学生们发放红色阅读书籍

## 三 开展活动后启示

（一）加强组织领导是实践活动取得成功的重要保障

本次暑期社会实践活动获得广东省委教育工委2018年暑期大学生党员社会实践立项资助，学校党委和社会实践所在地领导高度重视。其间，陆河县教育局、螺溪镇委、相关部门领导和支教所在地村支部书记多次莅临现场看望支教队员，使队员大受鼓舞，社会实践活动有序推进。

（二）强化宣传引导是实践活动取得成功的力量源泉

实践活动通过开展红色教育、宣讲活动，深入学习贯彻习近平新时代中国特色社会主义思想和党的十九大精神，使大学生党员从中感受思想力量、真理力量，锤炼党性，增强党员意识。活动全程悬挂党旗、佩戴党徽，主动亮明党员身份，并得到媒体的广泛宣传，营造了良好的活动氛围。

（三）实现互利共赢是实践活动取得成功的重要前提

开展乡村振兴战略宣讲和支教活动，既是大学生党员履行党员义务的具体实践，也是加深对党的十九大精神理解的深入学习过程。通过实践活动，当地贫困家庭、留守儿童长知识、得实惠，大学生党员受教育、做贡献、长才干，双方互利共赢，活动才能得到支教所在地干部群众的支持，大学生党员参与也才有热情。

（四）注重精神传承是实践活动取得成功的不竭动力

实践活动是短暂的，但留给孩子们的爱却是永恒的，大学生党员通过支教播下一粒粒种子，让梦想陪孩子们慢慢长大，自身也经受了非常珍贵的历练，用爱心弘扬正能量，传递党对山村孩子的关怀，体现了党旗下大学生党员的社会责任感和回报社会的初心。

# 干部制度建设助力新时代高校党建创新探索

**摘　要**：党的十九大报告鲜明提出了新时代党的建设总要求，明确指出：坚持和加强党的全面领导，坚持党要管党、全面从严治党，以加强党的长期执政能力建设、先进性和纯洁性建设为主线，以党的政治建设为统领，以坚定理想信念宗旨为根基，以调动全党积极性、主动性、创造性为着力点，全面推进党的政治建设、思想建设、组织建设、作风建设、纪律建设，把制度建设贯穿其中，不断提高党的建设质量，把党建设成为始终走在时代前列、人民衷心拥护、勇于自我革命、经得起各种风浪考验、朝气蓬勃的马克思主义执政党。

深圳大学党委深刻领会新时代党的建设总要求，贯彻落实党的十九大精神，坚持全面从严管党治党，抓住"领导干部"这个关键少数，完善制度体系，加强干部队伍建设。干部制度体系建设是高校党建工作的一项重大课题，也是干部队伍规范化建设的重要抓手。广东省委组织部将2018年确定为"选人用人工作规范化行动年"，学校根据相关要求，认真开展自查，不断探索高校干部制度建设的新路子，出台了系列关于干部选任和日常监督管理的配套制度，初步形成制度合力，为有效促进干部队伍成长，加强高水平大学建设提供了坚实的组织保障。

**关键词：**干部制度；组织保障；选拔任用

# 一 完善领导干部选拔任用制度，选准用好高素质专业化干部

## （一）党管干部：确立符合高校特点的干部选拔任用制度

学校党委全面贯彻党的十九大精神，认真执行党的干部路线，落实从严治党、从严管理干部的要求，建立科学规范的干部选拔任用制度，形成有效管用、简便易行、有利于优秀人才脱颖而出的选人用人机制，致力于建设一支信念坚定、为民服务、勤政务实、敢于担当、清正廉洁的高素质干部队伍。根据中共中央《党政领导干部选拔任用工作条例》、《事业单位领导人员管理暂行规定》和省、市有关干部工作文件精神，结合学校实际，制定了《深圳大学中层领导干部选拔任用办法（试行）》。

《办法》从职级管理、选拔任用条件和程序、纪律和监督等方面对干部选拔任用进行规范。坚持党管干部原则，坚持五湖四海、任人唯贤，德才兼备、以德为先，坚持注重实绩、群众公认，坚持民主、公开、竞争、择优，强调民主集中和依法办事，注重培养选拔优秀年轻干部，用好各年龄段干部，努力把领导班

子建设成为牢固树立"四个意识",全面贯彻党的教育方针,全心全意为广大师生员工服务,具有领导社会主义现代化建设能力的坚强队伍。

## (二)立足高远:拓宽高素质专业化干部来源渠道

党的十九大报告指出,要建设高素质专业化干部队伍,这是新时代党和国家事业对干部队伍建设的新要求,也是新时代党的干部队伍建设新的重大战略目标,为坚持正确选人用人导向、选准用好干部、加强干部队伍建设指明了方向。

高校承担着人才培养和科学研究的重要使命,选准用好高素质专业化干部,就要拓宽专业化干部来源渠道。深圳大学目前院士人数和高等人才数量超过了国内很多985高校,有26位国内外院士和诺贝尔奖获得者领衔,共有国家、教育部、广东省高层次人才183人,深圳市高层次人才473人,"孔雀计划"人员569人。高水平拔尖人才是促进学校发展的领军人物,是提升学校竞争力的核心力量,高水平人才的快速集聚给深大的创新驱动发展输入了源源不断的动力,同时也为学校深化人才发展体制改革提出了新课题。要实现高水平、有特色、现代化一流大学的办学目标,充分发挥高端人才优势,选拔特聘教授担任中层领导就成为关键一步。学校根据中共中央《关于深化人才发展体制机制改革的意见》精神,结合自身实际,制定了《深圳大学特聘教授担任中层领导干部选拔任用及管理办法(试行)》。《办法》坚持党管干部、党管人才,坚持德才兼备、以德为先,坚持依法依规办事与充分发挥人才优势、增强人才机制活力相结合,坚持管理监督与激励关怀相结合,遵循教育规律,充分调动人才积极性、主动性和创造性,鼓励具有强烈事业心、责任感、较高学术威望、社会影响力和显著科研成果且具有较强组织领导和管理能力的高素质专业化人才加入干部队伍。《办法》明确了特聘教授担任中层领导干部的两种选拔任用流程：一种是在中层领导班子出现空缺时，根据实际工作需要，新引进全职特聘教授担任中层领导干部；另一种是全职特聘教授引入一段时间后，根据领导班子建设需要，提拔为中层领导干部。《办法》的制定是学校党委全面加强党的建设，坚持党管干部的重要探索，旨在大力培养领导素养和专业能力兼具的干部，克服干部选拔任用中论资排辈、人岗不匹配、人事不相宜等干部队伍建设的突出"短板"问题，着力提升干部专业化水平。在干部工作中，无论是班子结构配备还是干部选拔任用，都应从事业需要、岗位需求出发，把综合素质好、专业匹配度强的干部选准用好，力求做到高素质专业化。

## （三）把准导向：不断提高选人用人质量和公信度

高校是人才培养的重要高地、意识形态的重要阵地、科技创新的重要基地，肩负着立德树人的根本任务。学校贯彻落实全面从严治党、从严管理干部的要求，为进一步加强和改进干部选拔任用工作，不断提高选人用人质量，出台了《深圳大学关于防止干部"带病提拔"的实施办法》，把准正确的选人用人导向，为高水平大学建设和党建工作创新提供了坚强的制度保障。

《实施办法》在贯彻落实中央、省委关于防止干部"带病提拔"意见基础上，结合学校实际提出了三点创新。一是结合深圳市委组织部印发的《关于考准考实干部政治表现的办法》，提出了双鉴定双签字的落实办法，要求提拔中层干部时，基层党委（总支）对人选政治表现、廉洁自律情况要提出结论性意见，由基层党委（总支）书记、纪委书记在意见上签字。二是坚持谈心谈话制度，提出校领导班子、组织部、基层党委（总支）、教工党支部书记分级分类开展谈心谈话，深入了解干部。三是在贯彻落实省委关于六类主体责任清单的基础上，增加第七类主体"各基层党委（总支）"在干部培养与选任中的责任。《实施办法》的出台对牢固树立风清气正的选人用人风气、选拔"好干部"，杜绝干部"带病提拔"意义深远。

### （四）精准用人：考准考实全面了解干部政治表现

党的十九大强调，要突出政治标准选人用人。选人用人标准是"指挥棒"、"风向标"，精准科学选人用人首先必须考准考实干部的政治表现。为切实把党的政治建设作为根本性建设来抓，提高干部选拔任用工作质量和科学化水平，根据新时代党的建设总要求和《党政领导干部选拔任用条例》、省委办公厅《印发〈关于防止干部"带病提拔"的实施意见〉的通知》及市委组织部《关于印发〈关于考准考实干部政治表现的办法〉的通知》等文件精神，学校结合实际出台了《深圳大学关于考准考实干部政治表现的办法》。

《办法》严格贯彻落实中央、省市有关加强对干部政治表现考准考实的要求，从制度上明确了负面清单评议、干部推荐考察双鉴订双签字、党支部审查把关政治表现的具体实施办法，对干部政治表现评价内容、考准考实原则、立足平时掌握干部政治表现和任前考察提出了具体要求；探索实行"多考合一"的考核体系，建立常态化走访谈心机制，对领导班子开展定期分析研判；为加强二级单位班子成员推荐人选和任前考察时的沟通酝酿、审查把关，发挥干部所在部门对干部培养、把关的作用，《办法》明确了二级单位在向学校党委推荐拟提拔或进一步使用的人选时，应首先在班子成员范围内充分酝酿，认真负责地写出推荐材料；任前考察时，考察对象所在二级单位要认真负责地写出考察对象现实表现材料。

## 二 打好制度"组合拳"，合力强化干部监督管理

加强干部监督工作，是全面从严治党的关键所在。学校为做好新时代干部监督工作，以习近平新时代中国特色社会主义思想为引领，坚持问题导向，主动担当作为，把干部监督工作贯穿干部选任全过程，切实增强干部监督工作的实效性，在制度的"能用"和"管用"上下功夫，用好干部监督管理"组合拳"，形成监督合力。

### （一）全面强化监督：规范因私出国（境）管理

为全面贯彻党的十九大精神，适应从严治党的新常态，进一步规范中层领导干部因私出国（境）管理，根据上级文件精神，结合学校实际，出台《深圳大学中层领导干部因私出国（境）管理办法》。《管理办法》的主体内容包括登记备案、证照管理、因私出国（境）审批和纪律要求四个部分，分别明确了纳入市公安局出入境登记备案的人员范围；执行集中保管制度的证件范围及时效性要求；出国（境）次数、时间及审批权限、流程要求，严格实行"一事一审批"。《管理办法》要求中层干部严格遵守各项因私出国（境）纪律，对违反规定的，将进行批评教育或诫勉谈话，情节严重的给予相应党纪政纪处分。

### （二）全面从严要求：规范领导干部兼职行为

为全面贯彻党的十九大精神，以习近平新时代中国特色社会主义思想为指导，深入贯彻习近平总书记重要讲话精神，落实从严管理干部的要求，进一步规范领导干部兼职行为，建立健全长效管理机制，根据中组部《印发〈关于进一步规范党政领导干部在企业兼职（任职）问题的意见〉的通知》、《关于改进和完善高校、科研院所领导人员兼职管理有关问题的问答》及《关于印发〈深圳市市管干部兼任社会团体领导职务办理工作指南〉的通知》等有关文件精神，结合学校实际，制定《深圳大学中层领导干部兼职管理暂行办法》。

该办法针对中层干部的兼职范围、兼职取酬和科技成果转化及纪律进行了规定，并明确了兼职审批的流程和报送材料要求。中层干部可以在与其工作或教学科研领域相关的社团、基金会、民办非企业单位和企业兼职，兼职数量应适当控制，不得超过两届或10年；在兼职机构获得的报酬，应当全额上缴学校，由学校根据实际情况给予适当奖励；科技成果转化，可获得现金奖励或股权激励。《管理暂行办法》明确了领导干部应当将主要精力投入本职工作中，并对其兼职加以规范，从政策上落实中央《关于深化人才发展体制机制改革的意见》精神，促进人才资源有效配置，较好地平衡了干部做好本职工作和利用业余时间奉献社会的关系，调动了高校人才积极性。

### （三）全面覆盖管控：深化提醒函询诫勉工作

为深入学习贯彻习近平总书记有关干部监督工作重要讲话精

干部制度建设助力新时代高校党建创新探索

神,用好提醒函询诫勉和组织处理手段,加大问责力度,深化提醒函询诫勉工作,加大直接见面力度,实行函询回复采信制度,加强对提醒函询诫勉工作的跟踪问效,根据中共中央组织部《关于组织人事部门对领导干部进行提醒、函询和诫勉的实施细则》,结合学校实际,出台《关于对领导干部进行提醒、函询和诫勉的实施办法》。

《实施办法》在中组部《实施细则》的基础上,细化了各种手段的适用情形,规定了具体操作程序,并对要求建立有关档案的材料进行规范化。提醒,主要是对领导干部出现的苗头性倾向性问题提醒其注意。根据实际工作需要,具体列举了九种需要提醒的情形。函询,则是针对信访、举报及其他途径反映或了解到的干部问题,采取书面形式对领导干部进行了解。《实施办法》列举了七种适用情形。诫勉,主要是指领导干部出现的一些问题,虽不构成违纪但造成了不良影响,或者虽构成违纪但根据有关规定免于党纪政纪处分,应对其进行诫勉。《实施办法》在中组部列举的十三种适用情形基础上,增加了六种,包括工作中不担当不作为造成影响的;因决策失误或处理突发事件不力造成不良后果,负有领导责任的;违反因私出国(境)证件管理及审批规定,经提醒仍不交出所持证件及未经审批擅自出国(境)的;在年度考核民主测评中群众威信低的;就同一问题经提醒、函询仍无改进的。诫勉由组织部提出建议,报校党委批准后实施。受到诫勉的领导干部,取消当年年度考核、本任期考核评优资格,取消一年内评选各类先进的资格,六个月内不得提拔或者重用。坚持从严要求,对领导干部进行提醒、函询和诫勉,把纪律挺在前面,抓早抓小抓苗头,防止小毛病演变成大问题是学校坚持关心爱护干部,注重教育培养，促进干部健康成长的重要举措。

## 三 全方位多角度立体化精准考核，促进干部履职尽责

在学校以立德树人为根本任务，大力推进高水平大学建设的过程中，学校的中层干部是关键的中坚力量。干部考核工作是干部队伍建设的重要内容，建立一套科学、公正、合理、高效的中层干部考核评价体系有利于全面反映干部的综合素质，涉及所有干部的切身利益，关系到干部干事创业的积极性和主动性，对推动学校事业的健康、协调、可持续发展具有重要的意义。学校进一步完善了干部考核制度，建立了系统、科学、规范的干部综合考核评价体系，着力发挥干部考核"指挥棒"功能，引领干部担当新使命、展现新作为。

### （一）上级评价与民主测评相结合，完善干部年度考核

考核制度是选拔任用干部的重要基础、管理监督干部的必要手段，为充分发挥考核导向、激励、约束作用，根据中共中央《关于建立促进科学发展的党政领导班子和领导干部考核评价机制的意见》，参照《深圳市市管干部年度考核办法》，出台了《深圳大学中层领导干部年度考核办法》。

在干部考核中，"德、能、勤、绩、廉"五个维度作为干部考核的一级指标，重点考核干部的德、工作作风和工作实绩。中层领导干部的考核由上级评价与民主测评两部分组成。民主测评，具体包括本单位干部群众评价、各类代表评价。对基层党组织书记的考核，增加党建述职评议环节。"结果形成"环节明确

了不得评为优秀等次的五种情形以及新增挂职干部、出国访学干部的考核办法。

## （二）自我鉴定与民主测评相结合，完善干部试用期考核

为进一步加强对中层领导干部任职试用期的监督管理，规范试用期考核工作，建设高素质、专业化的领导干部队伍，根据中共中央《党政领导干部选拔任用工作条例》《深圳市党政领导干部任职试用期制度》等有关规定，结合学校实际，制定了《深圳大学中层领导干部试用期考核办法》。

为全面了解干部在试用期间的德、能、勤、绩、廉，重点考核干部的德和作风表现、履行岗位职责、推动和服务科学发展的实际成效等情况，《考核办法》坚持实事求是、客观公正的原则，对试用期考核的时间、内容、流程等进行了具体规定。试用期考核采取自我鉴定和民主测评相结合的方式，考核流程包括干部撰写自我鉴定、召开述职考核会议进行民主测评、征求学校纪检监察部门意见，组织部提出考核等次建议，校党委研究确定考核结果。

学校通过不断完善中层干部考核办法，为中层干部的选拔任用和管理提供可靠依据，努力打造一支政治素质好、管理能力强、业务水平精，忠于职守、爱岗敬业的中层干部队伍，也为学校健康、稳定、可持续发展提供有力的组织保证。

思之深，方能行之远。只有坚持正确选人用人导向，把握新时代好干部标准，健全干部选拔任用和监督考核制度体系，在干部制度建设中全面贯彻落实党的领导，努力打造高素质专业化素质的干部队伍，在新时代高校党建创新探索的道路上才能永不止步。

# 参考文献

## 一 著作类

陈万柏、张耀灿主编:《思想政治教育学原理》(第2版),高等教育出版社2007年版。

韩玉芳、林泉:《思想政治工作方法教程》,中共中央党校出版社1998年版。

《习近平谈治国理政》(第一卷),外文出版社2014年版。

张耀灿、郑永廷、吴潜涛等:《现代思想政治教育学》,人民出版社2006年版。

## 二 文章类

鲍秋旭、于淑敏、易军鹏、魏倩倩、王晓丽:《新时期教师党员发展工作存在的问题及其对策——以高校青年教师为例》,《教育观察(上半月)》2016年第5期。

曹问:《高校学生党建工作的特殊性与工作重心探析》,《探索》2006年第3期。

陈雁、徐玥、胡国英:《大学生职业生涯发展教育在高校日常思想政治教育工作中的作用及实施途径》,《东华大学学报》(社会科学版）2011 年第 11 卷第 3 期。

程应娥：《高校教师党支部书记"双带头人"培育工程探究》，《西部素质教育》2018 年第 16 期。

洪岑、李卫星、孙鹏程：《高校青年教师党建工作的问题调研与对策研究》，《学校党建与思想教育》2010 年第 31 期。

胡天生：《以生涯辅导推进大学生思想政治教育的实践创新》，《思想理论教育》2019 年第 17 期。

黄炳辉：《学生职业生涯设计与思想政治教育的内在关系》，《教育评论》2005 年第 2 期。

黄李琴：《高校青年教师党建工作着力点研究——基于教师的需求与发展》，《中共银川市委党校学报》2014 年第 16 期。

李洪亮：《高校"双带头人"培育工程实施困境及解决路径》，《现代商贸工业》2017 年第 27 期。

刘慧敏：《大学生思想政治教育的网络文化环境建设研究》，硕士学位论文，北京交通大学，2009 年。

刘筱毅、王鑫：《构建"三位一体"工作模式 提升效能打造基层党建工作新常态》，《北京教育（高教）》2015 年第 3 期。

刘新华、胡孝红：《新时期大学生党建工作与思想政治教育一体化的可行性分析》，《三峡大学学报》（人文社会科学版）2006 年第 5 期。

骆军：《高校教师党支部书记"双带头人"建设探析》，《学校党建与思想教育》2016 年第 12 期。

穆林：《论高校学生党建工作与思想政治教育的互动性》，《教育探索》2006 年第 1 期。

屈善孝：《大学生职业生涯规划与创新高校思想政治教育》，《思想政治工作研究》2010 年第 6 期。

# 参考文献

佟岩：《生涯视域中的思想政治教育研究》，博士学位论文，辽宁大学，2010年。

王道红：《围绕立德树人中心环节把思想政治工作贯穿教育教学全过程》，《山西高等学校社会科学学报》2018年第30卷第2期。

王计军、储秀彦：《当前高校青年教师党建工作创新研究》，《中国人才》2013年第6期。

王丽娟：《高校青年教师党员队伍建设研究》，《传承》2016年第11期。

吴善波：《发展性与现实性：提高大学生职业生涯规划教育实效性的着力点》，《浙江师范大学学报》（社会科学版）2012年37卷第5期。

《习近平在全国高校思想政治工作会议上强调：把思想政治工作贯穿教育教学全过程　开创我国高等教育事业发展新局面》，《人民日报》2016年12月9日。

习近平：《在同各界优秀青年代表座谈时的讲话》，《人民日报》2013年5月5日第2版。

《习近平在中国共产党第十九次全国代表大会上的报告》，《人民日报》2017年10月28日。

杨优杰：《生涯教育与大学生思想政治教育的耦合与同构》，《教育评论》2018年第8期。

张波：《高校研究生党建创新机制研究——基于研究生群体特点的分析》，《北京教育（德育）》2016年第5期。

张国威：《思想政治教育融入大学生职业生涯教育研究》，《湖北函授大学学报》2018年第31卷第11期。

张海、梁剑红：《青年教师党建工作助推教科研能力提升的机制研究》,《太原城市职业技术学院学报》2015年第8期。

郑永廷:《把高校思想政治工作贯穿教育教学全过程的若干思考——学习习近平总书记在全国高校思想政治工作会议上的讲话》,《思想理论教育》2017年第1期。